Happy Minutes
4 Minuten, die dein Leben verändern

Rebekah Borucki

HAPPY MINUTES

4 Minuten, die dein Leben verändern

Kleine Meditationen, mit denen alles ein bisschen einfacher wird

Aus dem Englischen übersetzt von Iris Halbritter

INTEGRAL

Die Originalausgabe erschien 2017 unter dem Titel
You Have 4 Minutes to Change Your Life bei Hay House.

Die in diesem Buch vorgestellten Informationen und Empfehlungen sind nach bestem Wissen und Gewissen geprüft. Dennoch übernehmen die Autorin und der Verlag keinerlei Haftung für Schäden irgendwelcher Art, die sich direkt oder indirekt aus dem Gebrauch der hier beschriebenen Anwendungen ergeben. Bitte nehmen Sie im Zweifelsfall bzw. bei ernsthaften Beschwerden immer professionelle Diagnose und Therapie durch ärztliche oder naturheilkundliche Hilfe in Anspruch.

Sollte diese Publikation Links auf Webseiten Dritter enthalten, so übernehmen wir für deren Inhalte keine Haftung, da wir uns diese nicht zu eigen machen, sondern lediglich auf deren Stand zum Zeitpunkt der Erstveröffentlichung verweisen.

Verlagsgruppe Random House FSC® N001967

Erste Auflage 2017
Copyright © 2017 by Rebekah Borucki
Copyright © der deutschsprachigen Ausgabe 2017
by Integral Verlag, München,
in der Verlagsgruppe Random House GmbH,
Neumarkter Straße 28, 81673 München
Alle Rechte sind vorbehalten. Printed in Germany.
Redaktion: Ulrike Strerath-Bolz
Umschlaggestaltung: Guter Punkt GmbH & Co.KG, München
unter Verwendung eines Motivs von: Amy Grigoriou
Satz: Satzwerk Huber, Germering
Druck und Bindung: CPI books GmbH
ISBN 978-3-7787-9282-7
www.integral-verlag.de
www.facebook.com/Integral.Lotos.Ansata

Für
Mom und Dad.
Wir werden
in unseren Träumen
voll und ganz
unterstützt.

Inhalt

Vorwort von Kris Carr 9

Mehr Ressourcen für unterwegs und Extrageschenke
von mir 13

Kapitel 1
Meditation ist leichter, als du denkst 15

Kapitel 2
Erste Schritte – Meditation auf deine Art 26

Kapitel 3
4 Minuten, um dein Leben zu entstressen 61

Kapitel 4
4 Minuten, um dir den Traum von einem guten
Selbstwertgefühl zu erfüllen 94

Kapitel 5
4 Minuten, um deinen Körper zu
akzeptieren 122

Kapitel 6
4 Minuten, um wahres Glück zu finden 151

Kapitel 7
4 Minuten, um Mut, Selbstvertrauen und Erfolg
zu manifestieren 175

Kapitel 8
4 Minuten, um deine Beziehung zu heilen oder den
Partner anzuziehen, den du dir wünschst 201

Kapitel 9
4 Minuten, um Kummer und Verlustschmerz zu lindern ... 222

Kapitel 10
4 Minuten, um psychische und physische Verletzungen
endgültig zu heilen 243

Kapitel 11
4 Minuten, um Dankbarkeit, Fülle und Nächstenliebe
zu kultivieren 271

Kapitel 12
Meditation gehört dir 293

Dank 299

Vorwort

Als ich Rebekah zum ersten Mal bei einer Hay-House-Konferenz im Februar 2013 traf, spürte ich sofort ihre Wärme, Authentizität und positive Einstellung. Im Grunde mochte ich sie von Anfang an. Sie und ich, wir sind beide Suchende. Wir suchen Gesundheit, spirituelle Fülle, Leidenschaft und Glück. Diese Dinge machen unser Leben schön, und wenn du so bist wie wir, dann suchst auch du ständig gute Möglichkeiten, um mehr davon in deinem geschäftigen Alltag unterzubringen. Rebekah und ich haben in den letzten zehn Jahren alle Aspekte des Wohlbefindens und ganzheitlichen Lebens studiert, und unser größtes gemeinsames Ziel ist es, das, was wir gelernt haben, mit anderen zu teilen. Wir wissen mit Sicherheit, dass Meditation und Achtsamkeit mit das Beste sind, um deine Gesundheits- und Wellnessziele zu erreichen. Wir glauben, dass Meditation deine Seele heilen und dein Leben verändern kann. Sie kann das Blatt wenden und deine ganze Welt vollkommen verändern, sie kostet nichts und ist hundertprozentig natürlich. Meditation ist so ganzheitlich, wie es nur geht. Und das Beste ist, dass du eine fantastische, überwältigende Meditation in nur 4 Minuten oder noch weniger Zeit erleben kannst.

Leider glauben viele Leute, Meditation sei kompliziert, schwierig und zeitaufwendig oder stünde nur spirituellen Meistern zur Verfügung. Nichts davon stimmt. Meditation ist etwas für mich, sie ist etwas für Rebekah, und, was am wichtigsten ist, sie ist auch etwas für dich. In Rebekahs außergewöhnlichem neuem Buch räumt sie mit den Mythen rund um die Meditation auf und gibt dir eine Methode an die Hand, mit der du sofort anfangen kannst zu meditieren. Wenn du zwei Pobacken zum Sitzen hast, kannst du eine tolle Meditation machen, gleich hier und jetzt. Rebekah gliedert ihre persönliche Meditationsübungspraxis in leicht verständliche Schritte, die in einfachen Worten erklärt werden. Du bekommst einen kleinen Einblick in ihre »esoterische« Seite, aber du lernst auch praktische Wege, um dir die Meditation ganz zu eigen zu machen.

Meditation hat mir geholfen, viele Hürden zu überwinden, unter anderem, über zehn Jahre lang mit einer seltenen Form von Krebs zu leben. Wie du in ihrem Buch herausfinden wirst, hat die Meditation auch Rebekah geholfen. Rebekah lässt uns aufrichtig an ihrem früheren Kummer und ihren aktuellen Schwierigkeiten teilhaben, in Form von sehr persönlichen Geschichten, durch die du dich nicht mehr so allein und mehr mit anderen verbunden fühlen wirst. Du wirst etwas über ihren Kampf gegen Ängste und Depressionen lesen, darüber, wie sie in ärmlichen Verhältnissen aufwuchs und wie sie sich von niederschmetternden Verlusten erholte. Du wirst sehen, dass Rebekah sich mit Leid, Stress und selbstzerstörerischem Verhalten auskennt, und wirst durch ihren Weg sehr inspiriert werden.

Heute hat sich Rebekah zu einer Vordenkerin, TV-Moderatorin, Meditationsleiterin und wahren Freundin für Tausende von Frauen auf der ganzen Welt gewandelt. Sie hat eine stabile Ehe, fünf gesunde Kinder, einen Stall voller Tiere und ein Zuhause, das sie liebt. Aber dieses Leben hat sie sich nicht über Nacht geschaffen. Es brauchte Jahre des Selbststudiums, des Nachdenkens und gesunder Gewohnheiten, um das Blatt zu wenden und in eine positive, die Seele bejahende Richtung zu gehen. Ihre tägliche 4-minütige Meditationspraxis, die während ihrer heilsamen Reise entstand und die sie noch heute täglich übt, vermittelt sie dir in diesem Buch. Rebekah zeigt dir, wie du in nur 4 kurzen Minuten einen brandneuen Kurs für den Rest deines Lebens einschlägst.

Es ist kein Geheimnis, dass wir alle gestresst und überfordert von den Anforderungen des modernen Lebens sind. Wir jonglieren Beziehung, Job, Familie und Rechnungen und stellen uns selbst hintenan. Wir glauben, dass wir zu allem Ja sagen müssen, selbst wenn unser Bauchgefühl uns anfleht, Nein zu sagen. Manchmal haben wir das Gefühl, dass uns alles zu viel wird. Wenn man das Leben auf diese Weise betrachtet, ist es wie ein schwerer Koffer mit kaputten Rädern, den man hochheben und ganz allein schleppen muss. Wie macht man so eine schwere Bürde leichter? Die Antworten findest du in diesem Buch. Du setzt dich hin und siehst dir den Moment an. Du nimmst deinen Atem wahr. Du fragst dich: »Bin ich in diesem Moment in Sicherheit? Geht es mir in diesem Moment gut?« Wenn du ganz in der Gegenwart bist, im Hier und Jetzt, lautet die Antwort fast immer Ja. Und falls die Antwort Nein ist, verbring 4 Minuten mit einer von Rebekahs Meditationen.

Rebekah bietet viele verschiedene Meditationen an, für alle möglichen Situationen, denen du vielleicht gegenüberstehst. Von überwältigendem Kummer bis hin zu einer schwachen Selbstachtung gibt sie dir einsichtsvolle Meditationen an die Hand, die deine drängendsten Sorgen abdecken. Als Ergänzung zu deiner neuen Übungspraxis stellt sie dir auch Handhaltungen (sogenannte Mudras) und Affirmationen (sogenannte Mantren) vor, die deine positive Energie verstärken. Natürlich weißt du, wie man atmet, aber Rebekah hilft dir dabei, dir deiner Atemzüge beim Ein- und Ausatmen bewusster zu werden. Das ermöglicht dir, deine Mitte zu finden und dich geerdeter zu fühlen.

Meditation ist ein wesentlicher Bestandteil der Selbstfürsorge. Sie reduziert erwiesenermaßen Stress und beruhigt den Geist. Sie kann sogar den Körper stärken und heilen. Regelmäßiges Meditieren fördert Glück und vertieft deine Verbindung zu dir selbst und zu anderen. Ich habe Meditationen für Tausende von Menschen angeleitet, genau wie Rebekah auf ihren Kanälen in den sozialen Medien. Ich habe von der positiven Wirkung der Meditation in Wissenschaftsmagazinen gelesen. Aber ich weiß vor allem auch aus erster Hand, wie gut sie tut, weil ich mit Menschen zu tun habe, die ihre wunderbaren Erfahrungen mit mir teilen.

Das Fazit ist: Meditation wirkt einfach. Sie ist ein praktisches Werkzeug, das du immer wieder verwenden kannst. Sie ist wie dein Ausgangspunkt, der immer verfügbar und bereit für dich ist – ob du zu Hause bist, in deinem Auto, ja selbst im Supermarkt. Rebekahs einfache Übungen helfen dir, mehr innere Ruhe und Frieden zu finden. Sie helfen dir, dich selbst besser zu verstehen. Durch nur 4 Minuten täglich kannst du ein glücklicheres und gesünderes Leben führen – also warte keine Minute länger, um diese Freude selbst zu erleben. Wenn du bereit bist, dich besser zu fühlen, bist du hier genau richtig. Lies einfach weiter!

— Kris Carr,
Wellness-Bestsellerautorin

Mehr Ressourcen für unterwegs und Extrageschenke von mir

Ich hoffe, dass du dieses Buch als eine Art heiliges Werkzeug nutzt, um dich näher zu dir selbst zu bringen und dabei gleichzeitig mehr Leichtigkeit in deinem Alltag zu erleben. Die Begegnung mit den täglichen Hindernissen muss nicht zu einem Kampf führen, vor allem, wenn man über die richtige Hilfe dabei verfügt. Ich bin wirklich sehr dankbar, dass mein Buch den Weg in deine Hände gefunden hat, und würde unseren Kontakt daher auch gern online fortsetzen.

Schließ dich der BexLife-Community an

Ich verfüge über eine ständig wachsende Online-Bibliothek, die dir sofort auf www.BexLife.com zugänglich ist. Dort sind auch alle Möglichkeiten aufgelistet, wie du dich mit mir in den sozialen Medien vernetzen kannst. Außerdem findest du dort Links zu meinen Lieblings-Challenges und -Downloads.

Mach meinen 4-Minuten-Workshop

Bitte lade dir auf www.4MinuteWorkshop.com mein kostenloses 4-Minuten-Workbook gegen Ängste herunter. Das dort beschriebene Miniseminar hilft dir, deinen Fokus fast sofort von Panik auf Ruhe zu verschieben. Gleichzeitig zeigt es dir, wie du diese Ruhe auch selbst herbeiführen kannst.

Hol dir tägliche Motivation in deinen E-Mail-Eingang.

Kleine Veränderungen Tag für Tag können zu einer enormen Bewusstseinsänderung führen, und genau dabei soll dir meine 21-Tage-Mantra-Challenge helfen. Abonnier sie kostenlos unter www.BexLife.com/21mantras. Sobald du die erste Challenge abgeschlossen hast, erhältst du Einladungen für weitere Challenges.

Kapitel 1

Meditation ist leichter, als du denkst

»Ich habe keine Zeit zu meditieren.«
»Ist Meditation nicht eher etwas für New-Age-Anhänger oder Buddhisten?«
»Meditation hilft nicht bei so ernsten Problemen, wie ich sie habe.«
Das sind nur ein paar der Einwände, die ich regelmäßig höre. Und wenn du mit den oben genannten Gegenargumenten nichts anfangen kannst, hast du bestimmt deine eigenen. Sonst würdest du wahrscheinlich nicht dieses Buch lesen. Vielleicht hast du schon einmal versucht zu meditieren und einfach aufgegeben. Vielleicht glaubst du, du hättest nicht die Geduld oder die nötige Konzentration dafür. Vielleicht bist du wie ich, und dein Leben ist sehr stressig, sodass du wenig Zeit hast, dich um deine eigenen Bedürfnisse zu kümmern.

Wenn dir etwas davon bekannt vorkommt, ist dieses Buch genau das Richtige für dich.

Ein altes Zen-Sprichwort besagt: »Du solltest jeden Tag 20 Minuten lang meditieren – es sei denn, du hast es eilig, dann solltest du eine Stunde lang meditieren.«

Keine Panik! Ich habe von 4 Minuten gesprochen. Ich werde dich nichts eine Stunde lang machen lassen. Ich würde nie etwas von dir verlangen, was ich nicht selbst tun würde.

Aber es stimmt, dass man unbedingt etwas für sich tun muss. Wenn du denkst, dass du es vernachlässigen kannst, für deine psychische und emotionale Gesundheit zu sorgen, weil dir die Zeit dafür fehlt, dann sage ich dir jetzt: Du musst das zu einem unabdingbaren Teil deines Alltags machen – und zwar ab sofort!

Ich weiß nur allzu gut, wie das ist. Du glaubst, dass du keine Zeit hast, dich um dich selbst zu kümmern, aber dein Leben läuft nicht so gut, wie du es dir wünschst. Du willst mehr. Du willst dich besser fühlen. Du willst Ruhe und Frieden. Du willst mitten im Chaos glücklich sein können. Du weißt, dass sich irgendetwas ändern muss, aber was? Nun, dabei soll dieses Buch dir helfen.

Vertrau mir – ich war genauso wie du und bin es in vielerlei Hinsicht wahrscheinlich immer noch. Ich bin eine ganz normale Mutter aus New Jersey. Ich war noch nie in Indien und habe auch noch nie mit einem Guru in einem Aschram gearbeitet. Aber ich habe viele Jahre lang Yoga gelernt und gelehrt und spezielle Meditationstechniken und Mantren entwickelt, die leicht zugänglich und einfach sind und schnell gehen. Bei meinem Leben musste das so sein. Ich konnte sie in 4 Minuten machen – das war schon mal gut. Und konsequent jeden Tag 4 Minuten der Meditation zu widmen hat mein Leben drastisch verändert. Ich bin der lebende Beweis dafür, dass es funktioniert.

Der Tag, an dem ich die Meditation entdeckte

Was für ein langer Weg hinter mir liegt! Ich bin in einer sehr armen Familie aufgewachsen, und obwohl meine Eltern in vielen Dingen sehr liebevoll waren, hatten sie mit schweren Problemen zu kämpfen. Deshalb stritten sie dauernd und vernachlässigten meine Schwestern und mich. Um Aufmerksamkeit zu bekommen, flüchtete ich mich in selbstzerstörerisches Verhalten. Ich machte Selbstmordversuche, flog von der Highschool, verstrickte mich in schlimme Beziehungen und bekam mein erstes Kind schon als Teenager.

Meine Familie war tiefreligiös und in einer fundamentalistischen Gemeinde engagiert. Sie verachtete andere Religionen und spirituelle Traditionen. Eigentlich wurden Traditionen, in denen Meditation eine Rolle spielte, geradezu gefürchtet. Wir glaubten, dass sie des Teufels waren.

Trotzdem war ich von Natur aus neugierig, und diese brennende Neugier konnte in mir nicht ausgelöscht werden. Ich wollte etwas über andere Traditionen erfahren, und anfangs hielt ich mich deshalb für einen schlechten Menschen. Ehrlich gesagt war ich wohl teilweise auch deshalb an anderen Religionen interessiert, weil es als rebellisch galt. Während andere Kids Drogen oder Pornos unter ihrer Matratze versteckten, versteckte ich Bücher über andere Religionen.

Als ich fünfzehn Jahre alt war, zog das Buchantiquariat, in dem meine Mutter arbeitete, in einen anderen Laden um. Eines Nachmittags half ich ihr beim Einpacken und nahm dabei ein Buch vom Regal, das einen hübschen violetten Umschlag mit einer merkwürdigen Zeichnung darauf hatte. Später erfuhr ich, dass es sich bei dieser Zeichnung um ein Mandala handelte. Das Buch war *Sei jetzt hier* von Ram Dass. Ich hatte noch nie zuvor ein Buch wie dieses gesehen. Es war auf braunes Packpapier gedruckt, und die Illustrationen im Inneren waren von Hand gezeichnet. Für mich war es spektakulär, und obwohl ich nicht sagen konnte, warum, fand ich es aufregend.

Ich wusste, dass meine Mutter mich dieses Buch nicht lesen lassen würde, wenn ich sie fragte. Ich wusste, sie würde es für »gefährlich« halten. Wie konnte ich das Buch bekommen? Ich hatte kein Geld, um es mir zu kaufen, also tat ich, was ich damals als die einzige Möglichkeit sah: Ich klaute es. Ich nehme an, dass Ram Dass mir vergeben würde, denn sein Buch hat mein Leben vollkommen verändert, und zwar für immer. Es wurde für mich zu einem verborgenen Schatz.

Ich verschlang *Sei jetzt hier* immer wieder. Ich verstand bei Weitem nicht alles, aber es fesselte trotzdem meine Fantasie. Und ich wollte mehr über das erfahren, worüber Ram Dass schrieb. Also stürzte ich mich in buddhistische, hinduistische und fernöstliche Vorstellungen. Ich las Bücher wie *The Seat of the Soul* von Gary Zukav und *Die zahlreichen Leben der Seele* von Dr. Brian Weiss.

Ich brachte die Dinge, die ich damals las, nicht mit einem bestimmten Glaubenssystem in Verbindung, aber mein Verstand freute sich darüber, dass es irgendwo da draußen glückliche Menschen gab, die etwas anderes praktizierten als das Christentum. Man hatte mir immer gesagt, alles Nichtchristliche sei schlecht. Doch die Menschen, von denen ich las, schienen so voller Frieden zu sein, und auch ich wollte diesen Frieden fühlen.

Als ich über Meditation las, erinnerte mich vieles davon an das Beten, das ich mein Leben lang praktiziert hatte. Ich habe sofort Trost und Freude in der Meditation gefunden. Auch das Beten hat mir wirklich geholfen, aber beim Beten ging es hauptsächlich darum, dass ich Gott um etwas bat – einen Gefallen, ein besseres Leben oder Erlösung von Schmerz. Ich flehte Gott an, meine äußeren Lebensumstände zu ändern, lauter Dinge außerhalb von mir selbst. Meditation war dagegen ein Werkzeug zur Selbsterkundung. Alles passierte in meinem Inneren. Ich war ein

Teenager, und es fühlte sich wohltuend für mich an, die Aufmerksamkeit auf mich selbst zu richten. Ich habe diese Wohltat sehr genossen. Weil ich nicht viel Aufmerksamkeit von meiner Familie bekam, konnte ich die Meditation dazu nutzen, mir selbst Aufmerksamkeit zu schenken und mich dadurch besser zu fühlen.

Wie ich es schaffte, dass Meditation auch bei mir funktionierte

Ich meditierte damals noch nicht regelmäßig und diszipliniert. Mein Teenagergeist wurde leicht abgelenkt, und ich nahm auch keine spezielle Haltung zum Meditieren ein. Ich setzte mich noch nicht einmal unbedingt dazu hin. In unserem Haus gab es nicht viel Privatsphäre, aber manchmal konnte ich mich in meinem Zimmer einschließen und meditieren. Manchmal meditierte ich auf dem Weg zur Schule oder auf dem Nachhauseweg, bei dem ich jeweils gut eineinhalb Kilometer zu Fuß zurücklegen musste. Trotz dieses Mangels an Disziplin brachte das Meditieren sofort viele positive Effekte. Das soll dir nur zeigen, wie enorm du von der Meditation profitieren kannst, selbst wenn du ein blutiger Anfänger und bei Weitem nicht perfekt bist.

Natürlich entwickelte sich meine Übungspraxis immer weiter, je mehr ich über Meditation las. Ich wollte jedoch gar nicht allzu viel darüber lernen. Was ich tat, funktionierte für mich, und ich wollte nicht, dass dem irgendetwas in die Quere kam. Ich wollte sehen, was passiert, wenn ich nur die Werkzeuge nutzte, die ich in mir selbst gefunden hatte. Meine Kenntnisse, wie man meditieren »soll«, waren minimal, als ich mit dem anfing, was sich bis heute zu meiner eigenen Meditationspraxis entwickelt hat. So konnte ich mit wenig Einfluss von außen herausfinden, was für mich gut funktionierte. Was ich seitdem gelernt habe – etwa Handmudras und die Sanskritbezeichnungen für Meditationshaltungen (mehr dazu im nächsten Kapitel) –, hat mir nur bestätigt, dass meine Meditation wirklich »echt« ist. Ich konnte meine persönliche Übungspraxis auf das aufbauen, was sich gut anfühlt, statt auf das, was funktionieren »soll«. Und du kannst das auch.

Das Ergebnis dieser autodidaktischen Herangehensweise war erstaunlich. Trotz meiner schwierigen Kindheit lebe ich heute in einer glücklichen Ehe, ich habe fünf wunderbare Kinder und einen tollen Beruf. In meiner Arbeit kann ich mich jeden Tag frei entfalten, mich von ganzem Herzen mit anderen Menschen verbinden und meinem Leben Leidenschaft und Sinn geben. Ich habe meine eigene Wellnessbewegung begründet, bin Fitness- und Yogalehrerin geworden, unterrichte Meditation in meiner eigenen TV-Sendung und erstelle auf YouTube meine 4-minütigen Meditationsvideos für Menschen auf der ganzen Welt. So etwas passiert, wenn man wunderbare, lebensverändernde Entdeckungen mit der ganzen Welt teilt. Du stellst dich in den Dienst einer Sache, und das Universum segnet dich mit noch mehr Glück, an dem du andere teilhaben lassen kannst.

Als Kind habe ich mein Leben größtenteils gehasst. Heute liebe ich mein Leben. Es muntert mich besser auf als Kaffee. Schon die Möglichkeiten, die jeder Tag bereithält, motivieren mich jeden Morgen dazu, förmlich aus dem Bett zu springen – dazu braucht es gar kein Koffein. Die Meditation macht mein Leben hell.

Damit will ich nicht angeben. Ich erzähle dir das nur, um dir zu zeigen, dass eine simple Übungspraxis von 4 Minuten Meditation pro Tag einen großen Unterschied in deinem Leben bewirken kann. Ja, Heilung verlangt Arbeit. Ich behaupte nicht, dass sich schon am ersten Tag dein gesamtes Leben ändert. Aber wenn du dich regelmäßig zum Meditieren hinsetzt, werden dir diese 4 täglichen Minuten im Laufe der Zeit dabei helfen, dein Verhalten zu ändern und dein Herz für dich selbst und andere zu öffnen. Wahre Wunder können die Folge sein.

Wenn ich es kann, kannst du es auch. Ich habe nichts Besonderes oder Einzigartiges an mir, was nicht auch an dir besonders oder einzigartig wäre. Uns allen wurden die Werkzeuge mitgegeben, mit denen wir unser eigenes Glück erschaffen können. Als Kind hätte ich mir nie träumen lassen, dass ich einmal ein solches Leben führen würde. Ich hätte es nicht für möglich gehalten. Heute habe ich meine Vergangenheit so weit hinter mir gelassen, dass ich fast das Gefühl habe, als würde ich über einen anderen Menschen sprechen. So sehr kannst du wachsen und dich verändern, wenn du dich täglich diesen 4 Minuten widmest.

Zum Aufbau dieses Buches und wie du es nutzen kannst

In Kapitel 2 werde ich dir Tipps und Werkzeuge zum Meditieren an die Hand geben, um dich bei deinen ersten Schritten zu unterstützen. Dazu gehören:
- Haltungen: Es gibt verschiedene gute Arten, beim Meditieren zu sitzen. Sie sollen dafür sorgen, dass du es bequem hast und aufmerksam bleibst. Finde die Haltung, die für dich funktioniert!
- Atmung: Bestimmte Atemmuster helfen dir, dich beim Meditieren zu konzentrieren. Ich zeige dir, wie du ein paar einfache Techniken einüben kannst.

- Mantren: Zu wiederholende Worte, Sätze oder Laute, die äußere Ablenkungen und unerwünschte Gedanken unterdrücken sollen
- Mudras: Bestimmte Finger- und Handhaltungen, die dabei helfen können, Zugang zu bestimmten Gefühlen zu finden oder körperliche und psychische Probleme zu erleichtern
- Hilfsmittel: Zubehör, das eine korrekte Körperhaltung fördert und die Haltungen bequemer für dich macht
- Chakren: Eine kurze Einführung in die sieben energetischen Zentren im Körper. Die Arbeit mit den Chakren kann dir dabei helfen, dich mehr zu öffnen – sowohl körperlich als auch seelisch.
- Zeit zum Meditieren finden: Ich zeige dir, wie du Zeit zum Meditieren findest, selbst wenn dein Leben hektisch und chaotisch ist.

Nachdem du diese Tipps gelesen hast, wirst du zuversichtlicher an deine neue Übungspraxis herangehen und das unnötige »Mysterium« ausradieren, das die Meditation umgibt. Probier die verschiedenen Methoden aus und finde heraus, was für dich funktioniert. Den Rest kannst du weglassen. Es gibt keine richtige oder falsche Art zu meditieren; was zählt, ist, dass du die Art findest, die dir richtig guttut.

Der letzte Abschnitt des zweiten Kapitels trägt die Überschrift »Meditation ist nichts für mich, weil ...«. Er enthält die häufigsten Fragen und Einwände, die ich unter meinen Followern gesammelt habe.

Dazu gehören:
- Ist es okay, sich während der Meditation hinzulegen?
- Muss es beim Meditieren vollkommen still sein?

- Muss ich meine Augen während der Meditation geschlossen halten?
- Was mache ich, wenn mir irgendwo etwas wehtut?

Sobald du dich mit den Grundlagen in Kapitel 2 vertraut gemacht hast, bist du bereit für die Kapitel 3 bis 11 – die »magischen Neun«. Sie behandeln neun Themen, mit denen wir alle in unserem Leben zu tun haben. Diese Kapitel zeigen Möglichkeiten auf, wie Meditation dir durch schwere Zeiten helfen kann und wie du dich von innen heraus ändern kannst, sodass du erstens lernst, besser mit den Herausforderungen des Lebens fertigzuwerden, und sodass dein Leben – zweitens – tatsächlich besser werden *wird*.

Jedes dieser neun Kapitel enthält eine Geschichte aus meinem Leben, die zeigt, wie mir die Meditation dabei geholfen hat, im Laufe der Jahre einige sehr heftige Probleme zu überwinden. Manche dieser Geschichten sind lustig und leicht, andere sind ziemlich bedrückend. Ich habe diese Geschichten noch nie jemandem erzählt, aber ich erzähle sie dir gern – in der Hoffnung, dass die Lehren, die ich daraus gezogen habe, dir in deinem eigenen Leben helfen können.

Jedes Kapitel enthält zudem »Verbreite Liebe«-Affirmationen, die du mit deinen Freunden und Followern in den sozialen Medien teilen kannst. Kopier die Affirmation in eine Twitter-Nachricht oder einen Facebook-Post, oder mach ein Foto davon und lad es auf Instagram oder Snapchat hoch. Bitte nutze dabei den Hashtag #YH4M.

Das Herzstück in jedem dieser neun Kapitel sind natürlich die Mantren und die 4-Minuten-Meditationen. Diese Mantren und Meditationen haben mir geholfen, Stress, Minderwertigkeits- und

Körperkomplexe, Ängste, Kummer, psychische und physische Verletzungen und Beziehungsprobleme zu bewältigen. Sie haben mir auch geholfen, Mut, Zuversicht, Dankbarkeit, Fülle, Erfolg und wahres Glück zu kultivieren. Diese einfachen Werkzeuge haben tatsächlich mein ganzes Leben verändert! Und ich glaube, dass sie das Gleiche für dich tun können.

Am wichtigsten ist, dass sie leicht zugänglich und einfach sind und dich und dein Leben verändern können. Meditation muss nicht schwierig sein. Versteh mich nicht falsch: Tief in deine Seele einzutauchen ist eine wichtige Aufgabe. Aber es gibt jede Menge Glück, Ruhe und Frieden, die du dir sofort zunutze machen kannst. Sie liegen gleich unter der Oberfläche, und diese 4-Minuten-Meditationen helfen dir, sie anzuzapfen. Das Einfache ist schön, und das Unkomplizierte ist fabelhaft.

Frieden, Ruhe, Glück – was immer du dir wünschst, wurde bereits in Gang gesetzt. Du kannst dafür sorgen, dass dein Leben ganz toll wird, ohne an einem einzigen teuren Workshop teilzunehmen, einen Aschram zu besuchen oder jede Woche mehrere Stunden Zeit dafür aufzuwenden. Du bist bereit dafür; es wartet nur auf dich.

Ich hoffe, du bewahrst dieses Buch noch jahrelang, nachdem du es gelesen hast, zum Nachschlagen an deinem Lieblingsmeditationsort auf – wie einen Mediationswerkzeugkoffer. Du kannst die Mantren und Meditationen in den einzelnen Kapiteln immer wieder verwenden, je nach Bedarf. Wenn du beim letzten Kapitel angekommen bist, wirst du bequem, regelmäßig und effektiv meditieren können – selbst wenn du gedacht hast, dass du nie dazu in der Lage sein würdest.

Deine Einstellung und dein ganzes Leben zu ändern ist leichter, als du es je gedacht hättest – versprochen! Blätter um und lass mich dir zeigen, wie einfach es sein kann. Begegnen wir dem Leben heute mit *Leichtigkeit* und sehen, was passiert.

»*Wenn du deine Sicht auf die Dinge veränderst, verändern sich die Dinge, auf die du schaust.*«

— Dr. Wayne W. Dyer

Kapitel 2

Erste Schritte — Meditation auf deine Art

»Ja, ich sehe dich. Ich erkenne, dass du ein denkender, fühlender Mensch bist, und ich bin hier, um dir zuzuhören.« Das ist das Wesen und die Magie der Meditation – die Gabe, dir selbst zu sagen, dass du wichtig bist und dass du Zeit und Aufmerksamkeit verdient hast. Kein Prunk. Keine Umstände. Keine Regeln. Einfach vor dir selbst erscheinen, mit Mitgefühl und ohne zu werten. Wenn du das so praktizierst, kann Meditation dir als Spiegel dienen und als Leuchtturm, der dich zu dir nach Hause führt.

Diese Definition wirst du wahrscheinlich nicht finden, wenn du »Meditation« in die Suchzeile deines Browsers tippst, aber nach all den Jahren, in denen ich Meditation praktiziert, darüber gelesen und geforscht habe, ist dies die zutreffendste Definition, die mir einfällt. Zumindest ist sie die zutreffendste, wenn es um meine persönliche Übungspraxis geht. Die Meditation ermöglicht mir, mir selbst eine enge Freundin und Verbündete zu sein, während sie mich gleichzeitig in die Rolle einer objektiven Beobachterin versetzt. Sie ist wie ein vergrößernder Kosmetikspiegel, der dir alle deine Poren zeigt – *jede* einzelne. Meditation lenkt unsere Aufmerksamkeit auf die Teile von uns, die dringend der Aufmerksamkeit bedürfen, aber oft ignoriert werden. Wenn regelmäßig meditiert wird, ist Meditation ein wirksames, praktisches Mittel ohne Schnickschnack zur Selbsterkundung und Selbstheilung.

Warum meditiert dann nicht jeder Mensch auf dem Planeten täglich? Nun, wie jede andere der großen universellen Wahrheiten – die im Grunde alle ganz einfache Botschaften sind – wurde auch die Meditation von Mysterien und Missverständnissen überlagert. Die Übungspraxis der Meditation wurde von Leuten verkompliziert, die dich glauben machen wollen, es gäbe nur eine einzige Art zu meditieren – nämlich ihre. Ich dagegen glaube, dass Meditation für alle da ist und dass es so viele effektive Wege zu meditieren gibt wie Menschen auf diesem Planeten.

In diesem Buch wirst du nicht viel esoterisches Wolkenkuckucksheim-Gerede finden ... okay, vielleicht ein kleines bisschen. Aber ich möchte dich genau dort abholen, wo du stehst, und zumindest im Moment ist das hier auf dem Boden.

Weiter unten in diesem Kapitel gibt es eine Liste der beliebtesten Fragen, die mir von meinen Followern zur Meditation gestellt wurden. Doch ich möchte jetzt gleich auf die drei verbreitetsten Mythen zur Meditation eingehen, die mir im Laufe der Jahre aufgefallen sind.

Mythos #1: Bei Meditation geht es darum, an gar nichts zu denken. Wenn die einzige Möglichkeit, erfolgreich zu meditieren, darin bestünde, deinen Geist von allen Gedanken frei zu machen, dann würde niemand meditieren – niemals. An gar nichts zu denken ist nämlich praktisch unmöglich! Auch wenn ein vollkommen ruhiger Geist ein tolles Ziel ist, auf das man sich nach vielen Jahren (wenn nicht einem ganzen Leben) regelmäßigen Übens freuen kann, ist es wichtig zu wissen, dass du den Nutzen der Meditation erleben kannst, sobald du dich zum ersten Mal hinsetzt, die Augen schließt und zehn tiefe Atemzüge nimmst. Meditation ist etwas für jeden auf jeder Erfahrungsstufe. Statt zu versuchen, deinen Geist von allen Gedanken frei zu machen, versuch dich auf einen einzigen Gedanken zu konzentrieren und beobachte einfach, was passiert.

Mythos #2: Du musst über einen längeren Zeitraum meditieren. Zwingst du dich dazu, länger zu meditieren, als es sich angenehm für dich anfühlt? Der Nutzen der Meditation hängt von der *Qualität* deiner Zeit auf dem Kissen ab, nicht von der *Quantität* der Zeit. Wir leben in einer hektischen Welt, und jeden Tag stürmen noch mehr Verpflichtungen und Anforderungen auf uns ein. Dich damit zu stressen, ob du genug Zeit auf dem Meditationskissen verbringst oder nicht, ist eine Sorge, die du nicht zusätzlich auf dich nehmen musst. Kannst du einen stillen Ort finden, wo du ein paar Minuten lang ungestört sitzen kannst? Ist es dir möglich, deine Augen für ein paar tiefe Atemzüge zu schließen? Kannst du lange genug in einer entspannten Haltung dasitzen, um ein paar Verspannungen in deinen Muskeln zu lösen? Das sind die Merkmale einer guten Meditationsübungspraxis. Mit der Zeit oder zu anderen Zeiten wirst du es schaffen, dir ein paar Minuten mehr für deine Meditationsübungen zu nehmen. Aber wenn du 4 Minuten erübrigen kannst, ist das absolut in Ordnung.

Mythos #3: Bei Meditation geht es um Spiritualität. Eigentlich ist Meditation ein praktisches Werkzeug, um Stress zu bewältigen und im Gleichgewicht zu bleiben. Sie gehört zu keiner Religion oder bestimmten Philosophie. Auch wenn viele Menschen Meditation als Teil ihrer Religionsausübung praktizieren, ist es nicht erforderlich, spirituell zu sein oder an eine höhere Macht zu glauben. Meditation wird schon seit Jahrtausenden als Mittel genutzt, um die geistige, emotionale und körperliche Gesundheit aufrechtzuhalten. Lehn sie nicht ab, nur weil du dich nicht für spirituell hältst. Die Wissenschaft bestätigt schon lange die Vorteile der Meditation, und sie kann ein praktisches und kraftvolles Hilfsmittel zum Erreichen deiner Ziele sein.

Fühlst du dich nicht schon besser, nachdem du das gelesen hast?

Wenn ich etwas Neues anfange, habe ich immer ein wenig Angst, es zu vermasseln – vor allem, wenn ich es vor anderen Leuten mache oder wenn viel vom Ergebnis abhängt. Falls du unter Stress leidest und mit dem Meditieren anfangen möchtest, um diesen Stress zu lindern, ist das Letzte, was du brauchst, neuer Stress, weil du dir den Kopf darüber zerbrichst, ob du alles richtig machst.

Ich versichere dir, dass es praktisch unmöglich ist, beim Meditieren etwas falsch zu machen. Wenn du dir die Zeit nimmst, ruhig zu werden, still zu sein und deinem Atem zu folgen, hast du schon 90 Prozent auf dem Weg zu einer erfolgreichen Meditation geschafft. Und es kommt noch besser: Anhaltende und tiefgreifende Veränderungen lassen sich bereits erreichen, wenn du dich regelmäßig *bemühst* zu meditieren. Ist das nicht fantastisch?

Nachdem wir festgehalten haben, dass Meditation nicht schwierig sein muss, dass sie nicht viel Zeit erfordert und dass du kein spirituelles Wesen auf dem schnellsten Weg zur Erleuchtung sein musst, lass mich dir die Grundlagen vermitteln und dir zeigen, wie du dir eine Übungspraxis schaffen kannst, die zu deinem Leben passt – so wie es heute ist. Ich möchte dir den Weg zu einer Meditation auf *deine* Art zeigen, und das bedeutet auch, die Fertigkeiten und Werkzeuge einzusetzen, über die du bereits verfügst.

Jedes Kapitel beginnt mit dem Abschnitt »Vorbereitung«, in dem du Hinweise findest, welche Position – oder Haltung – die jeweilige Meditation meiner Meinung nach am besten ergänzt. Die

Haltungen sollen dir während des Übens guttun, und das werden sie sicher nicht, wenn sie unbequem für dich sind. Schmerz ist ein Zeichen, dass irgendetwas nicht stimmt, also opfere dein Wohlbefinden nicht für eine »perfekte« Haltung. Möglicherweise wirst du aber feststellen, dass dir eine vormals unangenehme Haltung leichter fällt, je öfter du übst. Überprüfe daher immer wieder, ob du nur leichtes Unbehagen oder echte Schmerzen verspürst. Ein leichtes Unbehagen kann normal sein (solange es nicht deine Fähigkeit einschränkt, dich zu entspannen und zu konzentrieren). Es gibt aber keinen Grund, Schmerzen auszuhalten.

Ich ermuntere dich, alle Haltungen in diesem Kapitel einmal auszuprobieren. Wenn du bemerkst, dass dich die empfohlene Haltung vom Meditieren ablenkt, ersetz sie einfach durch eine andere Haltung, die bequemer für dich ist.

Ich werde auch über den Einsatz von grundlegenden Hilfsmitteln sprechen, die für mehr Komfort und Unterstützung sorgen können und dir dabei helfen, dich korrekt aufzurichten. Du brauchst dafür keine teure Ausrüstung zu kaufen. Fast jedes schicke Meditationsaccessoire kann leicht mit Decken oder Kissen nachgebaut werden.

Du brauchst dieses Kapitel nicht bis zum Ende durchzulesen, außer vielleicht den Abschnitt »Fragen & Antworten« am Ende dieses Kapitels. Dieses Kapitel ist hauptsächlich als Referenz für die Meditationen in den nachfolgenden Kapiteln gedacht. Also lies ein bisschen darin, lies viel oder blätter gleich zu dem Kapitel weiter, das dich am meisten anspricht. Denk dran: Dies ist Meditation auf *deine* Art. Bevor du die erste Meditation ausprobierst, komm aber bitte zurück und lies dir die Grundlagen in diesem Kapitel durch. Dann wirst du dich bei deinen Meditationen viel wohler fühlen. Später kannst du dieses Kapitel dann zum Nachschlagen nutzen, wann immer du dein Wissen auffrischen möchtest.

Meditationshaltungen, die jeder kann

Wenn du erst mit dem Meditieren anfängst, aber früher schon Yoga gemacht hast, werden dir viele Haltungen in diesem Kapitel bereits bekannt sein. Doch auch wenn du noch nie einen Yogakurs besucht hast, wird es dir sicher leichtfallen, eine bequeme Meditationshaltung zu finden, wenn du ein paar einfache Hinweise befolgst.

Schneidersitz/Sukhasana

Bei den meisten Meditationen in diesem Buch wirst du aufgefordert, dich im Schneidersitz hinzusetzen – der auf Sanskrit Sukhasana heißt. Wenn du jemals in der Schule auf dem Boden im Kreis gesessen hast, kennst du die Grundlagen dieser Haltung bereits. Du machst sie schon seit dem Kindergarten.

Der Schneidersitz kann überall praktiziert werden, wo es für dich bequem ist und du dich gut gestützt fühlst. Ich sitze dabei gern auf einem mit Buchweizenkörnern gefüllten Lotuskissen (siehe Abbildung) auf dem Boden, aber du kannst auch auf der Couch sitzen, auf dem Bett oder wo immer du gerade dasitzen kannst und genug Platz hast, um die Beine zu verschränken. Es wird empfohlen, auf einem Kissen zu sitzen, weil dadurch die Wirbelsäule und das Becken korrekt aufgerichtet werden. Falls du kein festes Kissen hast, kannst du eine Decke dick zusammenfalten, bis sie 10 bis 15 Zentimeter hoch ist.

Wie man den Schneidersitz einnimmt

1. Setz dich so auf die Vorderkante deines Kissens oder deiner zusammengefalteten Decke, dass die Beine vor dir ausgestreckt sind.
2. Leg einen Knöchel über den anderen.
3. Drück die Knie nach außen und zieh sie gleichzeitig näher an dich heran. Während du die Knie näher an dich heranziehst, findet jeder Fuß von selbst seinen Weg unter das jeweils gegenüberliegende Knie.
4. Es sollte etwas Raum zwischen Becken und Schienbein sein, und du solltest in dieser Haltung keine Dehnung spüren. Wenn es unbequem für dich ist, die Beine zu verschränken, stell einen Fuß vor den anderen, sodass die Außenkante von jedem Fuß bequem auf dem Boden liegt.
5. Setz dich aufrecht hin und stell dir dabei vor, wie ein Wirbel über den anderen gestapelt ist.
6. Atme tief ein und zieh dabei die Schultern bis zu den Ohren hoch. Roll beim Ausatmen die Schultern nach unten zurück. Das macht die Schultern breit und öffnet den Brustkorb.

7. Stell dir vor, dass eine Schnur an deinem Scheitel befestigt ist und ihn in Richtung Himmel zieht. Achte darauf, dass du dein Kinn parallel zum Fußboden hältst und es nicht einrollst oder emporstreckst.
8. Du kannst die Hände mit der Handfläche nach unten auf den Oberschenkeln oder Knien ablegen oder die Handfläche während der Meditation nach oben drehen, um dich mit Energie aufzuladen.

Heldensitz/Virasana

Diese Haltung im Sitzen ist eine tolle Alternative zum Schneidersitz mit verschränkten Beinen. Der Heldensitz (*Virasana* auf Sanskrit) kann mit dem Gesäß direkt auf dem Boden oder auf einem Kissen, einem Yogablock, einer Decke oder einer Nackenrolle ausgeführt werden. Diese Haltung passt wunderbar zu Meditationen für mehr Energie. Sie heißt *Helden*sitz, weil man sich in dieser Haltung stark und voller Energie fühlt.

Wie man den Heldensitz einnimmt

1. Knie dich auf den Boden. Die Knie berühren sich. Wenn du diese Haltung zum ersten Mal ausprobierst, möchtest du zur Unterstützung vielleicht einen Yogablock, eine Nackenrolle oder eine zusammengerollte Decke zwischen deine Waden legen.
2. Spreiz die Beine, bis sie etwas mehr als hüftbreit auseinander sind. Die Fußrücken sollten flach auf dem Boden liegen.
3. Lass den Po hinunter, bis du fest auf deinem Hilfsmittel oder dem Boden sitzt (zwischen der Innenkante der Füße und der Außenseite der Hüfte sollte etwa 1,5 Zentimeter Platz sein).

4. Atme tief ein und zieh dabei die Schultern bis zu den Ohren hoch. Roll beim Ausatmen die Schultern nach unten zurück. Die Vorderseite der Schultern und der Brustkorb öffnen sich dadurch weit, und du sitzt schön gerade wie ein triumphierender Held.

Der halb liegende Schmetterling/ Supta Baddha Konasana

Ein paar Meditationen praktiziert man besser mit unterstützendem Zubehör. Der halb liegende Schmetterling, auf Sanskrit unter dem Namen *Supta Baddha Konasana* bekannt, erlaubt dir, dich entspannt und gestützt zu fühlen und gleichzeitig deine Hüfte und deinen Brustkorb zu öffnen. Hüftgelenke und Brustkorb sind zwei Punkte am Körper, die eine enorme Lösung von Gefühlen bewirken können, wenn man ihnen gestattet, sich mehr zu öffnen. Es ist immer gut, während der Meditation verletzlich zu bleiben; wenn du dich beim Meditieren in eine Haltung begibst, die es dir erleichtert, in einen verletzlichen Zustand zu kommen, wirst du stärker vom Nutzen bestimmter Meditationen profitieren.

Bei der echten *Supta Baddha Konasana* liegt man mit dem Rücken ganz auf dem Boden. Aber eine meiner wenigen Meditationsregeln – auch wenn keine von ihnen Gesetz ist – besagt, dass es besser ist, dich nicht hinzulegen. (Warum, erkläre ich im Abschnitt »Fragen & Antworten« am Ende dieses Kapitels.) Manchmal schlage ich allerdings die Totenstellung (*Savasana* auf Sanskrit) als alternative Haltung vor. Bei der Totenstellung legt man sich einfach mit ausgestreckten Armen auf den Rücken, die Handflächen zeigen nach oben oder nach unten, Hände und Füße sind entspannt. Eventuell schlage ich auch vor, die Knie anzuwinkeln und die Fußsohlen flach auf den Boden zu stellen. Aber konzentrieren wir uns zunächst auf den halb liegenden Schmetterling.

Wie man den halb liegenden Schmetterling einnimmt

1. Such dir eine feste, flache Unterlage, wo du längere Zeit bequem sitzen kannst. Du bleibst in der Haltung, solange deine Meditation dauert. Leg eine Decke oder Yogamatte als Polsterung unter dich.
2. Platzier einen Stapel fester Bett- oder Sofakissen oder eine Nackenrolle entlang deiner Wirbelsäule. Stell sicher, dass du vollkommen abgestützt wirst und du dir keine Mühe geben musst, aufrecht zu bleiben. Ich empfehle, dass der Winkel zwischen deinem Rücken und dem Boden mindestens 45 Grad betragen sollte.
3. Winkle die Knie an und stell die Füße so nebeneinander, dass sie sich an den Innenkanten berühren.
4. Nun lass die Knie langsam nach außen fallen. Widersteh dem Drang, die Hüfte zu überdehnen, indem du die Knie

näher in Richtung Boden drückst. (Vielleicht fühlt es sich gut für dich an, deine Knie mit Yogablöcken abzustützen, wenn sie den Boden nicht erreichen.)

5. Zu diesem Zeitpunkt sollten sich deine Fußsohlen berühren. Zieh die Füße nach Belieben näher an das Becken heran oder halte sie etwas weiter davon entfernt.
6. Leg zuletzt die Arme mit nach oben gedrehten Handflächen entspannt seitlich ab.

Sitzende Meditationshaltung auf einem Stuhl

Möglicherweise ist es unbequem oder sogar schmerzhaft für dich, auf dem Fußboden zu sitzen oder deine Beine zu verschränken. Falls das so ist, keine Sorge. Du kannst überall meditieren, auch auf einem Stuhl. Vielleicht entpuppt sich der Stuhl, auf dem du am Frühstückstisch sitzt, als dein Lieblingsmeditationsort, bevor du in deinen Tag startest. Oder du hast einen stressigen Bürojob und würdest an deinem Arbeitstag gern immer wieder kurze Pausen einlegen, um kurz in dich hineinzuhören und dich wieder zu zentrieren. Eine Stuhlmeditation kann eine perfekte (und unauffällige) Möglichkeit sein, um etwas Selbstfürsorge in einen hektischen Tag zu bringen.

Diese Haltung im Sitzen ist womöglich die leichteste und praktischste Meditationsmethode, die du jemals ausüben wirst. Ich wette, du wirst sie lieben und immer wieder auf sie zurückgreifen.

Wie man die sitzende Meditationshaltung einnimmt

1. Such dir einen Stuhl, bei dem deine Knie und deine Hüfte ungefähr auf der gleichen Höhe sind.
2. Setz dich aufrecht hin und drück den Rücken fest an die Rückenlehne oder richte dich so auf, als ginge eine imaginäre gerade Linie von deinem Scheitel über deinen Rücken durch dein Gesäß.
3. Die Knie sollten etwa hüftbreit (oder etwas weiter) auseinander stehen; die Knöchel sollten sich direkt unter den Knien befinden.
4. Achte darauf, dass die Fußsohlen vollständig und fest auf dem Boden aufliegen.
5. Leg die Hände auf den Knien oder Oberschenkeln ab, mit nach oben oder unten gedrehten Handflächen oder in einer Handmudra deiner Wahl (eine Erklärung zu grundlegenden Handmudras findest du weiter unten in diesem Kapitel).

Einfache Hilfsmittel zum Optimieren deiner Haltung

Ich nenne dir keine ellenlange Einkaufsliste teurer Accessoires, die am Ende sowieso nur auf dem Dachboden bei deinen anderen Fitnessgeräten landen (erinnerst du dich noch an den Bauchwegtrainer?). Aber manchmal ist es unbequem, auf dem Fußboden zu sitzen, und es kann von Tag zu Tag unterschiedlich sein, wie wohl du dich in den einzelnen Haltungen fühlst. Hilfsmittel sorgen nicht nur für höheren Komfort, sondern können auch eine bessere Körperhaltung bewirken und damit die korrektere Ausführung einer Haltung.

Die folgenden Hilfsmittel habe ich in meiner persönlichen Sammlung. Ich empfehle, dass du sie ebenfalls in deinem »Meditationswerkzeugkasten« hast. Die meisten findest du in jedem Sportgeschäft oder großen Kaufhaus mit einer Fitnessabteilung. Außerdem gibt es zahllose Onlinestores, die Yogazubehör zu günstigen Preisen anbieten. Du wirst feststellen, dass die meisten einem ähnlichen Zweck dienen, daher wirst du vielleicht nur eines oder zwei von der Liste benutzen wollen. Die gute Nachricht ist, dass die meisten Accessoires relativ preisgünstig sind. Von daher ist das Risiko, dass du den Kauf bereuen wirst, relativ gering. (Bei diesen Worten muss ich wieder an das 2000 Dollar teure Laufband in meinem Keller denken, das jetzt als Kleiderständer dient.)

- Yogablock – ein Block aus festem Schaumstoff oder Kork, der nützlich für Haltungen im Sitzen ist. Er dient dazu, die Sitzfläche zu erhöhen oder Rücken, Kopf oder Knie in liegenden Positionen abzustützen. Kann beim Schneider- und Heldensitz sowie beim halb liegenden Schmetterling benutzt werden.

- Nackenrolle oder Nackenkissen – ein festes Kissen mit Baumwoll- oder Buchweizenfüllung, das sowohl bei Haltungen im Sitzen als auch im Liegen nützlich ist, um Gesäß, Rücken, Kopf oder Nacken höher zu legen. Kann beim Schneider- und Heldensitz sowie beim halb liegenden Schmetterling benutzt werden.
- Traditionelle mexikanische Yogadecke – ausgebreitet als Matte bei Haltungen im Liegen, zusammengerollt als Kissen für Kopf oder Nacken oder zusammengelegt anstelle eines Yogablockes oder einer Nackenrolle verwendbar. Kann beim Schneider- und Heldensitz, beim halb liegenden Schmetterling sowie bei der Totenstellung benutzt werden.
- Yogamatte – ausgerollt, um eine weichere Oberfläche für Haltungen im Sitzen oder Liegen zu schaffen, oder zusammengerollt als Unterstützung für Kopf oder Nacken. Kann beim Schneider- und Heldensitz, beim halb liegenden Schmetterling sowie bei der Totenstellung benutzt werden. (Am wenigsten empfohlen, weil sie weniger leicht zu handhaben und nicht zum Abstützen gedacht ist, aber vielleicht besitzt du ja bereits eine.)
- Kniehocker – nützlich, um im Heldensitz Belastungen zu lindern, die Durchblutung zu verbessern und eine bessere Aufrichtung zu fördern. (Das ist die kostspieligste Option. Du kannst einen solchen Meditationshocker in knienden Haltungen als Upgrade zu deinem Yogablock, deiner Nackenrolle, deinem Kissen oder deiner Decke verwenden.)

Wenn du atmen kannst, kannst du auch meditieren

Tirumalai Kishnamacharya, ein indischer Yogalehrer, der von vielen als eine der einflussreichsten Personen des modernen Yoga verehrt wird, war für den Ausspruch bekannt: »Wenn du atmen kannst, kannst du auch Yoga üben.« Das soll nicht heißen, dass er eine Übungspraxis, die auf sorgfältigem Lernen, Disziplin und Regelmäßigkeit beruht, nicht für wichtig hielt. Aber ich teile seine Grundaussage, dass Yoga für alle da ist und mit dem Atem anfängt, und wende sie auf die Meditation an. Wenn du atmen kannst, kannst du auch meditieren. Um die Meditationen in diesem Buch zu praktizieren, brauchst du nur drei einfache Atemtechniken zu erlernen: die Einfache Atmung, die Gleichmäßige Atmung und die Eins-zwei-Atmung. Bei der Einfachen Atmung musst du deine Aufmerksamkeit lediglich auf deinen Atem richten, sodass du verfolgen kannst, welchen Weg er durch deinen Körper nimmt. Bei anderen Meditationen empfehle ich die Gleichmäßige Atmung oder die Eins-zwei-Atmung. Die beiden letztgenannten Atemmethoden sind besonders hilfreich, um Angst und Nervosität zu beruhigen.

Einfache Atmung

Diese simple Technik ist im Grunde die Atemversion des Schneidersitzes. Du musst dich dabei nur auf dein natürliches Ein- und Ausatmen konzentrieren, so wie es zu dem Zeitpunkt ist, an dem du mit der Meditation beginnst. Du sollst die Atemzüge nicht zählen und dich auch nicht unter Druck setzen, sie besonders tief und lang werden zu lassen. Richte einfach deine Aufmerksamkeit auf das, was zum gegenwärtigen Zeitpunkt gerade passiert.

Eines meiner liebsten »Gesetze des Universums« besagt, dass der bloße Akt des Beobachtens das verändert, was beobachtet wird. Ich will nicht behaupten, dass ich eine Wissenschaftlerin bin, aber eines kann ich dir sagen: Jedes Mal, wenn ich meinen Atem beobachte oder einen meiner Schüler dazu anleite, verändert sich die Atmung ganz von allein – und immer auf positive Weise. Durch das bloße Beobachten wird der Atem geschmeidiger, länger und tiefer, und zwar ohne jede Anstrengung. Ich habe dieses Experiment mindestens tausendmal durchgeführt, und die Ergebnisse waren zu hundert Prozent positiv.

Wie man die Einfache Atmung praktiziert

1. Verfolge den Weg, den dein Atem durch deine Nase und durch deine Kehle nimmt.
2. Spür, wie sich deine Lungen mit Luft füllen, bevor die Luft in deinen Bauch strömt.
3. Lass deinen Bauch ganz locker, während er sich ausdehnt und mit deinem Atem füllt.
4. Nimm dir einen Moment Zeit, während dein Atem in dein Gesäß sinkt, bevor du ihm erlaubst, umzukehren und deinen Körper durch den Mund wieder zu verlassen. Spür, wie sich dein Bauch und deine Lungen zusammenziehen. Nimm wahr, dass dein Atem auf dem Weg durch deine Kehle und über deine Lippen wärmer ist als zuvor.

Gleichmäßige Atmung

Die Gleichmäßige Atmung ist genau das, was der Name schon sagt. Beim Einatmen sollte die Luft deinen Körper komplett ausfüllen, und beim Ausatmen sollte die Luft vollständig aus deinem

Körper herausströmen. Die Atemzüge sollten beim Ein- und Ausatmen gleich lang sein. Deine Gleichmäßige Atmung sollte fließend, von regelmäßigem Rhythmus und entspannt sein, aber gleichzeitig zielgerichtet und fokussiert. Es kann helfen, im Stillen mitzuzählen, um sicherzustellen, dass jeder Atemzug beim Ein- und Ausatmen gleich lang ist.

Wie man die Gleichmäßige Atmung praktiziert

1. Atme durch die Nase ein, im gleichen Muster wie bei der Einfachen Atmung.
2. Atme durch den Mund wieder aus und erlaub dabei deinem Kiefer, sich zu entspannen. Konzentrier dich darauf, jedes bisschen Luft aus deinem Körper entweichen zu lassen.
3. Mach einen Takt Pause, bevor du mit dem nächsten Atemzyklus beginnst.

Eins-zwei-Atmung

Das ist meine Lieblingsatemtechnik, um in einen Zustand der Ruhe und des Friedens zu kommen, besonders, wenn ich ängstlich, panisch oder besorgt bin. Wenn ich meditiere, um Stress oder Angst zu lindern, liegt der Schwerpunkt darauf, den Geist von den rasenden Gedanken abzulenken. Man kann die Gedanken vom Negativen weg auf etwas Sicheres, Neutrales verlagern, indem man die Aufmerksamkeit sorgfältig auf den Atemzyklus lenkt.

Die Eins-zwei-Atmung erfordert mehr Konzentration und Kontrolle als die anderen Atemtechniken, die ich vorgestellt habe; daher ist sie besser geeignet, um den Geist zu beschäftigen und die Denkprozesse zu verlagern.

Wie man die Eins-zwei-Atmung praktiziert

1. Atme durch die Nase ein, im gleichen Muster wie bei der Einfachen Atmung, und zähl dabei im Stillen mit, wie viele Sekunden du einatmest.
2. Atme langsam durch die Nase aus, und zwar doppelt so lange, wie du eingeatmet hast. Wenn du zum Beispiel beim Einatmen bis drei gezählt hast, dann zähl beim Ausatmen bis sechs.
3. Mach am Ende von jedem Atemzyklus so lange Pause, wie es sich für dich angenehm anfühlt. Indem du dir gestattest, in der Leere zu ruhen, schaffst du Raum in deinem Geist und in deinem Körper.

Achte auf deine Worte (und Gedanken) – sie sind mächtig

Ich habe gerade erklärt, dass die Konzentration auf deinen Atem dich von Gedanken ablenken kann, die dir nicht guttun. Mantren – Worte, Sätze oder Klänge, die wiederholt werden, um beim Meditieren die Konzentration zu fördern – bieten ebenfalls Schutz vor einem hektischen Geist. Das Wort »Mantra« ist eine Kombination aus zwei Sanskrit-Wörtern: »man« (Geist) und »tra« (Instrument). Ich benutze Mantren in fast allen meinen angeleiteten Meditationen, nicht nur, um den negativen Lärm und das mentale Geschnatter (das auf Sanskrit als *chittavritti* bezeichnet wird) zu übertönen, sondern auch, um neue, positive Gedanken einzuführen.

Worte sind unglaublich mächtig, und Botschaften, die wir dauernd hören – ob von anderen oder in unseren eigenen Gedanken –, formen unser Unterbewusstsein und beeinflussen, wie wir fühlen, sprechen und uns verhalten. Das Wiederholen von Mantren und positiven Affirmationen erlaubt mir, neue Gespräche mit mir selbst in Bezug auf Situationen anzufangen, die mir Unbehagen verursachen.

Stell dir einen Moment lang vor, wie toll es sich anfühlen würde, nur positive, aufbauende Worte über deinen Körper zu hören. Komplimente kommen aus allen Richtungen, während Freunde, Verwandte und Kollegen dir bei jeder Gelegenheit sagen, wie toll du doch aussiehst. Wie wäre es, wenn diese Gespräche in deinem Kopf stattfänden? Negative Selbstgespräche existieren nicht mehr. Wie würde es die Art verändern, wie du fühlst, sprichst und dich verhältst, wenn du nur gute Dinge über deinen Körper hörst? Wärst du selbstbewusster, aufgeschlossener, bestimmter? Wie würden deine neue Einstellung und dein neues Verhalten dir nützen? Vielleicht würden dir deine Ziele weniger außer Reichweite scheinen, und du würdest neuen Gelegenheiten mit Freude statt mit Angst begegnen.

Du kannst entscheiden, mit welchen Gedanken du deinen geistigen Raum ausfüllen willst, aber der Raum ist begrenzt. Es gibt immer nur Platz für einen Gedanken und eine Tat zur selben Zeit. Wenn du dich entscheidest, in stiller Meditation zu sein und an etwas Positives zu denken, verdrängst du etwas anderes, das dir nicht guttut. Atemzug für Atemzug, Gedanken für Gedanken, Mantra für Mantra kommst du Frieden, Ruhe und Glück immer näher.

Wie man Handmudras nutzen kann

Mudras, symbolische oder rituelle Gesten, deren Ursprünge im Hinduismus oder Buddhismus liegen, sollen beeinflussen, wie die Energie durch den Körper fließt. Abgeleitet aus dem Sanskritwort für »Zeichen« oder »Siegel«, kann eine Mudra einzelne Bereiche des Körpers oder den ganzen Körper einbeziehen. Es gibt unzählige Mudras, bei denen nur die Hände benutzt werden. Um es einfach zu halten, zeige ich dir meine liebsten Handmudras mit ganz einfachen Anweisungen, wie man sie ausführt. Vielleicht macht es dir ja Spaß, sie einmal auszuprobieren.

Ich bin mir sicher, dass du schon eine oder mehrere dieser Mudras gesehen hast. Statuen buddhistischer oder hinduistischer Gottheiten werden oft mit ihren Händen in Mudrahaltungen dargestellt. Auch andere Religionen verwenden Handmudras. Eine der beliebtesten und am leichtesten wiederzuerkennenden Handmudras ist die schlichte Anjali Mudra. Sie entspricht den zusammengelegten Händen in Gebetshaltung. Das Aneinanderpressen der Handflächen und ausgestreckten Finger soll die Energien ins Gleichgewicht bringen und die Übenden zentrieren. Wenn ich beim Meditieren die Anjali Mudra mache, drücke ich die Daumenspitzen dabei gegen mein Herzzentrum (oder Brustbein), um Dankbarkeit oder Hingabe auszudrücken. Laut den uralten Traditionen des Buddhismus oder Hinduismus besteht der Körper aus denselben fünf Elementen wie das Universum, die durch jeden der fünf Finger repräsentiert werden:

- Daumen – Feuer
- Zeigefinger – Luft
- Mittelfinger – Äther

- Ringfinger – Erde
- Kleiner Finger – Wasser

Eine schnelle Google-Suche zum Thema »Handmudras« führt dich zu vielen hervorragenden Quellen, die einen Überblick darüber geben, welche Mudras man bei welchen Stimmungen, Beschwerden oder Leiden verwenden kann. Ich persönlich habe noch nicht damit experimentiert, mit Mudras gesundheitliche Beschwerden zu behandeln, aber ich achte bei jeder Meditation genau auf meine Handhaltung. Es kann auch interessant sein, bei der Meditation deine eigenen Hände zu beobachten, um herauszufinden, was sich für dich am bequemsten und natürlichsten anfühlt.

Wenn du beim Meditieren und während des Tages auf deine Hände achtest, stellst du wahrscheinlich fest, dass du unterschiedliche Bewegungen und Haltungen benutzt, um dich selbst auszudrücken, ohne es überhaupt zu bemerken. Eine Haltung, die viele Menschen ganz unbewusst im Alltag einnehmen, sieht so aus, dass wir die Fingerspitzen der einen Hand mit den Fingerspitzen der anderen Hand berühren. Diese Handhaltung hilft bei der Konzentration und wird am häufigsten benutzt, wenn man etwas Wichtiges erklärt.

Zusätzlich zu den oben erwähnten Handhaltungen habe ich die folgenden Mudras ausgewählt, die du bei den Meditationen in diesem Buch verwenden kannst. Du kannst die Beschreibung jeder Mudra noch einmal hier durchlesen, wenn du in den Meditationsbeschreibungen auf eine Mudra stößt.

- **Gyan Mudra** – Leg die Spitzen von Daumen und Zeigefinger zusammen. Lass die anderen Finger ausgestreckt, aber nicht steif werden. Diese Mudra ist angezeigt zur Erdung, Beruhigung, Konzentrationssteigerung und Stimulierung von Weisheit und Wissen.

- **Surya Mudra** – Leg die Spitze des gekrümmten Ringfingers von innen an das oberste Daumenglied. Drück den Daumen sanft gegen den Ringfinger. Die Surya Mudra wird benutzt, um die Körpertemperatur zu erhöhen, die Verdauung zu unterstützen und eine Gewichtsabnahme zu fördern.

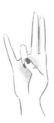

- **Kubera Mudra** – auch als Wohlstandsmudra bekannt. Bei der Kubera Mudra werden die Spitzen des gekrümmten Ringfingers und des gekrümmten kleinen Fingers in die Handfläche gedrückt und die Spitzen von Daumen, Zeige- und Mittelfinger zusammengeführt. Nutz diese Mudra bei Mediationen über Fülle, Wohlstand und Zuversicht.

- **Kelchmudra** – Führ diese zweihändige Mudra aus, indem du deine linke Hand in deine rechte Hand schmiegst (die Handflächen zeigen dabei nach oben) und die Spitzen beiden Daumen aneinanderlegst. Die übereinandergelegten Hände sollten in deinem Schoß ruhen. Falls du mit verschränkten Beinen dasitzt, sollte die obere Hand dem oberen Bein entsprechen (mit anderen Worten: Wenn dein rechtes Bein über dem linken liegt, leg deine rechte Hand in deine linke Hand). Nutz diese Mudra, um die Energie in deinem Körper ins Gleichgewicht zu bringen.

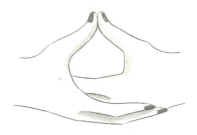

- Handflächen oben/Handflächen unten – Bei den meisten Meditationen empfehle ich, dass du einfach die Hände auf die Knie oder Oberschenkel legst. Die Handflächen können dabei entweder nach oben oder nach unten zeigen. Schon indem du einfach die Handflächen nach oben drehst, lädst du Energie aus deiner Umgebung ein. Die Handflächen nach unten zu legen bietet Schutz und versiegelt deine Energie während deiner Übung.

Chakren: die kreisenden Räder im Inneren deines Körpers

Das Wort *Chakra* stammt aus dem Sanskritwort für »Rad« oder »Kreis«. Es gibt viele verschiedene Chakrensysteme in den fernöstlichen Traditionen, aber im Westen hält man sich meistens an ein verbreitetes System, das sieben Hauptchakren, oder Energiezentren, im Körper umfasst.

Chakren sollen Teil eines Systems unsichtbarer energetischer Bahnen (*Nadis*) sein, die es der Lebensenergie (*Prana*) ermöglichen, durch den Körper zu fließen. Ein klares und kreisendes Chakra ist ein gesundes Chakra. Es bedeutet, dass die Energie sich so bewegt, wie sie es sollte, und dass alles gut ist. Ein blockiertes oder langsames Chakra kann in energetischer und körperlicher Hinsicht echten Ärger bereiten. Wenn zum Beispiel das Halschakra verstopft ist (so als ob man einen Frosch im Hals sitzen hätte), fällt es einem manchmal schwer, zu kommunizieren oder seine Gefühle auszudrücken. Es gab viele Zeiten in meinem Leben, in denen ich das Gefühl hatte festzustecken, und eine gute Chakrenreinigung brachte sofort alles in Ordnung.

Wie reinigt man ein Chakra? Es gibt zahllose Techniken, wie du dich mit deinen Chakren verbinden und sie wieder zum Kreisen bringen kannst. Schon wenn du dich einfach auf ein bestimmtes Chakra konzentrierst und ihm etwas zusätzliche Liebe und Aufmerksamkeit schenkst, wird es wieder aufgeladen. Auch einige der Meditationen in diesem Buch helfen dir dabei, deine Chakren wieder ins Gleichgewicht zu bringen.

Jedem Chakra sind eine Farbe, eine Funktion und ein Ort am physischen Körper zugeordnet. Im Folgenden findest du eine Übersicht über die sieben Hauptchakren und ihre Farben, Orte und Funktionen.

1. Wurzelchakra
- Farbe: Rot
- Ort: Lendengegend, Beckenboden und Ansatz der Wirbelsäule (Körperbasis)
- Funktion: repräsentiert Fundament, Sicherheit, Überleben, das Gefühl, geerdet zu sein

2. Sakralchakra
- Farbe: Orange
- Ort: Unterbauch
- Funktion: repräsentiert sexuelle Energie, Kreativität, Wohlbefinden, Genuss

3. Solarplexuschakra
- Farbe: Gelb
- Ort: Magen und Darm
- Funktion: persönliche Kraft, Selbstachtung, Selbstvertrauen, mentale Energie

4. Herzchakra
- Farbe: Grün
- Ort: Herz/Brustkorb
- Funktion: Liebe, Mitgefühl, Empathie, Freude

5. Halschakra
- Farbe: Blau
- Ort: Kehle
- Funktion: Kommunikation, Selbstausdruck, Sprache, Wahrhaftigkeit

6. Stirnchakra (Drittes Auge)
- Farbe: Indigo
- Ort: zwischen den Augenbrauen
- Funktion: Intuition, Fantasie, Weisheit, übersinnliche Fähigkeiten

7. Kronenchakra
- Farbe: Violett
- Ort: Scheitel
- Funktion: Verbindung zum Göttlichen, Spiritualität

Ich schließe Chakren nicht oft in meine Übungen ein, aber ich habe schon durch ein allgemeines Verständnis darüber, was sie sind und wie sie arbeiten sollten, großartige Resultate erlebt. Ich kann verstehen, dass du Dingen wie unsichtbaren Energierädern, die sich in dir selbst und im Energiefeld außerhalb deines Körpers drehen, womöglich skeptisch gegenüberstehst. Aber wenn du dir Kopf und Herz für die Möglichkeit offenhältst, dass es sie gibt, könntest du spannende Veränderungen erleben, die dir helfen, in kürzester Zeit emotionale Blockaden zu durchbrechen. Man weiß es nie, bevor man es ausprobiert!

Du hast 4 Minuten Zeit zum Meditieren.

Wenn ich jedes Mal fünf Cent bekäme, wenn mir jemand sagt, dass er keine Zeit zum Meditieren hat, würde ich dieses Buch auf der Veranda meiner Villa in der Toskana schreiben und nicht in meinem Wintergarten in New Jersey. Ich weiß, dass dein Leben hektisch ist. Ich weiß, dass du an manchen Tagen kaum Zeit hast, deine To-do-Liste zu lesen, geschweige denn, etwas darauf abzuhaken. Aber ich weiß auch, dass alles, was dich total fertigmacht, plötzlich erträglicher wird, wenn du dir etwas Zeit nimmst, um dich zu zentrieren, in dich hineinzuspüren und dir das Gefühl zu geben, dass du etwas liebevolle Aufmerksamkeit verdient hast. Meditation hilft dir, die Dinge zu ordnen. Sie ist wie ein psychischer Schrankaufräumer. Alle belastenden Probleme, die du in deinem Schrank angehäuft, übereinandergestapelt oder versteckt hast, werden während der Meditation ordentlich an den richtigen Platz gelegt. Die Zeit, die du auf dem Kissen verbringst (oder wo immer du meditieren willst), bietet dir die Gelegenheit, deine Probleme klarer zu sehen, und dadurch kannst du dich mit diesen Problemen beschäftigen, ohne von ihnen überwältigt zu werden.

Durch eine einzige gute Meditation bleibt dein Schrank natürlich nicht für immer aufgeräumt. Dein psychischer Schrank wird ab und zu wieder unordentlich werden. Schließlich kannst du auch nicht nur einmal in deinem Leben staubsaugen und dann sagen: »Das ist erledigt.« Darum ist das regelmäßige Üben von Meditation so wichtig. Jedes Mal, wenn du auf dein Kissen zurückkehrst, wird es ein bisschen leichter. Statt einen Riesenhaufen Unordnung bewältigen zu müssen, brauchst du dich nur daran zu erinnern, wo dein »Zeug« hingehört, und es wieder an seinen Platz zu legen. Verstehst du, worauf ich hinauswill? Das Aufräumen dauert nur ein paar Minuten, wenn du jedes Mal nur ein paar Sachen aufhebst und weißt, wo alles seinen Platz hat. Es dauert viel länger, wenn du zulässt, dass sich alles eine Weile ansammelt.

Mit der Zeit sinkt dein Stresspegel, und die Probleme werden weniger erdrückend, bloß weil du dir jeden Tag ein klein wenig Zeit nimmst, um dein psychisches Gerümpel aufzuräumen.

Effektive Meditationen müssen nicht lang sein. Wenn es so wäre, dann würde ich überhaupt nicht meditieren. Meine Meditationen sind kurz, weil *mein* Leben hektisch ist. (Ich erinnere daran, dass ich fünf Kinder habe.) Ich habe mir eine Übungspraxis geschaffen, die zu meinem Leben passt, weil ich keine Zeit habe, mir ein Leben zu schaffen, dass zu irgendeiner Übungspraxis passt. Du kannst die Meditationen jederzeit und an jedem Ort machen, den du dir aussuchst. Sie sind dazu gemacht, in *deinen* hektischen Tagesplan zu passen.

4 Minuten dauert etwa eine Werbepause bei *The Real Housewives* (meinem liebsten kalorienfreien Vergnügen). Stell dir vor, du nimmst dir beim nächsten Mal ein paar Minuten Zeit, um wieder in deine Mitte zu kommen, statt durch den Werbeblock vorzuspulen, wenn du dir deine Lieblingssendung auf dem Festplattenrekorder ansiehst. Oder wenn du das nächste Mal einkaufen gehst, nimmst du dir auf dem Parkplatz 4 Minuten Zeit, um in dich hineinzuspüren, wie es dir geht, statt sofort aus dem Auto zu springen und in das Chaos des Supermarktes einzutauchen. Es ist wirklich so leicht, dir Zeit für dich selbst zu nehmen. Und wenn du dir Zeit für dich selbst nimmst, wirst du erstaunt sein, welche tiefgreifenden und lebensverändernden Belohnungen eine so kleine Investition bringen kann.

So, und jetzt, wo ich dich überzeugt habe, dass du tatsächlich ganz viele Gelegenheiten zum Meditieren hast, wenden wir uns den anderen Befürchtungen und Einwänden zu.

»Meditation ist nichts für mich, weil ...«

Als ich meine Follower in den sozialen Medien bat, mir ihre Fragen zur Meditation zu schicken, war ich schockiert, wie viele mir zurückschrieben. Diese Rückmeldungen zeigten nicht nur, dass viel Verwirrung darüber besteht, was Meditation eigentlich ist und warum man meditieren sollte, sondern dass auch viele Ängste damit verbunden sind. Manche Menschen fürchten sich davor, Meditation auch nur auszuprobieren. Ich schreibe das zwei Hauptgründen zu:

- Meditation gilt immer noch als seltsame »Alternative« zu konventionellen Gesundheits- und Wellnesspraktiken und ist daher von etwas Mysteriösem umgeben.
- Es gibt zu viele »Gurus«, die lange Listen von richtigen und falschen Arten zu meditieren nennen.

Ich habe die häufigsten Fragen und Einwände gesammelt und eine Liste mit Antworten zusammengestellt. Meine Antworten sind nur Vorschläge, die du auf deine eigene Übungspraxis anwenden kannst, wo du es für richtig hältst.

Fragen & Antworten zur Meditation

F: Ist es okay, sich beim Meditieren hinzulegen?
A: Der Hauptzweck der Meditation ist, deine Aufmerksamkeit zu fokussieren, nicht, dich zu entspannen. Zur Entspannung kommt es automatisch, weil dein Geist ruhiger wird. In den meisten Fällen ist es nicht notwendig, deinen Körper in eine entspannte Haltung zu bringen, auch wenn ich verstehen kann, dass dies verlockend erscheint.

Die ideale Meditationshaltung erlaubt dir, aufrecht, konzentriert und wach zu bleiben, ohne dass sie dir unbequem wird. Sie bietet der Energie eine freie Bahn durch den Körper (daher sollte man nicht zusammengesackt oder gekrümmt sitzen). Wenn du eine besonders bequeme Position willst, wähle eine Haltung, bei der du gestützt wirst, aber nicht vollkommen flach auf dem Boden liegst. Sich so sehr zu entspannen, dass man beim Meditieren einschläft, ist nicht ideal (es sei denn, du meditierst, um Schlafstörungen zu bekämpfen).

F: Muss es vollkommen still sein, wenn ich meditiere?
A: Ich hätte nur zu gern einen ganz und gar ruhigen Ort zum Meditieren, aber so sieht meine Wirklichkeit leider nicht aus. Ob es die Geräusche meiner fünf Kinder sind, die die Treppe rauf- und runtertrampeln und ihre Instrumente spielen, oder der Verkehrslärm, wenn ich in meinem geparkten Auto sitze, ich bin immer von Geräuschen umgeben.

Die meisten von uns leben in Umgebungen, die nicht gerade friedvoll sind, daher sollte man wohl einfach akzeptieren, dass ein stiller Meditationsort nicht immer ein realistisches Ziel ist. Und das ist okay. Dein Meditationsort sollte da sein, wo du bist, samt Lärm und allem anderen. Wenn du keinen vollkommen ruhigen Ort für deine Übungen ergattern kannst, versuch einen Ort zu finden, der die *meiste* Ruhe verspricht. Und anstatt dich vom Lärm ablenken zu lassen, sag dir selbst: »Alle Geräusche in meiner Umgebung sind dazu da, um meiner Meditation zu dienen. Sie lehren mich, mit Leichtigkeit durch jeden Tag zu kommen.«

Und falls du doch einen absolut stillen Ort zum Meditieren hast: Perfekt! Kann ich mal vorbeikommen?

F: Müssen meine Augen während der Meditation geschlossen sein?
A: Nein. Es gibt sogar bestimmte Formen der Meditation – zum Beispiel die Kerzenmeditation –, bei denen du die Augen offen lassen musst. Die Augen während der Meditation zu schließen

bringt allerdings den Vorteil, dass du visuelle Ablenkungen ausschließen kannst. Daher empfehle ich, die Augen geschlossen zu halten, einfach, weil du dich so besser konzentrieren kannst. Bis vor Kurzem war mir jedoch nicht bewusst, dass sich manche Leute mit geschlossenen Augen unwohl – oder sogar unsicher – fühlen. Wenn sie nichts sehen können, fühlen sich manche Menschen verletzlich oder gar an ein früheres Trauma erinnert, sodass sie sich unmöglich konzentrieren können. Wenn das bei dir der Fall ist, keine Sorge. Du kannst mit offenen Augen meditieren und wirst immer noch stark davon profitieren. Falls du dir Sorgen machst, dass du dich dann nicht konzentrieren kannst, sieh eine Kerzenflamme oder einen anderen schönen Lieblingsgegenstand an. Es ist wichtig, die Augen mit weichem Blick darauf ruhen zu lassen, damit du keinen Kopfschmerzen bekommst und die Augen nicht überanstrengst.

F: Was mache ich, wenn mein Körper zu schmerzen beginnt?
A: Halte Schmerzen, die während der Meditation auftreten, nicht einfach aus. Es ist normal, dass es sich kurz unbequem anfühlt, besonders, wenn du eine neue Haltung ausprobierst. Wenn dein Körper jedoch zu schmerzen beginnt, verändere deine Position. Dann bist du vielleicht einen Moment lang unkonzentriert, aber das ist besser, als die ganze Zeit mit Schmerzen zu kämpfen.

F: Ist es normal, während oder nach der Meditation zu weinen?
A: Das ist eine der häufigsten Fragen, die mir zur Meditation gestellt werden. Normalerweise erhalte ich sie per Privatnachricht, weil sie den Leuten etwas peinlich ist. Wenn du beim Meditieren schon mal geweint hast, solltest du wissen, dass es dir nicht allein so geht. Viele Menschen weinen beim Meditieren.

Auch in Yogakursen kommt es häufig vor, dass jemand weint. Wenn neue Muskelgruppen gedehnt werden oder etwas geöffnet wird (bei Frauen dreht sich oft viel um die Hüfte), wird die freigesetzte Energie oft von Tränen begleitet. Unser psychisches und physisches Selbst sind miteinander verbunden. Gefühle sind nicht nur im Geist beheimatet; sie schlagen auch im physischen Körper ihre Wurzeln. Hattest du schon mal Stresskopfweh oder Brustschmerzen aus Liebeskummer? Damit reagiert der Körper auf psychischen Schmerz. Hattest du schon mal einen plötzlichen Energieschub oder ein allgemeines Wohlgefühl, als du gute Nachrichten gehört hast? Es hängt alles miteinander zusammen!

Ebenso kannst du eine körperliche Reaktion erleben, wenn du während der Meditation mentale Ablenkungen beseitigst und darunterliegende Probleme und Gefühle freilegst. Diese Reaktion kann manchmal in Form von ein paar (oder sehr vielen) Tränen erfolgen. Unterm Strich heißt das: Es ist ganz normal. Sich emotional zu öffnen ist sehr wichtig für die Entwicklung unserer Seele, also versuch nicht, es zu vermeiden. Wir verstecken und begraben unsere Gefühle unentwegt, um uns selbst zu schützen. Das ist eine Überlebensstrategie, die in unsere DNA eingebaut ist.

Die Meditation erlaubt uns, die Ketten unseres Menschseins abzustreifen, die Pforten zu verborgenen Emotionen zu öffnen und in Kontakt mit Gott und unseren eigenen spirituellen Identitäten zu kommen.

Falls dich deine Gefühle während der Meditation überwältigen, erinnere dich daran, dass du an einem sicheren Ort bist und dass nichts dir körperlich schaden kann. Wenn du möchtest, sag dir bei jedem Einatmen immer wieder: »Ich bin in Sicherheit. Ich habe meinen Frieden. Ich entscheide mich dafür, hier zu sein«, bis das Gefühl vorüber ist.

F: Woher weiß ich, welche Meditationsform die beste für mich ist?
A: Okay, verstehe. Du willst die beste. Du willst ganz genau wissen, was für dich funktionieren wird, damit du das bestmögliche Ergebnis erzielst. Man könnte das Wort »Meditation« leicht durch »Diät« oder »Sport« austauschen, und die Antwort wäre immer noch dieselbe: Das Beste für dich ist das, was du tatsächlich tust.

Du könntest mich fragen: »Ist Transzendentale Meditation die beste Meditation für mich?« Und ich würde antworten: »Funktioniert sie für dich?« Wenn die Antwort Ja lautet, dann ist sie die beste Meditation für dich. Die Transzendentale Meditation funktioniert; Hunderte seriöse Studien haben ihre Wirksamkeit belegt. Aber ich weiß auch, dass es vielen Menschen wie Folter vorkommt, 15 bis 20 Minuten lang stillsitzen zu müssen. Für solche Menschen ist eine kürzere Meditation oder eine bewegte Meditation oft besser.

Bei allem, was dir hilft, ein reicheres Leben zu führen, gibt es ein Gut, Besser und am-besten. Auch wenn wir alle gern das Beste für uns tun würden, passt das Beste, das in einem Vakuum oder in einer wissenschaftlichen Studie existiert, nicht immer auch am besten in unser Leben. Ich ernähre mich nicht zu 100 Prozent von saisonalen, nachhaltig angebauten Biolebensmitteln aus der Region. Trotzdem ist meine Ernährung ziemlich super, und sie tut mir gut, obwohl sie niemals »perfekt« sein wird.

In diesem Buch biete ich dir eine große Auswahl an, aus der du dir deine persönliche Meditationspraxis zusammenstellen kannst. Es ist deine Aufgabe, alles auszuprobieren und zu entscheiden, welche Werkzeuge dir tatsächlich helfen, dir *deine* Version eines glücklichen Lebens aufzubauen. Nimm nur eines oder schnapp sie dir alle. Wühl in deinem Inneren herum, mach dich mit deinen neuen Werkzeugen an die Arbeit, und ich verspreche dir, dass du mit deinem Lohn zufrieden sein wirst.

Kapitel 3

4 Minuten, um dein Leben zu entstressen

Ich gebe sofort zu, dass ich ein Mensch bin, der mit Stress und Ängsten lebt … aber ich *leide* nicht unter Stress und Ängsten. Wie kann das sein? Jemand, der unter Stress und/oder Ängsten *leidet*, muss noch lernen, wie er mit ihnen als Teil des Alltags umgeht. Jemand, der mit Stress und Ängsten *lebt*, hat gelernt, wie er mit ihnen zurechtkommt, damit sie nicht so viel Leid verursachen. Heute, nachdem ich durch die Bewältigung von Stress und Ängsten in meinem Leben »Muskeln« aufgebaut habe, bin ich in der Lage, anderen zu helfen. Falls du unter Stress und Ängsten leidest – ganz gleich, wie schwer –, *kannst* du das Leiden erheblich reduzieren.

Verwechsle die *Bewältigung* von Stress jedoch nicht mit der *Heilung* davon. Wenn wir es zu unserer Mission machen, uns von unseren Ängsten zu heilen, stressen wir uns, weil wir gestresst sind. Wir bekommen Angst davor, Angst zu haben. Das ist ein doppelter Schlag, der häufig zur Selbstverurteilung führt. »Ich bin immer noch so ängstlich. Was stimmt bloß nicht mit mir?« – »Ich muss falsch meditieren, sonst hätte ich nicht so viel Stress in meinem Leben.« – »Nichts kann mir helfen. Ich wurde einfach so ängstlich geboren.«

Stress ist unheilbar. Er ist nicht wie Kummer oder Verlustschmerz, der mit der Zeit vergeht oder schwächer wird. Er ist ein normales, regelmäßiges Vorkommnis und unvermeidlicher Teil des Lebens, aber er muss nicht vermieden werden, damit wir gesund und glücklich sind. Wenn wir akzeptieren, dass er da ist, und nicht mehr so sehr dagegen ankämpfen, beeinträchtigt er uns weniger. Der Stress ist immer noch gleich, aber wir reagieren anders darauf.

Falls du ein von Natur aus ängstlicher, hochsensibler oder energiegeladener Mensch bist wie ich, wirst du wahrscheinlich für den Rest deines Lebens immer mal wieder mit Ängsten zu tun haben. Aber es gibt keinen Grund, sich davon entmutigen zu lassen! Schließlich bereitet uns das Überwinden von kleinen Hindernissen und Stressoren auf die größten Herausforderungen des Lebens vor. Und wie ich schon gesagt habe, meinen eigenen Erfahrungen zufolge können wir lernen, die täglichen Ängste und Sorgen zu bewältigen, ohne uns dabei zu große Forderungen aufzuerlegen, die unseren Stresspegel nur noch erhöhen.

Ich sage dir dies als Mensch, der unter extremen Ängsten gelitten hat und auf der anderen Seite des Tunnels wieder herausgekommen ist – glücklich und in Frieden. Ja, glücklich und in Frieden, obwohl ich immer noch manchmal Angst habe und immer noch regelmäßig mit Stress fertigwerden muss. Ich bin der Beweis, dass man es schaffen kann, und meine Meditationsübungen waren und sind mein Weg dazu.

Von der Riesenangst zum Riesenglück

Wie viel Ängste und Stress habe ich im Laufe meines Lebens schon zu bewältigen gelernt? Als Kind haben meine Eltern jede Nacht gestritten, sobald meine kleine Schwester und ich im Bett waren. Jede Nacht. Sie beschimpften sich gegenseitig und riefen gemeine Dinge, und das machte die Schlafenszeit zu einer unglaublich stressigen Zeit. Ich wollte noch nicht einmal zu Bett gehen, weil ich wusste, dass es dann losgehen würde.

Als Folge davon hatte ich bis in meine Jugend- und Erwachsenenzeit regelmäßig Albträume. Sie wurden zunehmend intensiver, was die Themen, die Gewalt und die Häufigkeit anging. Diese Albträume bahnten meinem Stress einen Weg an die Oberfläche. Teilweise, weil ich nicht wusste, wie ich meinen Stress verarbeiten sollte, und teilweise, weil ich verängstigt war, unterdrückte ich alle meine sogenannten negativen Gefühle und ließ sie von meinem Unterbewusstsein verarbeiten, während ich schlief. Weil ich diesen Gefühlen nicht freiwillig ihren Lauf ließ, erledigte mein Unterbewusstsein das für mich.

Ich hatte schlicht keine Werkzeuge, um meinen Stress, meine Ängste und meinen psychischen Schmerz zielgerichtet herauszulassen. Ich hatte keine Vorbilder dafür, meine Gefühle rational auszudrücken. Ich hatte nie die geeigneten Worte gelernt, um zu kommunizieren, was ich empfand. Ich konnte nicht sagen: »Ich bin traurig« oder »Ich bin wütend«. Brüllen, Schimpfwörter und andere Formen verbaler Gewalt waren die einzigen Beispiele, die man mir gab, um gehört zu werden und Aufmerksamkeit zu bekommen. In meiner Familie sprach man überhaupt nicht über Gefühle, es sei denn in Form von Gebrüll.

Als ich acht Jahre alt war, stieß ich an meine Grenze. Meine Eltern waren auf dem Weg zur Scheidung. Drei Jahre zuvor hatten sie beschlossen, sich zu trennen, doch sie wohnten weiterhin im selben Haus. Es war eine Höllenqual, so zu leben, weil sie immer noch unentwegt stritten.

Meine Mutter traf sich mit anderen Männern, was sehr verwirrend für mich war; außerdem musste ich es vor meinem Vater geheim halten. Unterdessen versank mein Vater jeden Tag tiefer in Depressionen und sprach kaum noch mit uns. Zu diesem Zeitpunkt war meine ältere Schwester – die sich wie eine Mutter um uns kümmerte – bereits ausgezogen, und meine kleine Schwester und ich mussten im Grunde für uns selbst sorgen, abgesehen vom bloßen Minimum, was zum Überleben nötig war.

Eines Nachmittags im Juni – einen Monat vor meinem neunten Geburtstag – inszenierte ich meinen ersten Ausbruch. Inspiriert durch irgendetwas, was ich im Fernsehen gesehen hatte, gab ich vor, »Monster« zu hören und zu sehen. Später würden die Ärzte dies als »audiovisuelle Halluzinationen« bezeichnen, ein Begriff, der für meine achtjährigen Ohren sehr offiziell klang – so offiziell, dass ich ihn liebend gern vor allen meinen künftigen Therapeuten wiederholte. Durch diese Worte und Diagnosen fühlte ich mich wichtig. Sie sorgten dafür, dass ich mich gehört fühlte.

Natürlich wusste ich nicht wirklich, was ich tat, als ich diese erste Halluzination vorspielte. Ich schrie nur um Hilfe, und die einzige Möglichkeit, die ich kannte, war, so zu tun, als ob ich Dinge sähe. Ich begann zu brüllen und zu kreischen, und meine Mutter fuhr mich eilig ins Krankenhaus. Ihr damaliger Freund begleitete uns. (Ich glaube, mein Vater war bei der Arbeit.)

Ich wurde in die Kinderabteilung aufgenommen, und bevor ich wusste, wie mir geschah, war ich von verschiedenen Psychiatern und Therapeuten umgeben. Ich bekam sehr viel Aufmerksamkeit, und zum ersten Mal in meinem jungen Leben fühlte ich mich sicher und geborgen und war ganz entspannt. Obwohl ich nicht viele Erinnerungen an die paar Tage habe, die ich im Krankenhaus verbrachte, spiegelt mein Tagebuch eine aufregende Zeit wider:

9. Juni 1987

Liebes Tagebuch,

das ist mein erster Tag im Mount Holly Hospital. Und es war bereits der schönste Tag meines Lebens. Zuerst durfte ich telefonieren. Dann gab es Essen. Danach habe ich ferngesehen und mein neues Spiel gespielt. Dann haben meine Mom und ihre beste Freundin mir dich (mein neues Tagebuch), ein Lesezeichen und das Buch Der Wind in den Weiden mitgebracht. Jetzt bin ich wieder in meinem Zimmer. Es ist so schön. Ich habe mein eigenes Zimmer, mein eigenes Telefon, mein eigenes Bad und eine Pinnwand. Nun, wie ich sagen würde: »Mein Leben ist schön.«

Deine Freundin
Rebekah

Schreien, Gewaltausbrüche und vorgespielte Halluzinationen – das waren die einzigen Möglichkeiten, mit denen ich mindestens die nächsten zehn Jahre meines Lebens kommunizieren konnte, selbst nachdem meine Eltern geschieden waren und ich selbst ausgezogen war. Sosehr es gegen die eigene Intuition zu gehen scheint, ich kannte keinen anderen Weg, um positive Aufmerksamkeit zu bekommen – was beweist, dass die Menschen, die mich lieben sollten, mich tatsächlich liebten. Manische Freude, ein Lächeln oder Schweigen ... und wiederkehrende Schreianfälle und Gewaltausbrüche. Das war mein Training zur »Bewältigung« von Stress.

Es kann unter diesen Umständen kaum überraschen, dass auch meine erste ernsthafte Beziehung mit einem Jungen von Gewalt geprägt war. Obwohl meine Eltern mich nicht körperlich misshandelt hatten, fühlte es sich für mich normal an, von meinem

Freund die Treppe heruntergeworfen oder geohrfeigt zu werden. Irgendwie schien diese körperliche Entladung – selbst wenn sie mir angetan wurde – das einzige wirkliche Mittel zu sein, um den Druck in mir zu lösen. Mein Körper und mein Unterbewusstsein suchten dauernd nach neuen Möglichkeiten, um mit dem Stress umzugehen, den ich empfand. Aber was momentan half, hielt nie lange vor.

Ich ging zu vielen Therapeuten, Psychologen und Psychiatern, nachdem ich mit acht Jahren stationär im Krankenhaus behandelt worden war, und nahm verschiedene Psychopharmaka. Obwohl ich weiß, dass diese Therapien vielen Menschen helfen, bewirkten diese Methoden bei mir nicht viel.

Als ich elf Jahre alt war, erzählte mir ein Therapeut jedoch eine Analogie, die ich heute immer noch verwende. Er sagte: »Es ist, als ob du eine Flasche Sprudelwasser wärst. Bestimmte Dinge beschäftigen dich, und du wirst durchgeschüttelt. Aber weil du keine Möglichkeit hast, etwas herauszulassen, und immer der Verschluss auf der Flasche ist, baut der Druck sich immer weiter auf, bis die Flasche explodiert.«

Das was ein ganz einfaches Bild, das ein Kind leicht verstehen konnte. Trotzdem brauchte ich noch Jahre, um herauszufinden, wie ich den Druck aus der Flasche herauslassen konnte, bevor es zur Explosion kam. Am Ende hörte ich im Geiste seine Worte und stellte mir meine Tränen als das leichte Sprudeln vor, das entsteht, wenn man den Verschluss ganz leicht dreht, um ein bisschen Druck entweichen zu lassen. Ich hatte mich immer sehr davor gehütet zu weinen, mich geradezu davor gefürchtet. Weinen war immer mit negativen Konsequenzen verbunden: einer frustrierten Reaktion meiner Mutter, einem weiteren Besuch beim Therapeuten oder einem neuen Medikament, das mich noch mehr betäubte. Durch die Übung, diese Sprudelflasche zu visualisieren, konnte ich meine Tränen in einem Gefühl der Sicherheit fließen lassen. Sie wurde ein integraler Bestandteil meines Heilungsprozesses und ist immer noch Teil meines Stressbewältigungsprogramms.

Meditation als stilles Beobachten

Viele der Auslöser, die in meinem Leben zu Stress und Angst geführt haben, sind Leben immer noch vorhanden. Aber ich erkenne sie jetzt und entschließe mich bewusst dazu, anders zu reagieren. Zu einer der Meditationen, die ich heutzutage einsetze, gehört die Visualisierungsübung, etwas Druck aus der Sprudelflasche entweichen zu lassen. Das kann ich überall tun, wo auch immer ich bin. Ich schließe einfach die Augen und drehe im Geiste den Verschluss, sodass etwas Druck entweicht. Auch wenn das nicht alle meine aktuellen Gefühle lösen kann – vor allem, wenn ich mich inmitten von Menschen befinde –, kann ich sie dadurch in den Griff bekommen, bis ich die Zeit finde, mich in eine tiefere Meditation zu versenken oder mich meinen Gefühlen ganz hinzugeben.

Dies ist nur eines der Gebiete, auf denen die Meditation mich gerettet hat. In meinem Fall haben es Therapie und Psychopharmaka nicht geschafft. Aber ich betrachte Meditation nicht als Methode, meinen Geist von allen negativen Gedanken frei zu machen. Ich nutze die Meditation nicht, um in einem bestimmten Moment meine Ängste loszuwerden. Statt damit meinen Geist beruhigen oder leeren zu wollen, sehe ich Meditation als eine Übung der stillen Beobachtung.

Wie ich am Anfang von Kapitel 2 gesagt habe, ist Meditation eine Möglichkeit, mir selbst zu sagen: »Ja, ich sehe dich. Ich erkenne, dass du ein denkender, fühlender Mensch bist, und ich bin hier, um dir zuzuhören.« Ich erkenne, dass es in mir eine Beobachterin gibt, die von einem objektiven Platz aus, außerhalb der Gefühle, beobachten kann, wie ich in meinem chaotischen Gefühlsstrudel herumwirbele. Ich lasse zu, dass diese Beobachterin in mir mit dem Teil von mir spricht, der im Stress gefangen ist. Und indem ich das tue, werde ich mir selbst zur Freundin. Das ist Meditation für mich – besonders in Momenten, wenn mich Stress oder Ängste in ihrem Würgegriff haben. Und damit erwarte ich viel von meiner Meditation. Sie ist ein Riesengeschenk!

Ich kann zum Beispiel zu mir sagen: »Ich erkenne, dass du gerade durchdrehst. Ich erkenne, dass dich das alles gerade überfordert und du dich hoffnungslos und festgefahren fühlst.« Und das ist auch schon das Ende des Gesprächs. Ich sage nicht: »Alles wird gut. Atme einfach tief durch, dann wirst du dich besser fühlen.« Warum nicht? Weil das nicht unbedingt stimmen muss und ich nicht diesen Anspruch an mich stellen will. Ich will dem Stress, den ich bereits verspüre, nicht noch weiteren Stress hinzufügen. Ich will »einfach nur sein« – mit dem, was ich gerade fühle und was mir gerade passiert.

Widersteh dem Drang, in den »Lösungsmodus« zu gehen. Hast du jemanden in deinem Leben, der immer gleich eine Lösung sucht, sobald du ein Problem hast? Bei mir ist das mein Ehemann. Das ist eine ganz natürliche Neigung. Wenn jemandem, den wir lieben, etwas wehtut, dann möchten wir das Problem beheben. Ich weiß, dass mein Mann das für mich tut, weil er mich liebt, deshalb würde ich ihm nie Vorwürfe machen oder es ihm übel nehmen, dass er mir helfen will. Aber oft will oder brauche ich es gar nicht, dass er eine Lösung für mich findet. Ich will nur, dass er mich hört und sieht. Ich will nur, dass er mir zuhört und anerkennt, dass ich etwas Schwieriges durchmache. Und manchmal ist das auch alles, was ich von mir selbst brauche.

Wenn ich von einem Platz der stillen Beobachtung aus meditiere, ist das eine Gelegenheit für mich, zu hören und zu sehen, wo ich im Augenblick gerade bin. Ich höre mir selbst einfach zu und erkenne an, was ich fühle. Es ist eine Übung des bedingungslosen, nicht wertenden Mitgefühls. Ich versuche nichts zu verändern.

VERBREITE LIEBE

Meditation ist eine Möglichkeit anzuerkennen,
dass ich ein denkender, fühlender Mensch bin,
der es verdient hat, gehört zu werden.
Sie ist eine Übung in Selbstliebe. #YH4M

Es ist ganz natürlich, für alles, was »falsch« läuft, eine Lösung finden zu wollen. Wenn man sich ängstlich und außer Kontrolle fühlt, verspürt man als Erstes den Drang, die Kontrolle wiederzuerlangen. Doch wenn man sich mitten in einem Sturm befindet, ist es sehr schwer, an irgendetwas Halt zu finden. Stell dir vor, du wirbelst mitten in einem Tornado herum. Und nun stell dir vor, du streckt die Hände aus, um etwas zu packen, an dem du dich festhalten kannst. Du wirst erleben, dass dies praktisch unmöglich ist.

Ich habe herausgefunden, dass ich mich vom Stress lösen kann, wenn ich es zulasse, dass ich im Tornado herumgewirbelt werde, und mich einfach dabei beobachte. Was, wenn es bei Kontrolle gar nicht so sehr darum geht, im Gleichgewicht zu bleiben oder sich an etwas festzuhalten, sondern zuzulassen, dass die Gefühle durch mich hindurchfließen? Wenn ich versuche, die Kontrolle zu erlangen, und feststelle, dass ich das nicht kann, führt das zu Panik. Auch hier fügt das der Angst nur noch weitere Angst hinzu. Und dieses Hinzufügen macht alles nur noch schlimmer.

Einige von uns versuchen zu kontrollieren, andere versuchen Distanz zu schaffen, indem sie die Gefühle von sich fortschieben. Wenn wir unseren Gefühlen zu entfliehen versuchen, schafft das sehr viel Anspannung, denn wir schieben sie damit in Wirklichkeit nur noch tiefer nach innen, wo sie dann an uns nagen. Möglicherweise manifestieren sie sich dann im Unterbewussten oder in Albträumen, so wie es früher bei mir der Fall war. Statt meine Gefühle von mir wegzuschieben, sage ich daher: »Ich setze mich mit diesen Gedanken hin und erlaube es meinem Gehirn, außer Rand und Band zu geraten. Ich lasse mich ›alle Gefühle fühlen‹ – jede Emotion, die da ist. Indem ich das tue, löse ich die Gefühle, und das nimmt den Druck von der Sprudelflasche, sodass ich später nicht explodiere.«

Stille ist dein Anker

Wenn dein Geist anfangs total durchdreht von all den Gefühlen, Befürchtungen, Frustrationen und Ängsten, ist die körperliche Stille der Meditation der Schlüssel. Du sitzt ganz still auf deinem Meditationskissen, während der Sturm in deinem Inneren tobt.

Eine der Analogien, die ich verwende, ist ein Anker. Ich sage: »Ich bin wie ein Boot auf dem Ozean. Mein Glaube ist mein Anker, der mir Halt gibt. Meine Gedanken sind wie Wellen. Ich gestatte ihnen, unter mir wegzurollen. Manchmal gerate ich durch sie etwas ins Wanken, aber ich lasse mich von ihnen nicht davontragen. Ich bin vertrauensvoll im Hier und Jetzt verankert.« Du hältst die Wellen nicht auf – die Ängste, die Menschen, die dich hängen lassen, oder die Stressoren in deiner Umgebung, die du nicht unter Kontrolle hast. Du lässt alles zu, aber du lässt dich von diesen Wellen nicht fortreißen. Und wieder besteht die beste Möglichkeit, verankert zu bleiben, darin, in körperlicher Ruhe auf deinem Kissen zu sitzen.

Mit anderen Worten: Begegne dir dort, wo du bist, statt dich an einen anderen Ort bringen zu wollen. Vielleicht hast du schon mal gehört, dass man im Augenblick leben sollte; aber wenn du gerade mitten in einer Panikattacke oder in einer furchtbar stressigen Phase steckst, fühlt sich dieser Augenblick nicht friedlich oder sicher an. Obwohl es sehr wirksam sein kann, sich mitten im Chaos selbst zu sagen: »Ich bin in Sicherheit. Ich habe meinen Frieden. Ich entscheide mich dafür, hier zu sein«, solltest du dir auf keinen Fall *befehlen*, dich sicher zu fühlen. Du kannst dir nicht den *Auftrag* geben, deinen Frieden zu finden, und solltest dich nicht verurteilen, wenn du deine Ängste nicht loslassen kannst.

Mit meinen Ängsten zu leben, statt zu versuchen, sie loszuwerden, hat mir sehr viel Freiheit gegeben. Ich versuche nicht, das Etikett eines »ängstlichen Menschen« abzulegen. Stattdessen übe ich Vergebung und Mitgefühl meiner Persönlichkeit gegenüber. Diese Persönlichkeit wurde mir aus einem bestimmten Grund gegeben, und ich muss nicht erst Perfektion oder Erleuchtung erreichen, um okay oder liebenswert zu sein.

Wir erhalten so oft die Botschaft, dass wir unsere Persönlichkeit abstreifen und perfekte Wesen werden müssten, die immer in strahlend weißem Licht wandeln. Vielleicht sind wir ja tief in unserem Inneren diese Lichtwesen, aber es kann ziemlich entmutigend sein, ständig dieses Niveau anzustreben. Ich weiß ja nicht, wie es dir geht, aber ich fühle mich nicht jeden Tag wie ein Wesen aus Licht.

Ich bin sehr sensibel und nehme viele Gefühle der Menschen um mich herum auf. Ich mag diesen Aspekt meiner Persönlichkeit und betrachte meine Spleens und Eigenarten als Geschenke. Wenn ich sagen würde: »Ich muss mich von meinen Ängsten heilen«, hieße das, dass ich mich für krank hielte. Wenn ich sage: »Ich habe Ängste«, bedeutet das nur, dass Ängste zu dieser Zeit in meinem Leben ein Teil meiner Persönlichkeit sind. »Ängste zu haben« bedeutet nicht, dass ich krank bin. Es definiert mich nicht als Mensch.

Ruhe mitten im Sturm

Bevor ich Meditation praktiziert habe, versuchte ich Stress durch klassische Psychotherapie zu bewältigen. Aber diese lenkte meine Aufmerksamkeit immer auf das, was außerhalb von mir selbst passierte. Ich sprach darüber, was in meinem Leben schieflief – über meine Eltern, meine Lehrer, meine Geschwister, meinen Mann und alle anderen belastenden Faktoren in meinem Umfeld. Ich war gut darin, Probleme zu identifizieren, die außerhalb meiner Kontrolle lagen. Ich wusste jedoch kaum etwas darüber, was in meinem *Inneren* vor sich ging und wie ich es jemals genug in den Griff bekommen sollte, um glücklich zu sein. Ich brauchte einen Weg, um mit dem Stress in meinem Leben zu arbeiten, statt ihm zu entfliehen zu versuchen oder ihn kontrollieren zu wollen. Außerdem musste ich lernen, wie ich meine Reaktionen auf diesen Stress erkennen und bewältigen konnte.

Ich brauchte jemanden, der mir sagt: »Obwohl du gerade in dieser missbräuchlichen Beziehung bist, musst du nicht woanders sein, um etwas Frieden zu finden.« Ich glaubte, dass ich erst dann mit dem Heilungsprozess beginnen könnte, wenn ich aus der Beziehung herauskam, hatte aber nicht die innere Kraft, um die Beziehung sofort zu beenden. Daher steckte ich fest ... bis ich gelernt hatte, dass man selbst mitten im Chaos Frieden erleben kann.

Wenn du dir sagst, dass du keinen Frieden finden kannst, weil um dich herum nur Chaos herrscht, dann wirst du vermutlich niemals Frieden finden. Schieb den Frieden nicht bis auf »irgendwann anders« auf, wenn deine Welt ruhig und stressfrei ist. Mal realistisch betrachtet: Wann wird diese Zeit jemals kommen? Kennst du irgendjemanden, der ein völlig ruhiges Leben ohne jeden Stress führt? Vielleicht hat man *Momente* der Ruhe, aber perfekter äußerer Frieden ist nicht von Dauer und nichts, wovon man sein Glück abhängig machen sollte.

Du kannst jedoch regelmäßig *inneren* Frieden und *innere* Ruhe erleben, indem du deine Einstellung zu dem Stress und den Ängsten in deinem Leben veränderst – ob diese nun in deinem Inneren oder außerhalb von dir selbst ihren Ursprung haben. Pass auf, ob du dich beim Denken von Sätzen erwischst wie: »Ich werde mich voller Frieden fühlen, wenn ich in Rente gehe«, oder: »Ich werde den Stress los sein, wenn meine Beziehung leichter wird.«

VERBREITE LIEBE

In jedem Augenblick habe ich die Wahl,
Frieden statt Panik zu wählen.
Friede steht mir stets zur Verfügung,
selbst mitten im Chaos. #YH4M

Alles in allem können uns sogar die besten Dinge in unserem Leben stressen, stimmt's? Heiraten, ein Kind bekommen, einen Abschluss machen und ein Haus kaufen sind wundervolle, aufregende Ereignisse, aber auch stressige. Ich liebe mein Leben, aber bei meinen vielen Kindern und allem, was jeden Tag passiert, gibt es täglich ein gewisses Chaos.

Was, wenn deine Situation zu Hause furchtbar ist? Dann kannst du trotzdem lernen, deinen Stress und deine Ängste zu bewältigen. Zu verstehen, dass ich eine schwierige Situation nicht erst hinter mir lassen muss, um Ruhe zu finden, hat bei mir viel bewirkt. Das heißt nicht, dass du in einer schlimmen Situation bleiben sollst, wenn du sie verlassen kannst, besonders dann nicht, wenn diese Situation gefährlich ist oder es werden könnte. In diesem Fall hol dir sofort Hilfe. Aber Meditation kann dir helfen, dich darauf zu konzentrieren, was in deinem Inneren passiert, statt auf all die schrecklichen Dinge um dich herum. In meinem eigenen Leben hat mir diese Übungspraxis geholfen, Klarheit zu gewinnen und den Mut aufzubringen, Situationen zu verlassen, die mir nicht guttaten.

Mit Panikattacken umgehen

Wie kannst du dich voller Frieden fühlen, wenn du noch nicht einmal Atem holen kannst? Ich bin weder Ärztin noch Psychiaterin, daher ist dies kein medizinischer Rat. Als jemand, der selbst unter Panikattacken gelitten hat, kann ich dir lediglich sagen, was mir geholfen hat.

Die Meditationshaltung war für mich in solchen Momenten der Panik sehr wichtig. Also versuch dich aufrecht hinzusetzen, sodass dein Brustkorb geöffnet ist. Lass nicht zu, dass sich dein Körper zu einer Kugel zusammenrollt. Halt die Schultern von den

Ohren entfernt und spreiz die Hände wie ein Seestern. Öffne die Lippen, leg die Zungenspitze an die oberen Schneidezähne und lass den Unterkiefer herunterhängen. Das hilft, die Muskeln zu entspannen, die man in solchen Situationen oft verkrampft.

Atme und beobachte deine Atemzüge. Dies ist nicht der richtige Zeitpunkt, um deine Atmung zu kontrollieren. Wenn deine Atmung schnell und flach ist, dann lass sie so. Denk an das Gesetz des Universums, das ich bereits erwähnt habe: Sobald wir etwas beobachten, verändert es sich von allein. Fahr einfach fort, deine Atmung zu beobachten. Sag dabei im Stillen oder laut: »Atme ein« beim Einatmen und »Atme aus« beim Ausatmen – ganz gleich, wie schnell deine Atemzüge sein mögen.

Wenn du deinen Atem kontrollieren kannst, können die Gleichmäßige Atmung oder die Eins-zwei-Atmung sehr hilfreich dabei sein, einer schlimmeren Attacke vorzubeugen.

Sobald sich deine Atmung beruhigt hat, kannst du es mit einem inneren Dialog versuchen.

Statt so etwas zu sagen wie: »Ich bin in Sicherheit. Ich habe meinen Frieden. Ich entscheide mich dafür, hier zu sein«, richte deine Aufmerksamkeit auf das, was schlimmstenfalls passieren könnte. »Könnte ich sterben?« Wahrscheinlich nicht. »Ich könnte ohnmächtig werden. Ich könnte anfangen zu weinen. Ich könnte mich lächerlich machen.« Erlaub es deinem Geist, direkt zum Schlimmstmöglichen zu gehen, und akzeptier es für den Moment.

Ich sage mir selbst: »Das könnte passieren, und ich bin gewillt, dort hinzusehen.«

Wenn du so bist wie ich, erkennst du dadurch: »An diesem Punkt bin ich noch nicht. Ich bin immer noch in Sicherheit.« Das hilft dir, rationaler zu denken. Es ist real und konkret, im

Gegensatz zur abstrakten Angst, die dich in die Panik getrieben hat. Du artikulierst die Angst und bringst sie ans Tageslicht.

Unser Körper reagiert auf die Angst, selbst wenn wir uns mit dem Verstand gar nicht bewusst sind, wovor wir uns eigentlich fürchten. Wenn wir die Angst ans Licht bringen, löst sie sich oft auf.

Bei meiner letzten Panikattacke stand ich in der Küche. »Ich habe so viele offene Rechnungen, ich muss den und den zurückrufen ...« Es gab eine ganze Liste von Dingen, die mir zu schaffen machten, und ich wurde vor Angst fast ohnmächtig. Ich stellte mir mein Worst-Case-Szenario vor: »Ich könnte einen totalen Nervenzusammenbruch bekommen und alle um mich herum im Stich lassen. Ich könnte alle meine Jobs verlieren, mein ganzes Geld und meinen Buchvertrag.« Dann erkannte ich, dass die Wahrscheinlichkeit, dass all dies wirklich passieren könnte, gering war, und konnte die Angst loslassen. Der Druck ließ sofort nach, und meine Atmung normalisierte sich.

Nochmals: Es ging dabei nicht darum, der Panik zu entfliehen. Ich gab der Angst einen Namen und erkannte sie an. Ich sagte mir selbst: »Ich sehe dich, Angst. Ich akzeptiere, dass du da bist.« Und die Beobachtung der Angst führte sofort eine Veränderung herbei.

Zulassen und neu ausrichten

Negativität wird in der Regel kritisiert. Versteh mich nicht falsch: Meistens geschieht das zu Recht, vor allem, wenn wir zu lange an einer negativen Einstellung festhalten. Aber wenn wir uns für die negativen Worte, die wir verwenden, verurteilen, erzeugt das nur noch mehr Stress. Viele von uns befürchten, dass wir unseren negativen Gefühlen mehr Macht verleihen, wenn wir ihnen Ausdruck geben. Vielleicht ziehen wir damit ja sogar noch mehr negative Dinge in unser Leben! Wir können mit Sicherheit negative Dinge manifestieren, wenn wir uns zu lange damit beschäftigen. Aber wenn wir negative Gefühle lediglich ins Unterbewusste verbannen, geben wir ihnen noch mehr Macht, als wenn wir sie ausdrücken. Wir werden im Grunde ihr Sklave.

Um zu verhindern, dass sich die Negativität immer weiter fortsetzt, ist es daher einer der besten Wege, sie herauszulassen – unseren Organismus davon zu reinigen. Wenn du mit Negativität zu kämpfen hast, verleih ihr Ausdruck, ob gegenüber einer Freundin, in deinem Tagebuch oder in stiller Meditation. Arbeite danach mit positiven Mantren, um nicht im Negativen stecken zu bleiben.

Ich sage mir selbst immer: »Ich flippe jetzt eine Minute lang richtig aus, um etwas Dampf abzulassen. Dann fange ich mit einer neuen Strategie an. Wie kann ich mit einer positiven Perspektive dorthin gelangen?«

Vielleicht fühlst du dich überfordert. Vielleicht steckst du mitten im Chaos. Aber du musst dir davon nicht diktieren lassen, was du als Nächstes tust. Du kannst die Worte wählen, die du verwendest, du kannst deine nächste Handlung beschließen, und du kannst entscheiden, wie sehr du dich durch deine Umgebung beeinflussen lassen willst.

Der verstorbene Dr. Wayne W. Dyer – ein wichtiger Lehrer in meinem Leben – sagte, Worte wie »schwierig«, »stressig« und »überwältigend« seien nur Meinungen. Es sind nur Worte, die unsere Empfindungen beschreiben. Wir können genauso gut andere Worte für diese Empfindungen verwenden. Wie wäre es mit »leicht«, »friedvoll« und »bewältigbar«? Okay, manche dieser Worte würden dir lächerlich vorkommen, besonders wenn du mitten in einer vermeintlich unmöglichen Situation steckst, aber versuch doch wenigstens zu akzeptieren, dass es viele verschiedene Sichtweisen auf alles gibt. Auch hier plädiere ich ganz und gar nicht dafür, deine Gefühle zu verleugnen! Ich möchte, dass du alle Gefühle fühlst, sie genau beobachtest und *erst dann* deine Reaktion darauf erforschst. Zensier dich nicht selbst – niemals! Positiv sein, nur um positiv zu sein, ist nichts weiter als Verleugnung; es löst nicht das Problem.

Dabei *könntest* du dann auf einmal wirklich das Licht in der Dunkelheit sehen. Zum Beispiel fällt es mir vielleicht *schwer*, mit einer besonders engen Freundin in meinem Leben umzugehen, während es mir *leicht*fällt, mich ihr zu nähern, wenn ich ihr zuerst ein Kompliment mache oder wir anfangs über etwas reden, über das wir einer Meinung sind. Ich konnte bei meiner Hochzeit einen kühlen Kopf bewahren, als etwas schieflief, einfach indem ich andere Worte für die Situation wählte. Diese Worte erlaubten mir, das, was passierte, *neu zu benennen* und meine Sichtweise darauf *neu auszurichten*. Ich sagte mir selbst: »Mein Mann hat die Videokamera vergessen, also achte ich ganz besonders darauf, die Freude in diesem Moment in mich aufzunehmen. Meine Erinnerung und dieses selige Gefühl gehören mir, ganz gleich, was passiert, selbst wenn ich keine bleibende Aufzeichnung davon habe.« Sobald wir erkennen, dass sich ein Umstand unserer Kontrolle entzieht, haben wir die Wahl, wie wir darauf reagieren.

VERBREITE LIEBE
Wenn sich etwas meiner Kontrolle entzieht,
kann ich jammern und hadern,
oder ich kann es zulassen und mich neu ausrichten. #YH4M

Du wirst dich auch weniger überfordert fühlen und Stress besser bewältigen, wenn du einen Schritt nach dem anderen machst. »Ich kann nicht alles erledigen, aber ich kann diese eine Sache von meiner To-do-Liste streichen.« – »Ich werde meinen Ehemann nicht ändern, aber ich kann die Gefühle und Sorgen akzeptieren, die ich mir seinetwegen mache, indem ich vier Minuten lang still meditiere.«

Die Art, wie du mit Stress umgehst, wird die Menschen um dich herum beeinflussen und dein Umfeld möglicherweise verändern. Ich stelle fest, dass meine Kinder ebenfalls gestresst sind, wenn ich gerade am Durchdrehen bin. Wenn ich meditiere und meinen Stress bewältige, indem ich meine Gefühle akzeptiere und 4 Minuten stillsitze, beruhigen sie sich auch.

Denk daran, dass nichts außerhalb von dir selbst dir deine psychische Gesundheit wegnehmen kann. Nur *deine Reaktion* auf die Menschen oder Situationen außerhalb von dir selbst kann das. Deine psychische Gesundheit gehört dir, und niemand sonst hat das Recht, in sie einzugreifen. Wenn du das erkennst, wirst du dich viel mächtiger fühlen und das Gefühl haben, nicht so leicht die Kontrolle zu verlieren.

Bist du jetzt bereit zu meditieren? (Wenn nötig, lies dir noch einmal die Grundlagen in Kapitel 2 durch.)

Meditation für mehr Leichtigkeit
Vorbereitung/Über diese Meditation

An keiner Stelle in diesem Buch werde ich dir weismachen, dass dein Stress in Wirklichkeit gar nicht existiert. Deine Gefühle haben einen Sinn, und es würde gegen deine eigene Intuition verstoßen und deinen Wachstumsprozess behindern, wenn man sie als unwichtig abtun würde. Ich werde dir auch nicht erzählen, dass deine aktuelle Situation ideal ist. Ich weiß, dass viele spirituelle Lehrer das sagen, und auch ich habe früher diesen Fehler begangen.

Nur weil der Ort, an dem du stehst, der perfekte Ausgangspunkt für dich ist, heißt das nicht, dass er der tollste Ort überhaupt ist. Ich glaube, dass deine aktuelle Situation immer genauso viele Gelegenheiten zum Wachstum wie zur Ablenkung bietet, daher ist es okay, zwischen positiven Gefühlen und dem Gefühl, dass dein Leben großer Mist ist, hin- und hergerissen zu sein. Eine gute Freundin hat mir eine Karte geschenkt, auf der steht: »Wir haben alle schon mal in der Scheiße gesteckt.« Auch mir ist dieses Gefühl nicht fremd. Die Karte hat einen festen Platz auf meiner Inspirationstafel.

Vielleicht steckst du gerade in einem Riesenschlamassel. Dann ist das so, ganz real. Aber *du bist nicht* dieses Schlamassel. Das ist ebenfalls real. Verstehst du den Unterschied? Deine Umgebung ist immer getrennt von dir, ganz gleich, wie sehr du an dem, was um dich herum passiert, beteiligt bist. Wie viel Verantwortung du auch dafür trägst, was in deinem Leben gut läuft oder *vermeintlich* nicht gut läuft: Wer du bist, ist immer noch vollkommen getrennt von dem, was passiert. Dein Wesen verändert sich nie.

VERBREITE LIEBE

Wir sind ganz,
selbst wenn alles um uns
herum zerbrochen scheint. #YH4M

Ich möchte gleich zu Anfang sagen – bevor wir zur ersten Meditation in diesem Buch übergehen –, dass ich öfter ernst gemeinte Bemerkungen fallen lassen werde, die sich für dich nicht wahr anfühlen werden. Du wirst skeptisch sein, und das ist okay. Ich bitte dich nur zu akzeptieren, dass meine Bemerkungen wahr sein könnten, selbst wenn dieses »Könnte« ein *Das-könnte-nur-in-einer-Märchenwelt-passieren*-Könnte ist. Schaff in deinem Herzen und in deinem Geist etwas Platz für die Möglichkeit, dass das, was ich sage, wahr ist. Umso mehr hast du von diesem Buch.

Nochmals: Ich werde dir nie sagen, dass deine Gefühle und Ansichten nicht real sind. Ich verstehe, dass das, was du empfindest, in diesem Moment für dich wahr ist, und ich erkenne deine Gefühle auch an. Aber ich bin hier, um dir zu zeigen, dass sich deine Gefühle verändern können. Deine Gefühle und Ansichten sind lediglich energetische Größen – separat von dir selbst. Sie sind nicht das Wesen dessen, was du bist, weil sich nicht ändert, wer du bist.

Jede Meditation in diesem Buch beginnt mit einer Anleitung. Auch wenn sich vieles in diesen Anleitungen sehr ähnelt, gibt es bei jeder Meditation spezielle Hinweise, **wann** und **wo** sie ausgeübt werden sollten und welche **Haltung** man dabei einnehmen sollte. Mach dir keine allzu großen Sorgen, wie du sitzen oder wohin du blicken sollst, wenn du zu einer neuen Meditation übergehst.

Wann? Mach die Meditation für mehr Leichtigkeit zu jeder Tageszeit. Falls du jedoch mit einer anhaltend stressigen Situation zu kämpfen hast, möchtest du dir vielleicht einen Extraschutzschild schaffen, indem du deinen Tag mit dieser Meditationsübung beginnst.

Eine der wirksamsten Ideen, die du dir zu eigen machen solltest, ist, dass du getrennt von deinen Gefühlen bist. Man muss diese Vorstellung immer wieder einüben, um sie in sich aufzunehmen.

Wenn du deinen Tag damit beginnst, diese Idee in deine Seele einzupflanzen, kannst du bald mit mehr Klarheit auseinanderhalten, was du *bist* und was du *nicht bist*. Zu erkennen, was du *nicht bist*, verschafft dir eine andere Perspektive und mehr Distanz, was wiederum Leichtigkeit bringt.

Wo? Such dir einen stillen, bequemen Ort für diese Meditation – oder doch jedenfalls so ruhig, wie es dir möglich ist. Sorg dafür, dass dein Umfeld die wichtige Arbeit unterstützt, die du dir vorgenommen hast. Neue Ideen zu akzeptieren – besonders solche, die vielleicht nicht mit deinen alten, lang gehegten Anschauungen übereinstimmen – erfordert manchmal etwas zusätzliche Hilfe. Ein sehr lauter, chaotischer Raum wird nie der richtige Ort sein, damit diese Vorstellungen Wurzeln schlagen können. In einer nährenden Umgebung keimen Samen viel besser und wachsen zu wunderschönen lebenden Wesen heran. Und auch du bist dabei, etwas Wunderschönes heranwachsen zu lassen! Natürlich ist völlige Stille manchmal nicht möglich und, wie ich schon gesagt habe, auch nicht notwendig.

Haltung? Nachdem du einen stillen Ort gefunden hast, an dem du dein Kissen hinlegen kannst, möchte ich, dass du eine bequeme Sitzhaltung einnimmst, und zwar im Schneidersitz (auch *Sukhasana* genannt). Anleitungen für alle Meditationshaltungen und Handmudras sowie für den korrekten Gebrauch von Hilfsmitteln findest du in Kapitel 2. Du kannst diese Anleitungen entweder alle auf einmal durchlesen oder vor jeder Meditation die jeweilige Haltung und Mudra nachschlagen.

Dein Schneidersitz sollte sich bequem anfühlen, aber du musst dabei auch schön aufrecht sitzen, damit die Energie frei durch deinen Körper fließen kann. Sobald du richtig sitzt, bist du bereit für deine Meditation.

Wenn es dir nicht unangenehm ist, während der Meditation deine Augen zu schließen, hätte ich gern, dass du sie bei dieser Meditation schließt. Vielleicht fragst du dich jetzt, wie du meinen Meditationen folgen und dabei gleichzeitig lesen sollst. Keine Angst, daran habe ich gedacht! Du kannst dir entweder jede Meditation erst komplett durchlesen und sie dann auf eigene Faust durchführen, oder du kannst während der angeleiteten Meditation immer wieder eine Pause einlegen und dir den nächsten Schritt durchlesen. Die Übergänge werden nahtlos sein – versprochen.

Du hast 4 Minuten, um zu akzeptieren, wo du in diesem Moment bist.

Wo du auch bist, ist der perfekte Ausgangspunkt! Dieser Ort, diese Umgebung, dieser Augenblick – alles perfekte Bedingungen, um einen neuen Kurs einzuschlagen und die ersten Schritte zu tun. Beginnen wir also mit deiner ersten Meditation!

1. Fang an, indem du deine Aufmerksamkeit auf deinen Atem richtest, so wie er zu diesem Zeitpunkt ist. Du brauchst deine Atemzüge nicht zu verändern, um sie tiefer, langsamer oder länger zu machen. Die Übung, deine Atmung zu beobachten, wie sie im gegenwärtigen Moment ist, stärkt deine Meditationsübung.

2. Beobachte, wie sich jeder Atemzug anfühlt, während die Luft durch deine Nasenlöcher strömt, deine Kehle hinunter bis in deine Lungen. Nun folge deinem Atem, wie er deinen Körper wieder verlässt. Konzentrier dich etwa eine Minute lang nur auf deine Atmung. Deine Atemzüge beim Ein- und

Ausatmen kommen natürlich und leicht. Weißt du was? Du meditierst bereits! Wenn du deine Meditationszeit nur damit verbringst, deinen Atem zu beobachten, hast du schon viel erreicht!

3. Ich gebe dir jetzt drei Mantren für diese Meditation. Du wiederholst jedes Mantra – entweder im Stillen oder laut – fünf volle Atemzyklen lang. Das bedeutet fünfmal ein- und fünfmal ausatmen. Nach jedem Einatmen sprichst du das Mantra beim Ausatmen aus. Schließ die Augen während der fünf Atemzyklen und mach sie kurz auf, bevor du zum nächsten Mantra übergehst. Öffne nach dem dritten Mantra die Augen, um die letzte Anweisung zu lesen.

Mantra 1
Ich bin nicht kaputt und muss nicht repariert werden.

Mantra 2
Ich bin es wert, gehört zu werden und geliebt zu werden,
so wie ich in diesem Moment bin.

Mantra 3
Meine innere Stimme ist weise, und ich gestatte mir,
ihr ohne Wertung zuzuhören.

4. Schließ die Augen und fahr fort, ungezwungen ein- und auszuatmen, solange es sich gut anfühlt. Lass die Mantren in deinem Kopf herumwirbeln und sich festsetzen, während du ein- und aus-, ein- und ausatmest. Wenn du bereit bist, öffne die Augen und kehr zurück in die Außenwelt.

Meditation zum Lösen der Kontrolle
Vorbereitung/Über diese Meditation

Ah, süßes Lösen! Ich habe eine Liste von Lieblingsworten – knusprig, mollig, Kabuff und abenteuern (das ich als Verb benutze). Ich liebe diese Worte, weil sie so gut klingen, wenn ich sie laut sage, aber auch, weil ich mich durch sie so gut fühle. Von all meinen Lieblingsworten ist »Lösen« jedoch eindeutig das vielseitigste. Schon wenn ich es sage, entspannt sich jeder Zentimeter meines Körpers ein kleines bisschen. Wenn ich Yogakurse gebe, verwende ich gegen Ende der Stunde wiederholt das Stichwort »lösen«, um die Schüler wissen zu lassen, was sie mit ihren Muskeln wirklich tun sollen, nachdem die harte Arbeit erledigt ist.

So wie ich meine Yogaschüler anleite, mehr Raum in ihrem Körper zu schaffen, indem sie körperliche Anspannung lösen, möchte ich dir anbieten, Raum für Ruhe und Frieden zu schaffen, indem du *psychische* Anspannung löst oder, zum Zweck dieser Visualisierungsübung, Druck.

Weiter oben in diesem Kapitel habe ich dir von einem Werkzeug erzählt, das ich seit über zwei Jahrzehnten nutze, um meinen eigenen Stress und meine Ängste zu bewältigen. Mich selbst als Sprudelflasche zu visualisieren hat mich im Laufe der Jahre unzählige Male davor bewahrt, in einen Zustand der Panik zu geraten. Falls du noch nie eine Visualisierungsübung ausprobiert hast, sei versichert: Es ist genauso leicht, wie dir etwas vorzustellen und dir eine Geschichte dazu auszudenken. In diesem Fall musst du das noch nicht einmal selbst tun. Ich führe dich durch die Übung hindurch.

Wann? Das ist eine meiner Meditationen für alle (Not-)Fälle. Mach sie immer dann, wenn du glaubst, dass du gleich durchdrehst. Ich stecke diese Meditation in dieselbe Selbstfürsorge-Kategorie wie »Anhalten, fallen lassen, wälzen«. Wenn ich in

Flammen stehe, nehme ich mir nicht die Zeit, über meinen Platz im Universum nachzugrübeln; ich werfe mich zu Boden und lösche das Feuer! Meine Sprudelflaschen-Meditation ist mein Werkzeug Nummer eins, wenn es um Situationen geht, in denen ich das Gefühl habe, dass mein Kopf gleich platzt. Sie geht schnell, sie ist einfach, und sie funktioniert.

Wo? Ich möchte, dass du das Gefühl hast, dieses Werkzeug nutzen zu können, wann immer du dich überfordert fühlst. Für mich ist es nicht besonders wichtig, wo du diese Meditation durchführst. Mach sie *dort*, wo du womöglich gleich durchdrehst. Stille Orte sind ideal, um zu meditieren, aber das könnte ein unrealistisches Ideal in dem Moment sein, in dem du diese Meditation am meisten nötig hast.

Haltung? Wahrscheinlich ahnst du schon, was ich als Nächstes sage. Im Stehen, im Sitzen, im Liegen, im geparkten Auto am Straßenrand – es spielt kaum eine Rolle, in welcher Haltung du diese Meditation machst. Ich empfehle lediglich, dass du eine bequeme und sichere Haltung einnimmst und dass du nicht noch mehr physische Anspannung in deinem Köper erzeugst, indem du die Fäuste ballst oder die Zähne zusammenbeißt. Und es ist mir egal, wie sauer du auf den Typen bist, der dich gerade auf der Autobahn ausgebremst hat – fahr an die Seite, bevor du anfängst zu meditieren!
Meditier mit offenen oder geschlossenen Augen.

Du hast 4 Minuten, um loszulassen.

Selbst wenn du nicht Gefahr läufst, gleich zu explodieren, geh jeden der Schritte nacheinander durch, sozusagen als Übungslauf für die

Zukunft, wenn du es mal nötig hast. Es gibt nur zwei einfache Mantren, die du dir merken musst, daher wirst du diese Meditation wahrscheinlich nach nur einem Durchlauf allein machen können.

1. Nimm dir einen Moment Zeit, um deine Aufmerksamkeit auf deinen Atem zu richten. Folge seinem Weg, wie er in deinen Körper eintritt und ihn wieder verlässt – durch deine Nase hinein und durch deinen Mund wieder hinaus. Atme so, wie es sich gut für dich anfühlt; es ist nicht notwendig, zu diesem Zeitpunkt irgendetwas zu kontrollieren. Alles ist so, wie es sein soll, selbst wenn du dich überfordert fühlst. Dieser Druck in dir hat einen Zweck. Er sagt dir, dass es Zeit ist loszulassen.
2. Du bist bereit für dein erstes Mantra! Wiederhol es entweder im Stillen oder laut. Pass dieses Einwortmantra an deinen Atemrhythmus an. Atme schön ungezwungen ein und sag beim Ausatmen: »Lösen.«
3. Nimm bei jedem Ausatmen wahr, wie ein kleines bisschen mehr Spannung aus deinem Körper gelöst wird. Nimm wahr, wie deine Schultern absinken und wie die Luft beim Ausatmen deinen Körper verlässt, als ob du etwas Schweres loswirst, das du schon lange mit dir herumträgst. Wiederhol das zehn volle Atemzyklen lang oder bis sich deine Atmung auf ein komfortables Tempo verlangsamt hat.

Üben wir ein bisschen Visualisierung ...

Es ist so einfach, den Druck zu lösen, den du empfindest. Du fühlst dich bereits leichter. Du konzentrierst dich auf deinen Atem, und dein erstes Mantra entfaltet seine magische Wirkung. Lösen wir nun zusammen den verbleibenden Druck.

4. Stell dir eine Sprudelflasche vor, deren Deckel fest verschlossen ist. Achte auf die winzigen Bläschen im Inneren, die zur

Oberfläche emporsteigen und rauswollen. Stell dir vor, dass du diese Sprudelflasche bist und dass jedes dieser winzigen Bläschen ein kleines bisschen von dem Druck enthält, den du gerade verspürst. Wenn der Deckel verschlossen bleibt, platzen die Bläschen im Inneren der Flasche, und der Druck wird wieder in die Flüssigkeit aufgenommen. Und jetzt wollen wir diesen Druck freisetzen.

5. Richte deine Aufmerksamkeit weiter auf dein Ein- und Ausatmen. Statt beim Ausatmen ein Mantra zu sagen, stell dir nun vor, wie sich der Deckel der Sprudelflasche nur ein klein wenig dreht, sodass ein winziges bisschen »Gischt« entweicht. Noch mehr Bläschen steigen empor, um der Flasche zu entkommen und in die Luft zu entweichen. Atme durch die Nase ein und durch den Mund wieder aus. Der Deckel lockert sich weiter, und etwas mehr Druck wird freigesetzt. Fahr in diesem Muster fort, bis keine Bläschen mehr übrig sind und es sicher ist, den Deckel vollständig zu öffnen. Du kannst jetzt unbeschwert atmen, und der ganze Druck ist weg.

Die Übung versiegeln, damit deine Meditation Wurzeln schlägt

Dein Versiegelungsmantra lautet: »Es ist nicht meine Aufgabe, alles unter Kontrolle zu haben. Ich akzeptiere, was ist.« Wenn es dir nicht unangenehm ist, dies laut zu sagen, dann tu es. Sonst sag es im Stillen zu dir selbst, und zwar bei jedem Ausatmen, drei volle Atemzyklen lang. Diese Worte versiegeln deine Übung und ermöglichen dir, weiterhin Druck abzulassen, wann immer er im Laufe deines Tages in dir hochsteigt.

Meditation für Ruhe und Frieden
Vorbereitung/Über diese Meditation

Der Zweck der Meditation – besonders für Menschen, die mit Stress und Ängsten zu kämpfen haben – besteht darin zu lernen, die Aufmerksamkeit auf immer weniger Dinge zu richten, bis die Konzentration nur noch auf einer einzigen Sache ruht. Das Wiederholen von Mantren, der Einsatz von Visualisierungen und die Ausübung einfacher Atemtechniken sind nur einige der Methoden, die es dir ermöglichen, dich von den Ablenkungen eines beschäftigten Geistes und einer chaotischen Umgebung zu befreien. Sobald du eine regelmäßige Übungspraxis etabliert hast und deine Aufmerksamkeit auf einen einzigen Gedanken konzentrieren kannst, wirst du feststellen, dass es ganz leicht ist, Zugang zum inneren Frieden zu finden.

Viele Menschen denken, dass es beim Meditieren um Entspannung geht, aber ein entspanntes Gefühl ist nur ein weiterer wunderbarer Bonus der wichtigen Arbeit, die dabei geleistet wird. Zu Ruhe und Frieden gelangt man durch sorgfältige Aufmerksamkeit. Innerer Frieden, so wie er im Wörterbuch definiert wird, ist die Freiheit des Geistes von Ärger, Ablenkungen und Ängsten. Deine Konzentration zu trainieren, und zwar inmitten beunruhigender Ereignisse, die sich deiner Kontrolle entziehen, ist der Kern einer Meditationspraxis, die dich friedlich und ruhig durch jede herausfordernde Zeit bringt.

Was bedeutet das alles? Stress und Chaos sind unvermeidliche Bestandteile des Lebens. Wir alle haben täglich bis zu einem gewissen Grad damit zu tun. Paradoxerweise ist Chaos ziemlich vorhersehbar. Wir können nicht kontrollieren, wann es dazu kommt, aber wir können uns darauf vorbereiten. Zum Beispiel ist das Meer ein wilder, unberechenbarer und bisweilen gefährlicher Ort, aber wir können uns immer auf Ebbe und Flut verlassen. Man muss kein Hellseher sein, um zu wissen, wann man die Strandtücher einpacken und nach Hause gehen sollte. Wenn sich ein Sturm zusammenbraut, ist das ein Zeichen, dass man den Anker werfen und die Segel herunternehmen sollte. Diese Vorzeichen zu ignorieren wäre tödlich. Wenn wir keinen Weg finden, uns energetisch zu verankern, werden wir in ein dunkles Meer voller chaotischer Ablenkungen gerissen. Lass deinen festen Sitz und diese Meditation deinen energetischen Anker in stürmischen seelischen Gewässern sein.

Wann? Ob du dich kurzzeitig überfordert fühlst oder dir deinen Weg durch eine anhaltend stressige Situation zu bahnen versuchst: Diese Meditation kann dir dabei von Nutzen sein. Mach sie am Morgen, um dich im Frieden zu verankern, bevor du von äußerem Stress überflutet wirst oder innerer Stress deine Gedanken übernimmt. Die Ebbe und Flut von Stress ist vorhersehbar. Stürme kommen plötzlich, aber selten aus dem Nirgendwo. Du kannst auf alles vorbereitet sein.

Wo? Schaff einen Schutz für dich selbst, indem du diese Meditation in der Sicherheit deiner eigenen, friedlichen vier Wände durchführst. Begreif deinen gewählten Meditationsplatz als heiligen Ort, an dem Stress anerkannt und bewältigt, aber nie in ihm geschwelgt wird. Halte ihn stets sauber und aufgeräumt. Je ruhiger die Umgebung, desto leichter wird es dir fallen, mit dem Chaos fertigzuwerden, das um dich herum oder in dir selbst herrschen mag.

Haltung? Setz dich schön aufrecht im Schneidersitz hin. Vergiss nicht, dass du immer die Möglichkeit hast, stattdessen die sitzende

Meditationshaltung auf einem Stuhl einzunehmen, wenn das Sitzen mit verschränkten Beinen auf dem Boden unbequem für dich ist. Scheu dich auch nicht, Hilfsmittel zu nutzen, die dich dabei unterstützen, die Wirbelsäule besser aufzurichten, oder das Sitzen komfortabler für dich machen.

Leg die Handflächen auf den Knien oder Oberschenkeln ab. Wir wollen hier möglichst alle Ablenkungen ausschließen, also versuch diese Meditation mit geschlossenen Augen zu machen. Falls das nicht möglich ist, lass die Augen offen und halt deinen Blick auf einen einzigen Gegenstand gerichtet. Nach jedem abgeschlossenen Durchgang von Atemzyklen verweise ich dich wieder auf die schriftliche Meditationsanleitung.

Du hast 4 Minuten, um Stille im Chaos zu finden.

Du bist kurz davor, einen heiligen Ort der Sicherheit und Ruhe zu betreten. Ich werde dir Stichworte zum Visualisieren geben, die dir dabei helfen sollen, dich an diesem Ort niederzulassen. Außerdem bekommst du ein Mantra, das du am Ende sprechen sollst. Dieses Mantra versiegelt deine Übung und bietet dir Schutz vor allem, was dein »Boot ins Schwanken bringen« könnte.

Fangen wir an, indem du dich aufrecht im Schneidersitz hinsetzt.

1. Atme dreimal ein und aus. Zieh bei jedem Einatmen die Schultern bis zu den Ohren hoch. Roll die Schultern bei jedem Ausatmen nach unten zurück, in Richtung Wirbelsäule.
2. Dein Sitz ist dein energetischer Anker; sorg dafür, dass er stark und fest ist. Achte darauf, dass dein Scheitel zum Himmel zeigt, dein Brustkorb geöffnet ist und deine Schultern breit sind und sich direkt über den Hüften befinden.

Du bist ein Boot auf dem Ozean ...

Bevor du die Augen schließt, lass mich dir die Szene kurz beschreiben. Nachdem du dir die Szene in allen Einzelheiten vorgestellt hast, ist genug Zeit, die Augen zu schließen und dir die Visualisierung einzuprägen.

3. Du sitzt in einem kleinen Holzboot, das an einem kleinen Steg festgebunden ist, am Strand eines wunderschönen tropischen Strandes. Die Sonne steht tief am Himmel, und der Horizont leuchtet in kräftigen Tönen von Rot, Orange und Pink. Die Wellen sind unstet, eine Brise weht durch die Bäume, und das Schreien von Seevögeln liegt in der Luft. Es gibt viel zu sehen, zu spüren und zu hören. Es ist ein friedlicher, aber lebhafter Ort.
4. Spür, wie dein Boot sanft im Wasser hin- und herschaukelt. Das Schaukeln des Bootes beruhigt dich, weil du weißt, dass du im Inneren des Bootes sicher bist. Mit jeder Welle, die ans Ufer rollt, wird das Wasser immer weniger unstet. Dein Boot schaukelt immer sanfter.
5. Stell dir vor, dass alle Gedanken und Sorgen, die in deinen geistigen Raum eintreten, von diesen Wellen hinein- und wieder davongetragen werden. Während die Welle davonrollt, nimmt sie den Gedanken mit sich und überlässt ihn der Weite des Ozeans, wo er auf Nimmerwiedersehen verschwindet.
6. Schließ die Augen und atme ein und aus, entweder zehn volle Atemzyklen lang oder bis das Wasser vollkommen still ist, während die Wellen ans Ufer rollen und wieder im Meer verschwinden. Dann öffne die Augen, um dein Mantra zu lesen.

Deine Meditation kommt zu ihrem Ende ...

Lies das folgende Mantra dreimal im Stillen oder laut. Gestatte dir selbst, es langsam zu lesen und seine Bedeutung und die Energie der Worte ganz in dich aufzunehmen. Achte darauf, zwischen den Wiederholungen jeweils einen schönen tiefen Atemzug zu nehmen.

Dein Versiegelungsmantra lautet: »Ich bin wie ein Boot auf dem Meer. Mein Glaube ist der Anker, der mir Halt gibt. Meine Gedanken sind wie Wellen. Ich lasse sie unter mir wegrollen, manchmal schaukeln sie mich ein wenig, aber sie reißen mich nicht fort. Ich bin voll Vertrauen im Hier und Jetzt verankert.«

Kapitel 4

4 Minuten, um dir den Traum von einem guten Selbstwert zu erfüllen

Die Ängste, die ich hatte, als ich jünger war, wuchsen sich zwischen meinen Teenager- und Zwanzigerjahren zu einer schweren Sozialphobie aus. Ich konnte im Restaurant noch nicht einmal um zusätzliche Servietten bitten oder telefonisch eine Pizza bestellen.

Bis zu einem gewissen Grad handelte es sich dabei wohl um erlerntes Verhalten. Mein Vater hatte eine traumatische Kindheit gehabt und Angst davor, in der Öffentlichkeit zu sein. Er schien nur in der Arbeit und in der Kirche dazu in der Lage zu sein, mit der Außenwelt zurechtzukommen. Alles andere vermied er, einschließlich meiner Kunstausstellungen und meiner Abschlussfeiern. Er hatte immer eine Entschuldigung dafür parat, etwa: »Die Leute werden schlecht von mir denken, weil ich nicht das Richtige zum Anziehen habe.« Er war so mit den Meinungen anderer Leute beschäftigt, dass es sogar ein Kampf war, ihn zur Teilnahme an meiner Hochzeit zu bewegen. Ich habe diesen Kampf nur gewonnen, weil ich ihm anbot, ihm für das gesamte Hochzeitswochenende Kleidung zu kaufen. Es fiel schwer, mit ihm Mitgefühl zu haben. Seine Angst zermürbte mich, aber sie nistete sich auch in meiner eigenen Seele ein.

Die Botschaft, dass er nicht gut genug war – und damit auch *wir* nicht gut genug waren –, zog sich laut und deutlich durch mein

Leben. Mir war immer klar, dass wir die arme Familie waren, die »Proleten im Viertel«. Natürlich war diese Wahrnehmung zum Teil Einbildung und übertrieben, aber zweifellos sahen uns die Leute zumindest bis zu einem gewissen Grade so. Wegen der finanziellen Situation meiner Eltern, aufgrund der sie so viel arbeiten mussten, und ihrer verworrenen Ehe herrschte in unserem Haus ein ähnliches Chaos. Das Gras wuchs immer zu hoch. Haus und Garten sahen immer unordentlich aus. Eine Zeit lang stand sogar eine alte Badewanne mit Löwenfüßen im Vorgarten, die mein Vater niemals installierte. Sie blieb dort drei Jahre lang stehen, füllte sich immer mehr mit Schutt und Schmutz, rostete vor sich hin und wurde schließlich eine provisorische Festung für die Nachbarskinder. Sie verlor am Ende ihren Platz, als eine Nachbarin Besuch erwartete und uns bat, die Badewanne vom Vorgarten auf die Veranda zu stellen. So peinlich war sie ihr. Doch die Botschaft, die bei mir ankam, war, dass eigentlich *wir* ihr peinlich waren.

Selbst heute fühle ich noch einen kleinen Stich der Demütigung, während ich das schreibe. Jedes Mal, wenn ich meine Auffahrt hochfahre und die Fassade meines eigenen Hauses vor mir auftaucht, schwillt mir das Herz vor Freude. Ich frage mich, ob diese Freude umso größer ist, weil das Erscheinungsbild meines Hauses sich so stark von dem meines Elternhauses unterscheidet. Der gepflegte Rasen und die saubere Veranda mit den weißen Schaukelstühlen wären mir als Kind wie ein Traum erschienen.

Der Gegenpol zu all den negativen Dingen, die ich gerade erzählt habe, ist, dass meine Eltern in meiner frühen Kindheit aktive Kirchgänger – wiedergeborene Christen – waren. Sie sagten uns immer wieder: »Es spielt keine Rolle, was andere von euch denken. Ihr seid Kinder Gottes, und Gott liebt euch so, wie ihr seid.«

Schon allein dadurch sagte man mir, dass ich zu großen Dingen bestimmt sei. Obwohl mein Umfeld mich in vielerlei Hinsicht vernachlässigte, haben meine Eltern mich immer geliebt und unterstützt. Obwohl sie keine allzu große Hochachtung vor sich selbst hatten, hielten sie mich für einen Schatz. Man hat mich nie lächerlich gemacht. Man hat mir nie gesagt, ich sei nicht gut genug. Man sagte mir immer, dass Gott mich erschaffen hat und dass dies etwas für meine Zukunft bedeutet.

Weil ich wusste, dass Gott mich liebt, ganz gleich, wie andere mich beurteilen mochten, hatte ich fast so etwas wie eine geheime Superkraft. Durch regelmäßiges Beten konnte ich mich direkt mit Gott in Verbindung setzen, und dadurch fühlte ich mich als etwas Besonderes. Selbst wenn das Chaos um mich herum überwältigend war – und das war es häufig –, benutzte ich meine Superkraft, um mich wenigstens einen Moment lang zu erden.

Doch um die Zeit herum, als sich meine Sexualität entwickelte, löste sich meine Superkraft auf. Sie war der Verletzlichkeit und den seelischen und körperlichen Umwälzungen der Pubertät nicht gewachsen. Wenn ich in der Lage gewesen wäre, mit dem Wissen in Verbindung zu bleiben, dass Gott mich bedingungslos liebt, hätte mich das sicher bis in meine Zwanziger und mein Erwachsensein getragen und mir viel Aufruhr erspart.

Aber wie die meisten von uns in unseren frühen Teenagerjahren machte ich meinen Selbstwert dann doch von der Meinung anderer abhängig. Als ich bemerkte, dass meine Kleidung und meine Lebensumstände anders waren als die anderer Jugendlicher, wurde die Stimme der Gleichaltrigen wichtiger als die meiner Eltern oder selbst Gottes. Ich bildete mir ein, jeder fände mich arm und wertlos und hässlich. Dieses Gefühl von »weniger als« hielt an, und meine Lebensumstände trugen dazu bei, dass es schnell stärker wurde.

Weil ich in einer sehr kleinen Stadt aufwuchs, konnte ich die Situation meiner Eltern nicht beschönigen. Wenn ich zu Anfang eines neuen Schuljahres keine neuen Schuhe bekommen konnte, musste ich schmutzige, alte Schuhe tragen. Oder ein Lehrer brachte meine Hausaufgaben zu Hause vorbei und sah, wie wir wohnten. Oder mein Vater musste aus irgendeinem Grund in die Schule kommen, und jeder sah, dass er keine Zähne hatte. Es war demütigend, und man konnte sich nirgends verstecken.

Vom Gefühl, dass ich eine Superkraft habe, durch die es keine Grenzen für mich gab, und dass mir eine ganz besondere Zukunft bevorstand ... kam ich also ganz abrupt zu dem Gefühl, es gäbe überhaupt keine Zukunft für mich. Und da ich mich vollkommen von meiner Quelle abgeschnitten fühlte, verlor ich allen Halt und Sinn. Ich war wie ein Ballon, der ziellos vor sich hin schwebt und durch die Launen des Windes hierhin und dorthin geblasen werden kann. Meine Ablösung von Gott oder der Quelle und meine Anhaftung an die Meinung anderer zerstörte mein Selbstwertgefühl.

Wie sehr ich mich mochte, hing von den Anwandlungen der Gleichaltrigen ab, deren Gefühle Achterbahn fuhren. Und meine eigenen Gefühle – die ebenfalls Achterbahn fuhren – beeinflussten meinen Selbstwert ebenfalls. Im Sekundentakt wurde ich erst von einem Lehrer gelobt und dann von meinen Mitschülern ausgelacht, weil ich arm war, oder sie machten sich über meine Eltern oder meine Kleidung lustig. Meinen Wert als Mensch an die positiven wie negativen Meinungen anderer zu heften bedeutete, dass mein Selbstwertgefühl Achterbahn fuhr und von jeder Kleinigkeit aus der Bahn geworfen werden konnte.

Als so junger Mensch war ich nicht darauf vorbereitet, damit umzugehen. Daher führte der Spott zu Hoffnungslosigkeit und

Verzweiflung. Ständig auf einer emotionalen Achterbahn unterwegs zu sein überforderte meine Sinne und verursachte mir enorme Schmerzen. Ich glaubte nicht, dass ich auch nur meine Zwanziger überleben würde. Ich glaubte, ich sei des Lebens, das Gott mir geschenkt hatte, nicht würdig. Ich war verwirrt, was meine Bestimmung und meinen Platz in der Welt anging. Ich litt enorme Qualen durch die negativen Gefühle, die ich mir selbst gegenüber hatte, und fühlte mich schuldig wegen der Undankbarkeit, die ich Gott gegenüber zeigte.

Die Kurzsichtigkeit meines vorpubertären Geistes verhinderte, dass ich irgendein Licht am Ende des Tunnels sah. Ich konnte mir nicht vorstellen, dass mein Leben anders werden könnte. Das Chaos zu Hause und das Mobbing in der Schule waren mehr, als ich ertragen konnte, und ich hatte ernsthafte Selbstmordgedanken. Ich war erst zehn Jahre alt, als ich zum ersten Mal versuchte, mich umzubringen. Notfallinterventionen folgten – ein dreißigtägiger Aufenthalt in einer Wohngruppe, ambulante psychiatrische Behandlungen und Experimente mit Psychopharmaka –, aber das waren nur Ablenkungen, durch die ich vorübergehend in Sicherheit gebracht wurde. Innerlich litt ich immer noch, und das manifestierte sich in Verhaltensweisen, die mich immer wieder in Gefahr brachten.

Ich dachte, jeder einzelne Mensch in meinem Leben hätte das Recht auf eine Meinung über mich und meinen Wert. Weil ich so offen war und nach Liebe dürstete, ließ ich alles und alle an mich heran. Es war ein rutschiger Abhang, der mich schließlich dazu brachte, mich von Jungs und jungen Männern ausnutzen zu lassen. Das brachte mich oft in gefährliche Situationen. Als Minderjährige wurde ich bei einer Verabredung beinahe vergewaltigt, nachdem ich Alkohol getrunken hatte. Und wie ich bereits im letzten Kapitel erwähnt habe, ging ich im zarten Alter von fünfzehn Jahren eine gewalttätige Beziehung ein. Ich trank und nahm exzessiv Drogen, ohne Rücksicht auf meine Gesundheit, und am Ende heiratete ich einen Mann, der genauso kaputt war wie ich. Zehn Jahre lang blieb ich mit ihm in einer manischen, wechselseitig missbräuchlichen und letztlich selbstzerstörerischen Beziehung.

Ich habe nicht getrunken, Drogen genommen und sexuelle Beziehungen aufgenommen, weil ich das so gewollt habe, sondern weil ich dachte, es würde von mir erwartet. Ich glaubte, es würde mir die Liebe und Akzeptanz bringen, die ich so verzweifelt suchte.

Da ich meinen Selbstwert vollkommen von der Meinung anderer abhängig machte, verlor ich die Kontrolle und erlaubte es anderen, mich so zu behandeln, wie sie es wollten. Heute weiß ich, dass es unsere Aufgabe ist, den Menschen beizubringen, wie sie uns behandeln und wie sie uns lieben sollen. Doch als ich noch jünger war, erkannte ich diese Verantwortung nicht. Ich gab meine Macht aus den Händen, ohne es zu beabsichtigen.

Wenn Jugendliche in ihren Teenager- und Zwanzigerjahren dem Druck der Gleichaltrigen nachgeben, liegt das an ihrem Selbstwertgefühl. Es liegt nicht daran, dass sie nicht zur richtigen Moral und den richtigen Werten erzogen wurden. Es liegt nicht daran, dass sie nicht geliebt werden oder hoffnungslos geschädigt sind. Es kann nur sein, dass sie ihren Selbstwert an den Meinungen anderer Leute festmachen und dass ihnen der Lohn der Anerkennung jedes seelische oder sogar körperliche Risiko wert ist.

Ohne ein starkes Gefühl für sein Selbst und seinen persönlichen Wert kann jeder junge Mensch dazu gebracht werden, sich selbstzerstörerisch zu verhalten. Und nur zu oft, selbst noch als

Erwachsene, lernen wir nicht, unseren Selbstwert in uns zu zentrieren. Wir denken immer noch, dass es nur darum geht, wie andere Leute uns sehen.

Doch wahres Selbstwertgefühl muss in unserem Inneren erzeugt werden. Wenn wir unseren Selbstwert auf die Meinung anderer gründen, werden wir immer ausgehungert sein. Wir werden immer jemanden suchen, der uns Anerkennung gibt und das heißhungrige Ungeheuer in uns füttert, das nicht glaubt, dass wir etwas wert sind. Und an den Tagen, an denen wir niemanden finden, der uns sagt, wie toll wir sind, fühlen wir uns verloren.

Selbst wenn uns jemand sagt, dass wir toll sind, glauben wir es nicht wirklich, wenn wir keinen starken Anker von innerem Selbstwertgefühl haben. Komplimente scheinen einen Punkt in uns zu brauchen, an dem sie andocken können, um sich festzusetzen. Sonst tun wir die Worte als unwahr ab. Nur wenn ein Kompliment bestätigt, was wir bereits über uns selbst glauben, hat es eine Wirkung, die dazu beiträgt, unsere Selbstliebe zu stärken.

VERBREITE LIEBE

Komplimente nützen mir nur, wenn sie ein tiefes inneres Wissen bestätigen. Meine Liebe zu mir selbst ist ein Magnet für die Liebe von anderen. #YH4M

Du wirst geliebt, wie du bist.

Ich hatte wirklich Glück, dass ich die gefährlichen Dinge überlebt habe, die ich getan habe, als ich noch jünger war. Lange habe ich mich für mein Benehmen in dieser Zeit geschämt. Es fiel mir schwer, mich in der Gegenwart zu sehen, weil ich mich ständig für meine Vergangenheit verurteilt habe. Heute bin ich eine Frau, die glücklich verheiratet ist und fünf wunderbare Kinder und einen tollen Beruf hat. Doch selbst heute kann die Erinnerung an den Menschen, der ich war, mich davon abhalten, mich vollkommen zu akzeptieren und zu lieben ... *wenn ich es zulasse.*

Viele von uns entwickeln sich weiter und schaffen sich ein Leben, das nichts mehr mit dem Menschen zu tun zu haben scheint, der wir früher waren. Aber wir bleiben mit einem Fuß oder vielleicht nur einem Zeh in diesem alten Leben stehen. Und das gibt uns das Gefühl, als wären wir immer noch nicht gut genug. Wir tragen alte Scham aus einer Zeit mit uns herum, in der wir Entscheidungen getroffen haben, die nicht auf Liebe zu uns selbst oder anderen beruhten.

Gibt es einen Teil in deiner Vergangenheit, für den du dich schämst? Er könnte zwanzig Jahre zurückliegen. Es könnte erst letzte Woche passiert sein. Was würdest du heute, von einem Standpunkt der Liebe aus, zu dem Teil von dir sagen, der diese Fehler begangen hat?

Es gibt niemandem in meinem Leben, der in jeder Beziehung perfekt ist. Dennoch liebe ich viele Menschen innig und so, wie sie sind. Genau wie die Menschen, die wir mit all ihren wunderbaren Schwächen lieben, können wir auch unser früheres Selbst lieben und ihm vergeben, wenn wir uns klarmachen, dass wir damals so gut gehandelt haben, wie wir eben konnten.

Im letzten Kapitel habe ich gesagt, dass Negativität oft kritisiert wird, und das habe ich auch so gemeint. Aber wenn wir besser mit uns selbst umgehen wollen und anderen beibringen möchten, uns besser zu behandeln, müssen wir es auch gelassen hinnehmen, wenn wir gelegentlich negativ von uns selbst sprechen. Wie schon gesagt: Wir müssen unseren negativen Gefühlen Ausdruck geben ... und sie dann schnell umwandeln.

In unserer Kultur denken wir nicht lange darüber nach, wenn es darum geht, schlecht von uns zu sprechen. Tatsächlich wird man für selbstkritische Ironie gelobt und als angeberisch oder hochnäsig gerügt, wenn man voller Stolz darüber spricht, was man erreicht hat. Wie oft sprichst du vor anderen nicht gut von dir selbst? Ganz gleich, welche unschuldige Absicht dahintersteckt, es ist eine gefährliche Angewohnheit. Es ist ansteckend, und wenn es nicht eingedämmt wird, kann es sich auf alle um dich herum ausbreiten. Selbst wenn du nur im Scherz sprichst, lädst du andere Menschen unabsichtlich dazu ein, ebenso von dir zu denken und dich auch so zu behandeln. Tatsächlich hypnotisierst du sie, deine negativen Worte über dich selbst zu *glauben*, selbst wenn sie das vorher nicht getan haben.

So wie wir immer wieder positive Mantren nutzen, um neue Glaubenssätze in uns selbst zu verankern, schafft es neue Glaubenssätze im Geist anderer Menschen, wenn wir vor ihnen immer wieder negativ über uns selbst sprechen. Wenn die Leute dich sagen hören: »Mann, ich bin so blöd«, oder: »Ich bin zu dick«, erlaubst du ihnen unbewusst, das Gleiche über dich zu denken, zu glauben oder sogar laut zu sagen. Natürlich, wenn dich jemand direkt als fett oder hässlich oder dumm bezeichnen würde, dann würdest du es wahrscheinlich nicht dulden. Warum duldest du es also, wenn du dich selbst so bezeichnest?

Wie erkennt man den Unterschied zwischen ehrlicher Selbstreflexion und Selbstmisshandlung? Frag dich selbst: »Wie würde ich mich fühlen, wenn diese Aussagen von jemand anderem kommen würden? Würde ich sie als konstruktive Kritik akzeptieren und anerkennen, oder würden sie sich wie eine Beleidigung anfühlen?« Meditier sorgfältig über die Antwort, bevor du die Aussagen als hilfreich oder verletzend einordnest. Doch sobald du die

Antwort gefunden hast, geh entsprechend vor. Würdige die hilfreichen Aussagen, und schick die Aussagen voller Selbsthass in die Wüste.

Bei der Meditation nutze ich Mantren, die mir helfen, mich so zu lieben, wie ich bin – bedingungslos. Ich muss nicht alles wissen, um liebenswert zu sein. Ich muss nicht alles richtig machen, um liebenswert zu sein. Wenn ich das vergesse und etwas Negatives über mich selbst sage, habe ich es mir zur Übung gemacht, mich sofort mit liebevollen Mantren daran zu erinnern, dass ich nicht perfekt sein muss, um liebenswert zu sein.

Ich dehne diese Liebe auch auf alle meine früheren Ichs aus, einschließlich dem jungen Ich, das immer wieder in Schwierigkeiten geriet. Ich spreche die Affirmation: »Ich liebe das Ich, das Drogen genommen hat – so, wie sie war.« – »Ich liebe das Ich, das diese Beziehung in den Sand gesetzt hat – so, wie sie war.« – »Ich liebe das Ich, das all diese hasserfüllten Dinge gesagt hat – so, wie sie war.« Selbst wenn ich es anfangs nicht glaube, sage ich es trotzdem. Unsere negative Art, über uns selbst zu sprechen, ist zu so einer schlechten Angewohnheit geworden, dass es sinnvoll ist, eine neue, bessere Angewohnheit zu schaffen – auch wenn wir dazu am Anfang etwas schwindeln müssen.

Mit der Zeit kannst du lernen, dich selbst wirklich so zu lieben, wie Gott oder die Quelle oder das Universum (welchen Begriff du auch immer bevorzugst) dich liebt. Gib dir selbst die gleiche Liebe, die Gott dir gibt. Eines meiner Lieblingsmantren lautet: »Gott liebt mich so, wie ich bin.« Dieses Mantra kann sich entwickeln zu: »Ich liebe mich so, wie ich bin.«

Tu jetzt etwas: Verabrede dich mit dir selbst

Als ich noch jünger war, begriff ich nicht, dass ich etwas dafür tun musste, mich selbst zu lieben. Durch meine Meditationsübungen und indem ich lernte, meinen Selbstwert anzuerkennen, verstand ich im Laufe der Zeit, dass ich meine Liebe zu mir selbst nach außen hin zeigen muss, so wie ich meine Liebe auch in Beziehungen zu anderen zeige. Meinem Mann, meinen Kindern und meinen Freunden zeige ich regelmäßig, wie viel sie mir bedeuten. Das muss ich auch mir selbst gegenüber tun.

Wenn ich Liebe zu mir selbst zeige, bestätige ich nicht nur meinen Selbstwert, sondern zeige anderen Menschen auch, wie sie mich behandeln sollen. Wenn ich anderen Menschen nicht ständig zeige, wie sehr ich mich selbst liebe, werden sie nicht dazu angeregt, mich so zu lieben, wie es sich gut für mich anfühlt. Ich zeige ihnen, wie ich für mich sorge, indem ich mir jeden einzelnen Tag Zeit zum Meditieren nehme, mich mit Erlebnissen verwöhne, die mir Spaß machen (unter anderem allein auszugehen, wenn ich es brauche), und liebevoll von mir selbst spreche. Und indem ich das tue, gehe ich meinen Kindern mit gutem Beispiel voran und zeige ihnen, wie sie mit sich selbst liebevoll umgehen können.

Ich mache sogar Verabredungen mit mir selbst und gehe mit mir aus! Als ich mich zum ersten Mal mit mir selbst ins Kino »verabredete«, fühlte es sich ziemlich komisch an. Doch sobald ich mich mit meinen Lieblingssnacks hingesetzt hatte, war es richtig gut. Ich schenkte mir ganz allein Aufmerksamkeit, und diese Aufmerksamkeit hatte ich dringend nötig. Es lag eine einfache Wonne darin, mich selbst zu verwöhnen, die ich noch nie erlebt hatte.

Jetzt verabrede ich mich öfter mit mir selbst, um in die Buchhandlung, in Cafés oder in den Discounter zu gehen. (Ja, auf

Schnäppchenjagd zu gehen ist für mich ausgesprochen romantisch! Ich wette, vielen von euch geht es genauso.) Ich wandere durch die Gänge und staune und verbringe Zeit mit mir selbst, und dabei behalte ich die ganze Zeit im Kopf, dass es nur darum geht, Spaß zu haben. So wie ich besonders aufmerksam für die Bedürfnisse eines potenziellen Partners wäre, bin ich besonders aufmerksam für meine eigenen Bedürfnisse. Ich sage Ja zu mir selbst und suche Erfahrungen, die meine Sehnsucht nähren.

Auf meinen Solo-Verabredungen mache ich weder Besorgungen, noch führe ich Telefongespräche. Ich sorge dafür, dass ich gut aussehe, und achte darauf, viel zu lächeln. Bei meinen Verabredungen mit mir selbst dreht sich alles darum, dass ich mich um mich selbst kümmere. Sie fühlen sich albern und genießerisch und wundervoll an, und ich empfehle dir sehr, sofort eine in deinen Terminkalender zu schreiben!

Tu so, als ob du dich selbst auf ein Date ausführst. Jogginghosen sind dabei verboten! Mach dich für dich selbst hübsch zurecht und denk darüber nach, was dich interessiert. Welche Art von Date würdest du aufregend finden? Was sind deine Lieblingsorte, Lieblingsfilme, Lieblingsessen und Lieblingsaktivitäten? Plan das perfekte Abenteuer, und vor allem, mach es allein – nur für dich.

Klingt es nach einer mühseligen Pflicht auszugehen? Wenn ja, dann bleib zu Hause. Man kann sich zu Hause wunderbar selbst verwöhnen – zünde ein paar Kerzen an, nimm ein schönes Bad, koch dir dein Lieblingsessen oder sieh dir eine ganze Serienstaffel auf einmal auf Netflix an. Plan ein Erlebnis für dich selbst, wie du es für die Liebe deines Lebens planen würdest. Das kann eine Riesenveränderung in der Art und Weise bewirken, wie du dich selbst siehst und für deine eigenen Bedürfnisse sorgst.

Du wurdest nach einem göttlichen Plan erschaffen
Sobald du Momente der bedingungslosen Selbstliebe erfährst, geh einen Schritt weiter und bekräftige, dass deine Existenz wichtig und gewollt ist. Sag: »Ich wurde nach einem göttlichen Plan erschaffen.«

Bischof T. D. Jakes sagte in einer seiner Predigten: »Man hat euch befohlen, fruchtbar zu sein. Ihr könntet nicht fruchtbar sein, wenn ihr keine Samen hättet. Ihr tragt Größe in euch.« Wenn wir alle nach einem liebevollen göttlichen Plan erschaffen wurden – und das glaube ich wirklich –, dann haben wir auch die nötigen Werkzeuge bekommen, um große Dinge zu tun. Und wenn wir das Bedürfnis beseitigen, unseren Wert an der Meinung anderer zu messen, beseitigen wir, was uns daran hindert, zu unserer vollen Größe heranzuwachsen.

VERBREITE LIEBE
Ich bin ganz. Ich bin es wert. Ich bin liebenswert.
Ich wurde nach einem göttlichen Plan geschaffen. #YH4M

Die schmerzlichen Erfahrungen, die ich machte, weil ich mich selbst nicht liebte, waren wie ein Dünger, durch den die Samen, die man mir gegeben hatte, heranwuchsen und Früchte trugen. Und diese Früchte sind der Ausdruck meiner Größe. Natürlich ist Dünger schmutzig und übel riechend. Wir gehen nicht gern damit um, aber er hat einen tiefen Sinn und Zweck. Ohne ihn wäre kein Wachstum möglich.

Ich habe zurzeit eine winzige Wurmfarm in meinem Haus (so verrückt sich das auch anhört). Die Würmer hinterlassen Ausscheidungen in der Erde, die einen fantastischen natürlichen

Dünger für meinen Garten ergeben. Mittlerweile sammeln meine Nachbarn jeden Frühling und Herbst begeistert Pferdeäpfel auf den örtlichen Reiterhöfen, um dafür zu sorgen, dass die Samen, die sie in ihren Gärten aussäen, wachsen, Früchte tragen und sich vermehren. Dieser Dung, der Mist des Lebens, ist der Dünger, der die ganze Schönheit unserer Gärten zum Erblühen bringt. Was die meisten als Abfall betrachten würden, hat enormen Wert für jene, die etwas Neues, Schönes und Nährendes schaffen wollen.

Wenn ich jetzt also auf meine Vergangenheit zurückblicke und meine Liebe für meine früheren Ichs bekräftige, sage ich also: »Vielen Dank für die Lektionen, die ihr mich gelehrt habt. Vielen Dank für diesen stinkenden Dünger!« Ich kann nur dankbar sein, denn dieser Seelenmist war der Dünger, der meine Entschlossenheit gestärkt hat und mein Glück hat wachsen lassen. Ich werde den Wert von meinem »Stinkezeug« nie mehr unterschätzen. Ich kam auf der anderen Seite voller Kraft und Glück heraus. Und das schaffst du auch.

Mit Meditation die Selbstliebe steigern

Kürzlich habe ich mein vierjähriges Kind in der Vorschule angemeldet, und die Lehrerin hat mir etwas über ihren Kunstunterricht erzählt. Die Hälfte davon ist fest strukturiert: Man schreibt den Kindern Schritt für Schritt vor, was sie zu tun haben. Das machte mir Sorgen. Wenn man uns beibringt, »wie« wir etwas kreieren sollen, verlieren wir unseren eigenen Standpunkt. Ich erinnerte mich sofort wieder an die Zeit, als ich selbst ein kleines Mädchen war. Wie frei es sich doch anfühlte, wenn es keine Regeln gab, wie ich mich ausdrücken sollte! Wer warst du, wenn es keine Regeln oder Vorstellungen gab, wie du sein »solltest«?

Wenn mein Selbstvertrauen erschüttert ist, begebe ich mich in einen meditativen Zustand und frage mich: »Wann war ich mit mir selbst zufrieden?« Ich führe mich zurück in die Zeit, als ich mich stark gefühlt habe, und zapfe dieses Gefühl der Freiheit noch einmal an. Manche von uns müssen vielleicht bis ins Alter von zwei oder drei Jahren zurückgehen, als wir noch das Gefühl hatten, uns ungehemmt frei ausdrücken zu können. Wann hattest du noch den Kernglauben, etwas wert zu sein? Wann schwankte dein Wert noch nicht, basierend darauf, was deine Eltern oder Freunde von dir dachten?

Frag dich selbst: Wer wäre ich, wenn ich keine Angst vor der Meinung anderer Leute hätte? Wie würde mein Tag aussehen? Wie würde ich sprechen? Wie würde ich mich benehmen? Welche Chancen würde ich ergreifen? Heute begreife ich, dass es mich eigentlich gar nichts angeht, was andere von mir denken. *Mich gehen nur mein persönliches Wachstum und die Stärkung meiner Liebe für mich selbst etwas an.* Ich kann konstruktive Kritik akzeptieren und sie mit einem Verstand überdenken, der in Partnerschaft mit einem liebenden Herzen arbeitet. Ich kann mir dessen bewusst sein, was andere von mir denken, aber ich muss mich von ihrer Meinung nicht beeinflussen lassen. Und ich kann trotzdem ein einfühlsamer Mensch sein, der mit anderen Menschen mitschwingen kann, aber deren Schwingungen verändern nicht mein Gefühl von Wert oder Selbstwert. Schwingungen fluktuieren, aber mein Wert ist stabil. Das ist keine Lektion, die man auf einmal lernt. Man muss ständig üben, um so ein stabiles Selbstwertgefühl beizubehalten. Mich bringt die Meditation immer wieder zu meinem eigenen Kern der Selbstliebe zurück.

Jeden Tag fordere ich mich heraus, die Person zu lieben, die ich bin, wie sie auch ist. Etwas Unangenehmes ist passiert – kann ich mich trotzdem lieben? Und kann ich mich jetzt lieben? Wie ist das jetzt?

Ich finde, dass ich dafür verantwortlich bin, mich selbst zu lieben. Ich wurde dazu erschaffen, etwas Großes zu sein, und es ist meine Aufgabe, weiterhin die Hindernisse zu umschiffen, um zu dieser Größe zu gelangen. Diese Verantwortung macht mich ehrfürchtig, aber sie setzt mich nicht unter Druck und überwältigt mich nicht. Sie ist spannend, und sie ist das förderlichste Geschenk, das wir uns selbst machen können.

Meditation, um Unterstützung zu manifestieren
Vorbereitung/Über diese Meditation

Deine Meditationspraxis ist ein wunderbarer Ausdruck von Selbstliebe. Außerdem hat sie das Potenzial, allen Menschen etwas beizubringen, die dich lieben. Wenn ich mich in meinem Wäscheraum verstecke und den Kindern sage, dass jetzt »Mamis Zeit« ist, kommuniziere ich etwas sehr Wichtiges: *Ich verdiene Zeit für mich allein. Ich bin etwas Besonderes und der Aufmerksamkeit wert. Selbstfürsorge ist eine Priorität in meinem Leben.*

Ich spreche aus meiner Erfahrung als Mutter, aber ich bin mir sicher, dass auch du Schuldgefühle kennst, wenn du dir Zeit für dich selbst nimmst. Weil jeden Tag so viel zu tun ist, mag es egoistisch oder genusssüchtig wirken, sich extra Zeit dafür zu nehmen, nur um sich gut zu fühlen. Doch die Wahrheit ist: Selbstfürsorge ist für glückliche Menschen nicht verhandelbar. Und die Menschen, die dich lieben, werden lernen, deine Übungspraxis zu akzeptieren. Wenn Kinder dies regelmäßig sehen, werden sie außerdem dazu erzogen, sich selbst und ihre eigene Selbstfürsorge zu respektieren.

Wie wir über uns selbst sprechen, ist ebenfalls ein Aspekt der Selbstfürsorge. Diese Meditation hilft dir, liebevollere Gespräche über dich selbst in deinem Geist in Gang zu setzen, die sich als Worte manifestieren, die du in Gesprächen mit anderen benutzt. Deine Freunde, Verwandten und alle, die du triffst, werden durch den freien, leichten Ausdruck deiner Selbstliebe inspiriert. Du wirst anderen beibringen, wie sie *dich* besser lieben können und wie sie *sich selbst* besser lieben können.

Wann? Der Morgen ist eine wunderbare Zeit, um liebevolle Absichten in dein Unterbewusstsein einzuprägen. Hoffentlich ist bis jetzt noch nichts einem guten Tag in die Quere gekommen, und die Ablenkungen beschränken sich auf ein Minimum. Falls du mit anderen Menschen zusammenlebst, solltest du vielleicht einfach fünf oder zehn Minuten früher aufstehen, um sicherzustellen, dass du während deiner Meditationszeit nicht gestört wirst. Vor allen anderen aufzuwachen und sich einen stillen Ort für seine Übungen zu sichern ist eine tolle Angewohnheit.

Wo? Wenn es in deinem Schlafzimmer ruhig ist, meditiere dort. Versuch diese Meditation in deine Morgenroutine einzubauen, bevor du irgendetwas anderes tust. Wenn du sie gleich nach dem Aufstehen machen kannst – perfekt! Falls du dein Schlafzimmer mit jemand anderem teilst, eignet sich auch jeder andere ruhige Ort.

Haltung? Schnapp dir dein Kissen und setz dich im Schneidersitz hin. Achte darauf, dass du aufrecht sitzt, dann kann die positive Energie leichter durch deinen ganzen Körper fließen.
Hier schlage ich dir zum ersten Mal eine Handmudra vor, also nimm dir einen Moment Zeit, um in Kapitel 2 nachzuschlagen, wie du mit den Händen und Fingern die Kelchmudra formen

kannst. Diese Mudra hilft dir dabei, ein Gefühl von Gleichgewicht herzustellen, dich mit dir selbst zu verbinden, und fördert einen stabilen Sitz.

Du hast 4 Minuten, um liebevolle Unterstützung anzuziehen.

Beginnen wir den Tag mit Liebe. Während dieser Meditation bitte ich dich, deine Aufmerksamkeit auf dein Herzzentrum zu richten (die Mitte deines Brustkorbs). Du arbeitest auch mit Visualisierung und deinem Herzchakra.

1. Setz dich aufrecht hin, nimm fünf tiefe, reinigende Atemzüge – atme dabei durch die Nase ein und durch den Mund aus. Beim Einatmen hebt sich dein Brustkorb, und dein Bauch weitet sich. Beim Ausatmen verlässt die Luft deinen Körper schnell; dabei löst sich innere Anspannung. Atme nach fünf tiefen Atemzügen normal weiter. Deine Atmung sollte jetzt entspannter und gleichmäßiger sein.

Mach diesen und die nachfolgenden Schritte mit geschlossenen Augen, oder halte die Augen offen und auf einen einzigen Gegenstand gerichtet. Lies jeden Schritt vollständig durch, bevor du die Augen wieder schließt oder auf den Gegenstand konzentrierst. Komm nach jedem Schritt wieder zum Text zurück, um den nächsten Schritt der Anleitung durchzulesen.

Lass dein eigenes helles Licht leuchten ...

2. Stell dir vor, du bist umgeben von leuchtenden Strahlen aus weißem Licht. Während du friedlich ein- und ausatmest, wirbelt das Licht sanft um dich herum und formt sich zu einer

Kugel, die über deinem Kopf schwebt. Folge dem Licht, während es durch deinen Scheitel in deinen Körper eintritt und sich in deinem Herzzentrum niederlässt. Richte deine Aufmerksamkeit auf das Licht in deinem Herzen, während es sich in eine leuchtende grüne Kugel verwandelt. Beobachte ein paar Atemzyklen lang nur, wie sich das grüne Licht beim Ein- und Ausatmen ausdehnt und wieder zusammenzieht.

3. Konzentrier dich weiter auf die leuchtende grüne Kugel, während du die folgenden drei Mantren aufsagst. Jedes Mantra sollte fünf ganze Atemzyklen lang beim Ausatmen wiederholt werden. Öffne nach jedem Durchgang von fünf Atemzyklen die Augen, lies das nächste Mantra und mach fünf Atemzüge lang weiter.

Mantra 1
Ich sorge gern für mich selbst.

Mantra 2
Freude ist meine Priorität.

Mantra 3
Mich selbst zu lieben lehrt andere, mich ebenfalls zu lieben.

4. Halt die Augen weiter geschlossen und die Aufmerksamkeit auf dein Herzzentrum gerichtet. Atme weiterhin natürlich. Nimm wahr, dass dein Atem jetzt tiefer, ruhiger und friedlicher ist als zu Beginn. Nimm wahr, dass deine grüne Kugel jetzt heller leuchtet. Deine liebevolle Aufmerksamkeit hat deinem Licht noch mehr Energie gegeben. Gestatte dir, so

lange so zu verweilen, wie es dir guttut. Wenn du bereit bist, öffne die Augen und starte in deinen Tag.

 Meditation für Selbstwirksamkeit
Vorbereitung/Über diese Meditation

»Gute Zäune machen gute Nachbarn.« Dieses Sprichwort gilt sowohl für richtige Zäune als auch für die Grenzen, die wir um unser Herz ziehen. Zäune sind keine Mauern aus Stein. Wir können darübersehen und die Hand darüber ausstrecken. Es ist auch klug, ein Tor zu haben, durch das man ab und zu hindurchgehen oder einen Freund einladen kann. Zäune müssen uns nicht zwangsläufig verstecken oder vom Rest der Welt abkapseln. Sie markieren einfach eine Grenze – eine reale oder eine imaginäre.

Wenn unsere Grenzen klar abgesteckt sind, ist es leichter, auf eine Art und Weise zu kommunizieren und zu handeln, die beiden Seiten guttut – es gib dann nicht mehr viel zu diskutieren. Gesunde Beziehungen gedeihen, wenn die Grenzen respektiert werden. Außerdem wirst du dich wahrscheinlich weniger in negative oder stressige Situationen begeben, wenn du mit dir selbst vereinbarst, was du dulden *willst* und was *nicht*. Du sorgst für dich selbst, wenn du deine eigenen Grenzen achtest.

Manchmal muss man hart daran arbeiten, die einmal geschaffenen Grenzen aufrechtzuerhalten. Andere Menschen versuchen vielleicht, sie zu übertreten, oder man fühlt sich schuldig, weil man seine Grenzen verteidigt. Es ist ganz natürlich, dass man gemocht werden will, und es fühlt sich nie gut an, jemanden vor den Kopf zu stoßen. Aber Grenzen erfüllen einen wichtigen Zweck. Sie halten dich davon ab, vom Weg abzukommen – oder noch schlimmer, direkt von einer Klippe zu fallen! Meditation ist die perfekte Gelegenheit, um die Vereinbarungen zu betrachten, die du mit dir selbst getroffen hast, und zu bekräftigen, dass es in Ordnung ist, energetische Grenzen zwischen dir und anderen Menschen zu ziehen.

Wann? Ich weiß nicht, wie es bei dir ist, aber die Menschen in meinem Leben, die mich nicht wertschätzen und meine Grenzen verletzen, tun das nicht nach einem bestimmten Zeitplan. Ich wünschte, es wäre so. Dann könnte ich mich hinter einer Steinmauer verstecken statt hinter einem Zaun – vielleicht sogar das Licht ausmachen und so tun, als wäre ich nicht da.

Also mach diese Meditation nach Bedarf. Vielleicht hast du es mit einer schwierigen Person oder Situation zu tun, der du nicht aus dem Weg gehen kannst, und diese Meditation wird Teil deiner täglichen Übungspraxis. Vielleicht bist du nur aufgebracht wegen eines bestimmten Vorfalls, bei dem du deine Macht aus den Händen gegeben und dich am Ende wütend oder klein gefühlt hast. Diese Meditation hilft auch in Momenten akuter Frustration.

Wo? Mach diese Meditation an einem Ort, der so ruhig wie möglich und frei von (aufreibenden) Ablenkungen ist. Zwitschernde Vögel und eine sanfte Brise? Gut. Plärrende Kinder und klingelnde Telefone? Nicht so gut. Doch wenn du diese Meditation brauchst, während du gerade auf der Arbeit oder sonst wo bist, dann nur zu.

Haltung? Wo immer du bist, wähl einen Sitz, in dem du dich stark fühlst. Sitzt du auf dem Boden oder einem Kissen im Schneidersitz, dann bleib schön aufrecht mit geöffnetem Brustkorb. Der Scheitel zeigt zum Himmel, die Schultern sind direkt über den Hüften. Wenn du bei der Arbeit bist, kannst du auch im Sitzen auf deinem Stuhl meditieren. Der Arbeitsplatz ist meist eine

Brutstätte für Machtkämpfe und Grenzüberschreitungen. Häng ruhig eine Kopie dieser Meditation ans Schwarze Brett in deinem Büro (natürlich verziert mit einem zwinkernden Smiley). Leg die Handflächen auf den Knien oder Oberschenkeln ab. Ich empfehle, diese Meditation mit geschlossenen Augen zu machen.

**Du hast 4 Minuten,
um gesunde Grenzen abzustecken.**

Diese Meditation wirst du mit richtig viel Kraft schaukeln. Starke Grenzen ermöglichen es deinem Herzen, ungehindert zu singen. Du bist in Sicherheit, und es steht dir frei, dich so auszudrücken, wie es dir gefällt. Es steht dir frei, dich gut zu fühlen und so geliebt zu werden, wie du bist.

1. Konzentrier dich auf deinen Atem, so wie er gerade ist. Ist er ruhig und gleichmäßig? Schnell und angestrengt? Beobachte eine paar Augenblicke lang nur deinen Atem und achte darauf, ob er damit übereinstimmt, wie du dich seelisch und körperlich gerade fühlst.
2. Werde nun noch stärker in deinem Sitz. Reck den Scheitel höher zum Himmel, mach die Schultern breiter, öffne den Brustkorb weiter und spür, wie dein Gesäß fest mit dem Boden verwurzelt ist.
3. Fang mit der Gleichmäßigen Atmung an, indem du deine Atemzüge beim Ein- und Ausatmen gleich lang werden lässt. Mach die Gleichmäßige Atmung mit geschlossenen Augen (wenn du kannst) sieben volle Atemzyklen lang und miss die Länge deiner Atemzüge beim Ein- und Ausatmen. Wenn es sich für dich gut anfühlt, kannst du sie durch Zählen messen.

4. Wenn du die nachfolgenden Mantren laut sprichst, sendet das die kraftvolle Botschaft an das Universum, dass du es ernst meinst. Wiederhole jedes Mantra beim Ausatmen, fünf volle Atemzyklen lang. Öffne nach jedem Atemzyklus die Augen und lies dein nächstes Mantra.

Mantra 1
Ich sage Nein zu Dingen, die mir nicht guttun.
Ich sage Ja, wenn sich etwas gut anfühlt.

Mantra 2
Ich ziehe gesunde Grenzen um mich selbst.

Mantra 3
Ich investiere in Beziehungen mit Menschen,
die mich so lieben und respektieren, wie ich bin.

5. Nimm wahr, wie gut es sich angefühlt hat, diese Aussagen laut auszusprechen. Falls du sie im Stillen gesagt hast, nimm wahr, wie sie von jeder Zelle deines Körpers aufgesaugt wurden. Du sitzt aufrecht, und deine Haltung ist kraftvoll und voller Energie. Du strahlst positive Schwingungen aus.
6. Schließ zum Abschluss die Augen für drei große Atemzüge zum Loslassen. Atme durch den Mund ein und lass jeden Rest Luft aus deinem Körper mit einem großen Ausatmen durch die Nase heraus. Wenn du fertig bist, öffne die Augen. Der Tag gehört dir!

Meditation für ultimative Selbstliebe und deine Bestimmung

Vorbereitung/Über diese Meditation

Du wurdest nach einem göttlichen Plan erschaffen. Das ist eine unbestreitbare, unleugbare Tatsache. Du bist ein Wunderwesen, das zu großen Dingen fähig ist, und dein Leben hat eine einzigartige Bestimmung. Diese Bestimmung zu finden ist eine der wichtigsten Aufgaben in diesem Leben.

Bei dieser Meditation für ultimative Selbstliebe geht es allerdings nicht darum, diese Bestimmung zu erkennen. Sie soll dir vielmehr helfen, von ganzem Herzen zu glauben, dass diese Bestimmung existiert und dass du es verdient hast, sie zu finden. Das ist alles. Sobald du glaubst, dass du eine Bestimmung hast, schaffst du Gelegenheiten, durch die sich dir deine Bestimmung zu erkennen geben kann. Also betrachte dieses Meditation als Willkommenszeichen für deine Bestimmung. Du sendest damit ein Signal in den Äther, das sagt: »Hey, Bestimmung! Ich weiß, dass du da draußen steckst (oder schon hier bist), und ich will, dass wir Freunde werden! Du bist willkommen, dich jederzeit zu zeigen!«

Die Bestimmung ist nämlich kein Fan davon, sich Leuten zu zeigen, die sich ihrer selbst unsicher sind. Daher hilft dir diese Meditation, glühende, radikale Selbstliebe zu entwickeln, um deine Bestimmung anzuziehen. Das geschieht mittels eines dreistufigen Prozesses. Ich führe dich durch drei Mantren – eines, um dich von der Meinung anderer zu lösen; eines, um deine eigene Würdigkeit zu erklären; und eines, um die Aufmerksamkeit deiner Bestimmung zu erregen.

Wann? Träume helfen uns sehr gut dabei, unser »Zeug« zu verarbeiten. Sie beeinflussen uns auf unterbewusster Ebene. Warum nicht vor dem Schlafengehen meditieren und unseren Träumen *gutes* Material geben, das sie nutzen können? Eine nächtliche Meditation sorgt dafür, dass die letzten Gedanken des Tages gute Gedanken sind. Statt einfach von »irgendetwas« zu träumen, kannst du dein Unterbewusstsein auf Selbstliebe umprogrammieren. Bring alle anderen Dinge deiner Bettgehroutine zu Ende, bevor du dich zu dieser Meditation hinsetzt. Sie sollte das Letzte sein, was du tust, bevor du einschläfst.

Wo? Versuch es im Bett! Du wirst diese Meditation mit dem Schlaf versiegeln, daher ist dein Bett der perfekte Ort dafür. Sorg dafür, dass dein Schlafzimmer friedlich, ruhig und dunkel ist (eventuell brauchst du eine kleine Leselampe, um beim ersten Mal die Meditationsanleitung zu lesen). Seine Heiligkeit der 14. Dalai Lama hat gesagt: »Schlaf ist die beste Meditation.« Einen Ort zu schaffen, der perfekt zum Schlafen ist, ist im Grunde das Gleiche, wie einen Ort zum Meditieren zu schaffen. Und wie macht man das nun? Entferne als Erstes alles, was klingelt, piept oder summt. Das war wirklich schwer für mich! Ich habe früher mit meinem Handy unter dem Kopfkissen geschlafen und mehrmals in der Nacht und als Erstes am Morgen daraufgesehen. In manchen Nächten bin ich sogar mit dem Handy in der Hand eingeschlafen!

Geh besser mit dir um, als ich es getan habe! Lass dein Handy, deinen Laptop und alle anderen elektronischen Geräte vor der Schlafzimmertür. Wenn du ohne Hilfe nicht aufwachst, hol dir einen einfachen Wecker – lass dich nicht vom Handy wecken. Vielleicht besteht dein Partner darauf, einen Fernseher im Schlafzimmer zu haben. Schließt den Kompromiss, dass der Bildschirm ab einer bestimmten Zeit aus ist, und schlag vor, dass ihr beide vor dem Einschlafen etwas leichte Lektüre lest.

Deine Sinne bleiben wach, selbst wenn du schläfst. Wenn der Fernseher oder Musik läuft, regt das an und stört den Tiefschlaf. Wenn du glaubst, dass du gut vor dem Fernseher einschläfst, versichere ich dir, das stimmt nicht. Mach dein Schlafzimmer so dunkel wie möglich – kein flackernder Bildschirm, kein Nachtlicht und keine Straßenlaterne, die durch das Fenster scheint. Schalt alles aus und genieß die Stille.

Haltung? Du kannst dich im Schneidersitz gegen ein paar Kissen lehnen oder eine gestützte Haltung wie den halb liegenden Schmetterling einnehmen. Es ist okay, wenn du dich entspannt fühlst, aber entspann dich nicht so sehr, dass du jetzt schon einschläfst!

Lass die Hände entweder mit den Handflächen nach oben auf den Knien oder Oberschenkeln ruhen, oder leg die Arme seitlich ab, wenn du zurückgelehnt sitzt. Vor jedem Mantra wirst du dazu angeleitet, die Augen zu schließen. Nachdem du das dritte Mantra wiederholt hast, lass die Augen geschlossen und dich in den Schlaf gleiten.

Du hast 4 Minuten,
um dich für deine Bestimmung zu öffnen.

Dies ist ein zentrale Meditation! Du machst große Erklärungen, die Wurzeln schlagen und alle deine Träume unterstützen werden. Deine Bestimmung zu finden ist eine monumentale Aufgabe, und die Reise zu dieser Entdeckung kann voller Abenteuer sein. Je offener du bist, desto mehr wirst du dich lieben lernen und desto leichter wird es für dich und deine Bestimmung, euch zu finden. Also rufen wir deine Bestimmung herbei!

1. Gestatte dir, natürlich zu atmen. Versuch nicht, deinen Atem zu manipulieren. Achte einfach darauf, wie dein Atem mit Leichtigkeit in deinen Körper eintritt und ihn wieder verlässt. Konzentrier dich weiter auf deinen Atem, bis du merkst, dass er friedlich und gleichmäßig geworden ist.
2. Nun, da du dich in deinem bequemen Sitz eingerichtet hast, entspann dich noch mehr, indem du die Augen schließt und im Geiste durch deinen ganzen Körper wanderst, vom Scheitel bis zu den Zehen. Beginn an deinem Kopf und lass deine Aufmerksamkeit von oben nach unten wandern. Achte auf Anspannungen und unangenehme Empfindungen. Geh im Geiste durch deine Stirn, deine Augen und dein Kinn. Entspann alle Muskeln in deinem Gesicht und öffne die Lippen. Während du die Aufmerksamkeit nacheinander auf deine Schultern, deinen Brustkorb und deine Arme richtest, lass alle Anspannung los. Erlaube deinen Fingern, sich zu spreizen und zu entspannen. Lass deinen Bauch ganz locker – zieh ihn nicht ein. Wandere mit der Aufmerksamkeit über deine Oberschenkel und die Beine hinunter bis zu deinen Zehen. Wackle mit den Zehen und lass alles los.

Gedanken für süße Träume ...

Nun wird es Zeit, deine Mantren für ultimative Selbstliebe zu sprechen. Jedes dieser drei Mantren ist absolut wahr. Je schneller du die unleugbare Wahrheit dieser Mantren akzeptierst, desto kürzer stehst du davor, dich mit deiner Bestimmung zu verbinden.

Wiederhole jedes Mantra beim Ausatmen von jeweils fünf vollen Atemzyklen. Nachdem du jeweils einen Atemzyklus abgeschlossen hast, öffne die Augen, um dein nächstes Mantra zu lesen. Am Ende des letzten Atemzyklus sag dem Universum Gute Nacht. Es ist Zeit, dein Unterbewusstsein seine Arbeit machen zu lassen, während du dich in tiefen, erholsamen Schlaf begibst. Wenn du eine kleine Leselampe benutzt hast, schalt sie aus, bevor du das letzte Mantra rezitierst.

Mantra 1
Wenn ich mich von den Meinungen anderer löse,
verbinde ich mich mit meiner Wahrheit.

Mantra 2
Ich bin göttliche Liebe und unendliche Möglichkeiten.

Mantra 3
Ich bin bereit, mich mit meiner Bestimmung zu verbinden.

Kapitel 5

4 Minuten, um deinen Körper zu akzeptieren

Frauen erzählen mir die ganze Zeit: »Ich versuche so sehr, meinen Körper zu mögen, aber es klappt einfach nicht. Was stimmt bloß nicht mit mir?«

Wir haben gerade darüber gesprochen, die Liebe für dich selbst zu steigern, aber den eigenen Körper zu lieben ist heutzutage eine besonders schwere Aufgabe. Schließlich sind überall Bilder von »perfekten« Körpern um uns herum zu sehen – auf Bussen, an der Warteschlange im Supermarkt, im Fernsehen, auf Facebook, auf Werbeanzeigen im Internet. Sie sind erbarmungslos. Obwohl wir wissen, dass die Fotos von den Models und Schauspielerinnen mit Photoshop bearbeitet wurden, fällt es uns schwer, uns nicht mit ihnen zu vergleichen ... und wir ziehen immer den Kürzeren.

Dennoch sollen wir all diesen Bildern von schlanker Perfektion irgendwie entgegensteuern und unseren Körper um jeden Preis mögen. Zumindest sagen mir das die endlosen wohlmeinenden Memos, von denen meine Facebook-Seite voll ist: »Liebe deinen Körper«, »Dein Körper hört alles, was dein Geist sagt, also sei positiv«, »Jede Figur ist eine Bikinifigur«. (Der letzte Satz taucht gewöhnlich neben einer Anzeige für ein Produkt auf, das mir verspricht, mich in zwei Wochen bikinitauglich zu machen.) Wir werden nicht nur mit unmöglichen Schönheitsmaßstäben bombardiert, sondern bekommen auch noch gesagt, dass es nicht okay sei, unseren Körper nicht zu mögen.

Wir geißeln uns erst dafür, nicht perfekt auszusehen ... und dann geißeln wir uns dafür, dass wir uns dafür geißeln. Und schon kommt wieder eines zum anderen – Ängste schichten sich über Ängste und über Ängste. Und das Letzte, was Frauen brauchen, ist eine weitere Quelle von Stress!

Ob die Botschaft nun negativ oder positiv ist, wir bleiben damit beschäftigt, wie wir aussehen ... oder wie wir denken, dass wir aussehen ... oder wie wir denken, dass andere Leute denken, wie wir aussehen. Es ist eine Epidemie, die uns übersensibel für Äußerlichkeiten gemacht hat. Manchmal möchte ich einfach nur schreien: »Es reicht!«

Fühlst du dich manchmal auch so? Kannst du das nachempfinden? Nun, hier ist der Weg aus diesem Hamsterrad: *Ich gebe dir die Erlaubnis, deinen Körper zu hassen.* Richtig – es ist okay, wenn es dir nicht gefällt, wie du aussiehst. (Hast du gerade ausgeatmet?) Ich weiß, ich weiß – ich hatte gerade darauf bestanden, dass du damit aufhörst, negativ von dir selbst zu sprechen. Aber dies ist ein Gebiet, wo wir uns viel zu sehr unter Druck setzen, immer positiv zu sein.

Ich habe gesagt, dass Negativität oft kritisiert wird. Aber versteh mich nicht falsch. Ich würde dir nie sagen, dass es *gut* ist, wenn du längere Zeit *schlecht* von dir denkst. Ich *sage* dir jedoch, dass der Weg dazu, deinen Körper zu lieben, nicht über die Verleugnung deiner wahren Gefühle führt. Ich betone diesen Punkt, weil er so wichtig ist. Man hat uns beigebracht, dass es nicht normal sei, schlecht von uns zu denken. Aber wenn das nicht normal ist, dann gibt es womöglich keinen einzigen normalen Menschen auf diesem Planeten!

Wenn du nur ein bisschen so bist wie ich, dann gibt es Tage, an denen du einfach sagen musst:»Nein, ich kann meine Cellulitis heute einfach nicht mögen, und ihr könnt mich nicht dazu bringen!« An manchen Tagen möchte ich einfach das Gefühl haben, dass es okay ist, mich eine Weile schlecht zu fühlen. Das ist die Wahrheit in diesem Moment, und so zu tun, als würde sie nicht existieren, heißt letztlich nur, sie unter den Teppich zu kehren. (Und wenn ich nicht aufpasse, habe ich am Ende vielleicht einen Riesenhaufen unter dem Teppich!)

Statt die Negativität vor mir selbst zu verbergen, ist es meine Strategie, darauf hinzuarbeiten, *sie zu akzeptieren und zuzulassen*. »Heute hasse ich mein Aussehen.« So ist es. Das ist die Realität. Wie befreiend es doch ist, sie zuzulassen!

Beginn dort, wo du bist, ohne zu werten. Geh mit Neugier statt mit Geringschätzung an den Gedanken heran. Versuch ihn einfach zu beobachten:»Hmmm ... Heute hasse ich es, wie ich aussehe. Ich frage mich, warum. Fühle ich mich schlecht wegen eines anderen Aspektes in meinem Leben? Bin ich gestresst wegen der Arbeit, meiner Partnerschaft oder weil ich keinen Partner habe? Denke ich, dass ich wie ein Model aussehen muss, um liebenswert zu sein?« Stell einfach diese Fragen und warte ab, ob Antworten kommen. Falls es heute keine Antworten gibt, ist auch das in Ordnung. Begrüße, wo du jetzt bist, ohne das Bedürfnis nach sofortiger Veränderung zu haben. *Genau jetzt, in diesem Augenblick, ist alles gut!*

Denk daran, dass deine negativen Gedanken nirgendwohin verschwinden müssen; du musst dem Mix nur positive Gedanken hinzufügen. Ja, noch einmal, ich weiß, dass sich die positiven Mantren anfangs vielleicht etwas albern und unehrlich anhören. Möglicherweise kommst du dir blöd dabei vor zu sagen »Ich mag meinen Körper«, weil es gar nicht stimmt – jedenfalls im Moment nicht. Aber es hat seinen Nutzen, Mantren immer wieder zu wiederholen. Du weißt mittlerweile, dass das Wort *Mantra* eigentlich »Werkzeug des Geistes« bedeutet, und dieses Werkzeug dient zum Schutz. Das Aussprechen der Worte vertreibt die negativen Gedanken ohne bewusste Anstrengung deinerseits. Gleichzeitig öffnest du der Möglichkeit die Tür, dass der neue Gedanke zu deiner Wahrheit wird. Indem du akzeptierst, dass du die Mantren vielleicht nicht sofort glaubst, aber es nützlich sein könnte, sie zu wiederholen, schaffst du Raum für die positiven Mantren, sodass sie sich festsetzen und dominanter werden können als deine negativen Gedanken. Das klingt doch gut, oder nicht?

Während du meditierst, zieh es einfach mal in Betracht, dass die negativen Gedanken über deinen Körper falsch sein könnten. Diese Kleinigkeit ist alles, was du heute tun musst. Darauf wirst du aufbauen – versprochen. »Ich lerne, meinen Körper so zu mögen, wie er ist« wird irgendwann zu: »Ich mag meinen Körper so, wie er ist.«

Vergiss nicht, dass du den negativen Gedanken laut loslassen kannst: »Ich lasse die Überzeugung los, dass mein Körper nicht gut genug ist. Mein Körper *ist* gut genug.« Wenn du die letzte Aussage heute wirklich nicht glaubst, erlaub dir selbst zu lachen. Das ist ebenfalls okay! Denk dran, so zu tun, als ob, bis du es schaffst! Wenn die Mantren oft genug wiederholt werden, werden dein Verhalten und dein Körper deine neuen Überzeugungen ganz natürlich widerspiegeln. Ich kenne viele lebende, atmende Beispiele, die das bezeugen können.

Deinen Körper achten und respektieren

Ich mache es dir noch etwas leichter: Du musst nicht denken, dass dein Körper schön ist, und du musst deinen Körper nicht »mögen« – überhaupt nie. Wenn das Wort *mögen* für dich funktioniert, dann verwende es. Wenn du bei dem Gedanken an das Wort *mögen* zusammenzuckst, versuch es stattdessen damit, deinen Körper zu achten, zu respektieren oder zu akzeptieren. Irgendwann kannst du diese Worte durch das Wort *mögen* ersetzen, aber erst, wenn du dazu bereit bist.

Bei uns Frauen macht der Körper im Leben so einige Veränderungen durch (mit Sicherheit mehr als bei den meisten Männern). Es ist eine astronomische Aufgabe, deinen Körper in jedem Stadium zu mögen! So wie ich meine Verwandten und Freunde mit all ihren Unzulänglichkeiten respektiere, kann ich aber auch meinen Körper *achten und respektieren*, ohne zu denken, dass er schön ist. Ich kann anerkennen, was ich als Unzulänglichkeiten wahrnehme, ohne dass diese Unzulänglichkeiten die Akzeptanz meines Körpers beeinträchtigen.

Es ist einfach sinnvoll für mich, dieses Gefäß zu achten, das mich jeden Tag dorthin bringt, wo ich hinmuss, ob mir sein Aussehen nun rund um die Uhr gefällt oder nicht. Dieser Körper ermöglicht mir, mein Leben zu leben, daher hat er etwas Anerkennung verdient.

Ich habe festgestellt, wenn ich meinen Körper so achte, wie er ist, ohne mich darauf zu konzentrieren, wie er aussieht, spiegeln meine Entscheidungen diese Achtung wider. »Achte ich mich durch diesen Teller Essen? Achte ich mich durch diese Beziehung? Achte ich mich durch diese Entscheidung?« Wenn ich diese Fragen ehrlich beantworte und als Reaktion darauf liebevoll handle, kann ich nichts falsch machen.

Wie, zum Teufel, soll Meditation mir helfen abzunehmen?

Also, dies ist kein Diätbuch, sondern ein Meditationsbuch. Die Wahrheit ist, wenn du abnehmen willst, kann die Meditation dir dabei helfen oder auch nicht. Aber ich weiß mit Sicherheit, dass Gewichtskontrolle eine Aufgabe ist, die man im Inneren tun muss und die sich im Äußeren zeigt. Wir konzentrieren uns so sehr auf das Äußere – zählen Kalorien und Zentimeter, loggen uns in unsere Apps ein, lesen Bücher und probieren jeden neuen Diätentrend aus –, dass wir uns nicht die Zeit nehmen, in uns selbst hineinzuhorchen. Was geht in uns vor? Beim Abnehmen geht es weniger darum, den Körper mit anstrengenden Trainings zu bestrafen und Kalorien zu zählen, als darum, dich selbst mit der Auswahl deiner Nahrung und deiner Bewegung zu achten.

Nein, du brauchst deinen Körper nicht jeden Tag zu mögen, und du brauchst auch nicht alle fiesen, quälenden Gedanken loszuwerden. Aber Tatsache ist: Du wirst nie ein gesundes Gewicht halten, solange du nicht deine Geisteshaltung änderst. Ja, du musst dich darauf zubewegen, deinen Körper so zu akzeptieren, wie er jetzt gerade ist.

VERBREITE LIEBE

Der Körper, den ich will, wird mir nicht zugänglich sein, bevor ich nicht die Arbeit im Inneren mache – Punkt!
#YH4M

Also ist es nicht so, dass all diese Facebook-Memos falschlagen. Sie haben dir nur das Gefühl gegeben, dass du ohne Straßenkarte an dein Ziel gelangen musst.

Meditation ist zu *meiner* Straßenkarte geworden, um den Körper, den ich habe, zu achten, zu respektieren und zu akzeptieren. Ich glaube, dass sie das auch für dich werden kann, ob du nun abnehmen willst, eine Essstörung hast, die es dir erschwert, überhaupt etwas zu essen, oder du nur damit ringst, mit deinem Aussehen zufrieden zu sein. (Solltest du allerdings mit gestörtem Essverhalten oder gestörten Sportgewohnheiten zu kämpfen haben, hol dir bitte sofort medizinische Hilfe!)

Zu wenig oder zu viel zu essen sind in Wahrheit zwei Seiten derselben Medaille. Es geht in beiden Fällen um einen Kontrollverlust. Manche Leute pendeln sogar zwischen Völlerei und Askese hin und her. Wenn wir die Kontrolle über unser Gewicht verloren haben, neigen wir dazu, extreme Maßnahmen zu ergreifen und zwanghaft zu werden, um die Kontrolle wiederzuerlangen. *Echte* Kontrolle erlangen wir jedoch nur, indem wir unseren Körper und unsere Gefühle achten und respektieren – auch die negativen Gefühle.

Ich habe dies auf die harte Tour gelernt. Ich war in einem schrecklichen Zustand, als ich mit meinem vierten Kind schwanger war. Ich trieb obsessiv Sport und verglich mich mit anderen schwangeren Frauen. »Warum bin ich in der dreißigsten Woche so viel dicker als die Frau da drüben?« Ich trainierte, bis ich nicht mehr laufen konnte. Ich bekam Angst, dass die Schwangerschaft meinen Körper ruinierte. Es fühlte sich an, als würde mein Körper angegriffen und ich könnte nicht kontrollieren, was damit geschah. Ich liebte mein Baby und wollte gut für es sorgen, aber gleichzeitig spürte ich jedes Pfund, das ich zulegte. Ich entwickelte eine ganz ungesunde Reaktion auf etwas, was völlig normal war.

Bereits vor dieser Schwangerschaft hatte ich regelmäßig meditiert, aber das war auf der Strecke geblieben. Als Folge davon schadete ich meinem Körper. Als ich zu meiner Meditationsübungspraxis zurückfand, fing ich wieder an, meinen Körper mit gesunden Entscheidungen zu achten.

Falls du kein gesundes Gewicht hast und keine Erkrankung verhindert, dass du abnimmst, musst du akzeptieren, dass dein Handeln dafür verantwortlich ist. Nimm diese Erkenntnis aber nicht als Vorwand, um dich selbst zu geißeln! Es ist ein Unterschied, ob du dir die Schuld gibst oder die Verantwortung für die Dinge übernimmst, die dich daran gehindert haben, dich gesund zu ernähren und dich zu bewegen. »Schuld« ist ein Urteil, das dich festhält. Verantwortung dagegen ermächtigt dich zu handeln – vorwärtszugehen. Verantwortung beseitigt die Hindernisse, die dich von deinem Ziel trennen, weil es nichts außerhalb von dir selbst gibt, was dich davon abhalten kann zu bekommen, was du willst. Alles beginnt und endet mit dir, und das ist spannend. Denk dran: Deine Verantwortung zu akzeptieren ist ein Geschenk und eine Chance.

Nochmals: Lass einfach die Möglichkeit zu, dass du von Schuldgefühlen zur Verantwortung übergehen kannst. *Lass es einfach zu!*

Achtest du deinen Körper mit ... Kuchen?

2013 starb meine Mutter, zehn Tage nach einem plötzlichen schweren Schlaganfalls und nur sieben Monate nachdem ich meinen Vater verloren hatte. Nicht lange nach dem Tod meiner Mutter stand ich eines Tages mit meinem vierzehnjährigen Sohn in einem Feinkostladen. Wir wollten gemeinsam zu Mittag essen – nur wir zwei.

In der Vitrine stand ein Jüdischer Apfelkuchen. So einen hatte ich noch nie in diesem Teil von South New Jersey gesehen. Weil ich am Vormittag und in der Nacht zuvor viel an meine Mom gedacht hatte, lächelte ich in mich hinein, als ich den Kuchen sah. Jüdischer Apfelkuchen gehörte zu ihren wenigen Spezialitäten, und sie hatte ihn oft gebacken. Ich nahm den Kuchen als Zeichen, vielleicht sogar als ein »Hallo« von ihr. Nachdem ich uns Sandwiches und Kartoffelsalat bestellt hatte, gab ich dem Drängen des Universums und meiner Sehnsucht nach, den Kuchen meiner Mutter zu kosten. Ich bestellte uns beiden ein Stück davon und freute mich mit jedem Bissen meines Sandwichs mehr darauf. Ich konnte es kaum erwarten, ihn wieder zu schmecken. Es war schon so lange her.

In meinem Speiseplan haben Kuchen und raffinierter Zucker jeder Art in der Regel nicht viel Platz, aber dieses Riesenstück Kuchen zu essen passte ganz und gar zu meiner Bestimmung. Dieser Kuchen war nicht dazu da, einen Schmerz zu übertünchen oder eine Leere auszufüllen. Er war keine dekadente Sünde oder ein Brechen einer ansonsten tadellosen Diät. Dieser Kuchen war wie eine warme Umarmung. Er war eine Erinnerung daran, dass die Schönheit des Lebens (und meine Mom) überall sind. Er hat mich in diesem Feinkostladen genauso überrascht, als ob meine Mutter unangekündigt mit ihrem eigenen Kuchen – noch ofenwarm und mit Puderzucker bestreut – vorbeigekommen wäre, damit wir ihn auf einmal vertilgen.

Manchmal, wenn wir uns fragen: »Tut mir das gut, und achte ich mich dadurch?«, und wenn wir das mit aufrichtiger Liebe und Respekt für unsere Bestimmung tun, überrascht uns die Antwort. Meistens erhält eine Yogastunde oder ein riesiger Grünkohlsalat als Antwort ein schallendes JA! Zu anderen Zeiten bekommen wir ein Ja zu einem Stück Kuchen oder Schuleschwänzen oder einem TV-Marathon unserer Lieblingsserie, statt ins Fitnessstudio zu gehen.

Nur du kannst wissen, ob du ehrlich zu dir selbst bist oder ob du dich selbst angeschwindelt hast. Falls du dich anschwindelst oder bei Fressattacken ertappst, denk dran, dein Verhalten neugierig statt wertend zu betrachten. »Ich frage mich, warum ich das Bedürfnis hatte, so viel in mich hineinzustopfen. War ich total gestresst? Hatte ich vor irgendetwas Angst? Hatte ich das Gefühl, dass ich versagt habe und bestraft werden musste? War ich einfach nur traurig?« Was immer der Grund ist, merk ihn dir, damit du später darauf zurückkommen kannst. Erlaub dir selbst zu sagen: »Das ist ja interessant«, so wie du es bei einem geliebten Menschen sagen würdest.

Das »Gewichtungs«-Spiel

Mit Meditation halte ich meinen Geist in Form, aber in körperlicher Hinsicht ist sie beileibe keine schnelle Lösung. Auch wenn du dich nach einer Meditation, die sich auf deinen Körper konzentriert, vielleicht allgemein besser fühlst, wirst du danach im Spiegel keinen Unterschied sehen – noch nicht. Meditation ist die positive, liebevolle Lösung für ein Problem, mit dem du schon lange zu tun hast; daher braucht es Zeit, bis du Ergebnisse siehst. Falls du versuchst abzunehmen, kann die gesamte Richtung dieses Vorhabens trotzdem in *nur einer* Meditationssitzung neu ausgerichtet werden.

Meditation hilft dir, dein Bewusstsein auf Selbstrespekt zu konzentrieren – selbst an solchen Tagen, wenn dies das Letzte ist, was du wirklich fühlst ... oder vielleicht *gerade* an solchen Tagen. Wenn du gedankenlos durch deinen Tag gehst, bist du nicht darauf bedacht, dich selbst zu achten.

Darum wird dein ganzer Tag anders, wenn du den Morgen mit einer Meditation beginnst – nur 4 Minuten, um Selbstachtung und eine Stimmung für den ganzen Tag zu etablieren. Sie erinnert dich daran, dir während des ganzen Tages immer wieder die folgende Frage zu stellen: »Tut mir das gut?« Meditation bringt dich dazu, dass du gut für deinen Körper sorgen *willst*, ohne Kalorien zu zählen, dich selbst zu kasteien oder einen großen Bogen um die Konditorei zu machen. Ich habe gemerkt, dass das Respektieren meines Körpers eine mühelose Folge der inneren Arbeit ist, die ich täglich mache. Ich sage nicht, dass ich durch die Meditation alle Probleme losgeworden bin, aber sie ist ein tolles Werkzeug, das mir hilft, meine Gefühle zu bewältigen und meinen Stresspegel in Schach zu halten. Selbst wenn ich nur einen Tag auslasse, stelle ich schon einen Unterschied in der Art fest, wie ich handle, reagiere und fühle.

Sich einfach nur die 4 Minuten Zeit zu nehmen, um sich genug um sich selbst zu kümmern, dass man sich hinsetzt und sagt: »Ich lasse die Überzeugung los, dass ich meinen Körper nie mögen werde«, ist ein Schritt in Richtung Selbstliebe. Und das gilt sogar an Tagen, an denen die Negativität nicht nachlassen will.

Du bist auf einer Reise, um die Macht deiner negativen Gedanken zu lockern, die dich fest im Griff haben. Und jeder Tag, an dem du meditierst, bringt dich auf dieser Reise ein Stück weiter. Nur 4 Minuten sorgsame, teilnahmsvolle Achtsamkeit helfen dir, den Medienbildern entgegenzuwirken und dein Herz für dich selbst zu öffnen – jedes Mal ein bisschen weiter.

VERBREITE LIEBE

Wenn ich meinen Geist in Form halte, hilft das,
meinen Körper in Form zu halten – für immer. #YH4M

Meditation für ein positives Körpergefühl
Vorbereitung/Über diese Meditation

»Den Körper zu haben, den man will, fängt damit an, den Körper zu mögen, den man hat.« Bevor du jetzt abwehrend die Hände in die Luft wirfst, meditier kurz über diese Worte. Was sagen sie wirklich aus? Was bedeuten sie? Ich habe einmal einen Motivationsspruch auf Instagram gelesen, der wirklich bei mir hängen geblieben ist: »Ich trainiere nicht, weil ich meinen Körper hasse. Ich trainiere, weil ich meinen Körper liebe.« Das war ein Aha-Moment für mich. Wie wäre es, wenn es beim Erreichen meines Zieles darum geht, eine bereits gute Situation zu verbessern, statt vor einer schlechten davonzulaufen? Wie wäre es, wenn es der Schlüssel ist, meinen Körper zu achten und zu respektieren, damit ich gut für ihn sorgen *will*? Und wie wäre es, wenn mein Körper dadurch am Ende besser aussähe als je zuvor?

Ich habe diese Meditation in einer glücklichen Aufbruchsstimmung geschrieben. Wenn du von Achtung und Respekt ausgehst, kann sich das nur zu gesunden Entscheidungen ausweiten.

Dies soll sowohl eine Schutzmeditation als auch eine Meditation sein, die Selbstvertrauen und Kraft stärkt. Du wirst dazu aufgerufen, während deiner Meditation neue Einstellungen und Meinungen über dich selbst auszudrücken. Denk dran, dass das Wiederholen dieser Worte – auch wenn sie sich anfangs albern oder falsch anfühlen mögen – sie dir zu eigen macht.

Wann? Mach diese Meditation als Erstes am Morgen oder am frühen Nachmittag. Sie kann energetisierend auf dich wirken, daher empfehle ich, sie am späten Abend oder vor dem Schlafengehen zu vermeiden. Obwohl sie nicht speziell dazu gedacht ist, die Energie zu erhöhen, könntest du eine starke emotionale Reaktion verspüren, während du die Mantren sprichst, und das kann dich mit Sicherheit wach machen.

Wo? Du kannst diese Meditation wirklich überall durchführen – gleich als Erstes am Morgen im Bett, am Boden auf deinem Meditationskissen oder am Schreibtisch zu Beginn deines Arbeitstages. Gib dir keine Mühe, deine Umgebung völlig frei von Ablenkungen zu halten. Da du die Mantren wiederholst, wird dein Geist sich ganz von selbst von vielen Ablenkungen befreien, sowohl von inneren als auch äußeren.

Haltung? Setz dich im Schneidersitz hin. Die Hände ruhen am besten mit ausgestreckten Fingern und nach oben gedrehten Handflächen in der *Surya Mudra* auf den Knien oder Oberschenkeln, um Wärme und positive Energie zu kultivieren, während du deine Mantren wiederholst.

Deine Augen dürfen offen und weich auf den Raum oder einen Gegenstand vor dir konzentriert bleiben. Du kannst dich auch dafür entscheiden, die Augen während der ganzen Meditation geschlossen zu halten; öffne sie in diesem Fall nach jedem Durchgang von Atemzyklen, um den nächsten Schritt der Anleitung zu lesen. Entscheide dich dafür, wodurch du dich konzentriert und gut fühlst.

Du hast 4 Minuten, um deinen Körper zu mögen, zu achten, zu respektieren.

Beginn damit, deine Aufmerksamkeit auf deinen Atem zu richten. Falls du diese Meditation gleich als Erstes am Morgen machst, bist du vielleicht noch nicht ganz wach, also achte darauf, nicht zu sehr zusammenzusacken. Dein Atem muss einen geraden und leichten Weg nehmen können, damit er Energie in deinen ganzen Körper bringen kann. Schon bald wirst du aus deinem gesamten Umfeld positive Energie anziehen, durch deine Gedanken und gesprochenen Mantren. Schaff einen freien Kanal, durch den diese Energie fließen kann.

Die unten stehenden Mantren sind eine Wohltat für dein Herz – ein Geschenk von dir an dich. Sie sind eine Bekräftigung deiner Stärke, deiner Bestimmung und deiner Schönheit. Wähle eines der Mantren (oder einen Satz aus jedem Mantra) für deine heutige Übung aus.

1. Ohne deine Atmung zu manipulieren, beobachte, wie sie sich in deinem Brustkorb anfühlt – deinem Herzzentrum. Spür, wie sich deine Lungen mit Luft füllen, die von deinem Körper angewärmt wurde. Spür, wie sich dein Brustkorb durch diese warme Luft hebt und senkt. Beobachte, wie du dich noch aufrechter hinsetzen kannst, wenn du deinen Brustkorb so sehr füllst, wie es nur geht. Während du langsam ausatmest, spürst du, wie sich deine Lungen leeren und wie die Luft durch deine Kehle strömt und durch deinen Mund oder deine Nasenlöcher entweicht.

2. Falls du dich dazu entschieden hast, die Augen offen zu lassen, ist es nun Zeit, sie wenigstens kurz zu schließen, sofern es dir möglich ist. Setz die tiefe Atmung in den Brustkorb mit geschlossenen Augen fort, zehn volle Atemzyklen lang. Beobachte, wie deine Atemzüge in dieser Zeit tiefer und länger werden. Öffne am Ende der zehn Atemzyklen die Augen, um den nächsten Schritt der Anleitung zu lesen.

3. Deine Haltung hat positive Energie angezogen. Du sitzt aufrecht und wirkst selbstsicher und stark. Obwohl du vollkommen entspannt bist, zeigt dein Mund ein leichtes

Lächeln. Deine Schultern sind nach unten zurückgerollt, sodass dein Brustkorb weit geöffnet für den Raum vor dir ist. Dein ganzer Körper scheint zu lächeln. Dein geöffneter Brustkorb ist ein Tor, durch das positive Energie beim Einatmen in deinen Körper eintreten und beim Ausatmen wieder in die äußere Welt austreten kann.

4. Deine tiefen, langen und gleichmäßigen Atemzüge wärmen deinen Körper weiterhin und tanken dich mit Energie auf. Während diese Energie in jeden Teil von dir hineinströmt, deine Arme bis in die Fingerspitzen und deine Beine bis in die Zehen wärmt, stell dir die Wärme als Licht vor. Stell dir vor, wie sich dein Körper mit Licht füllt, bis du ein leuchtendes, strahlendes Wesen bist.
5. Beim Mantrateil dieser Meditation atmest du weitere sieben volle Atemzyklen lang genauso weiter wie zuvor: Atme tief ein und füll deinen Brustkorb mit energetisierender, wärmender Luft. Sprich beim Ausatmen das Mantra deiner Wahl.

Mantra 1
Ich denke liebevolle Gedanken über meinen Körper.
Ich bin meinem Körper gegenüber mitfühlend.
Ich achte stets auf meine Gedanken.
Mein Körper hört meine Gedanken und reagiert darauf,
wenn ich liebevoll mit mir umgehe.
Meine Gedanken über meinen Körper sind nachsichtig
und freundlich.

Mantra 2
Meine Worte sind sanft. Ich spreche sanft über mich selbst,
vor mir selbst und anderen.

Ich beschreibe meinen Körper mit Worten wie »schön«,
»stark« und »gesund«.
Ich wähle die Worte. Niemand darf schlecht
von meinem Körper sprechen.

Mantra 3
Ich bin stark. Ich bin gesund. Ich bin kraftvoll.
Ich bin voll strahlender Energie.
Ich bin eine Vision von Schönheit und Selbstvertrauen
für alle, die mich sehen.
Mein Körper dient mir gut, und ich bin ihm dankbar dafür.
Mein Körper ist ein Wunderwerk und ein heiliges Gefäß
für meine Seele.

Die Meditation geht weiter ...

1. Dein Mantra hat Wurzeln geschlagen, und dein Herz hat bereits angefangen, an die Wahrheit des Mantras zu glauben. Während du deinem Alltag nach- und mit Verwandten, Freunden und Fremden umgehst, werden sie sehen, was du bereits zu glauben begonnen hast. Du sitzt jetzt aufrechter und strahlst positive Energie aus. Wenn du deine Energie sehen könntest, würde sie wie ein warmes Licht aussehen – ein leuchtendes gelbes Licht, das seinen Ursprung in deinem Bauch hat. Schließ nur ein paar Atemzüge lang die Augen – zwei oder drei Zyklen mit langem Ein- und Ausatmen, das deinen Brustkorb ausfüllt – und stell dir vor, wie du vollkommen von diesem Licht aufgenommen wirst. Stell dir vor, wie dein gelborangefarbenes Licht um dich herumwirbelt, wie die Strudel auf der Oberfläche der Sonne. Du bist eine strahlend helle Sonne inmitten des Universums.

2. Du wirst dich im Laufe deines Tages immer wieder an dieses Sonnenbild erinnern, und es wird dich sowohl energetisch als auch körperlich aufrichten. Du wirst aufrechter dastehen, zielstrebiger gehen und dich von diesem Schutzschild aus pulsierendem Licht gewärmt fühlen. Es wird die gesamte Energie anziehen, die du brauchst, um dich weiter selbstbewusst zu präsentieren. Du fühlst dich kraftvoll und zielsicher, aber vor allem innerlich wie äußerlich schön.

Meditation zum Abnehmen
Vorbereitung/Über diese Meditation

Wenn du diese Meditation liest, versuchst du wahrscheinlich abzunehmen oder dein Gewicht nach einer Diät zu halten. Abnehmen kann eine der stressigsten und entmutigendsten körperlichen Bemühungen sein, die du je auf dich nimmst, daher hoffe ich, dass diese Meditation dir etwas Erleichterung und Trost verschafft.

Du bist nicht allein, wenn du dich nach Work-outs manchmal abgeschlagen fühlst oder wenn auf jeden neuen Versuch einer Diät die Hoffnungslosigkeit folgt. Man hat dir immer wieder einen Traumkörper versprochen, aber am Ende steckst du immer noch in einem Körper, der einfach nicht schrumpfen will. Du kämpfst unentwegt gegen dein Gewicht, du hast Essen zu deinem Feind erklärt, und deine Seele ist dabei tragischerweise auf der Strecke geblieben. Diese Meditation kann alles heilen, was in diesem Kampf verletzt worden ist. Du kannst deinen Taillenumfang und deine Sorgen in nur 4 Minuten verkleinern.

Wann? Du kannst diese Meditation jederzeit machen; tatsächlich ist es am hilfreichsten, wenn man sie in kürzerer Form mehrmals täglich macht.

Wo? Such dir für diese Meditation einen ruhigen Ort aus. Du wirst dazu aufgefordert, dir selbst Fragen zu stellen, und es ist wichtig, dass äußere Ablenkungen nicht deine Fähigkeit beeinträchtigen, die Antworten darauf wahrzunehmen. Sie können in Form einer inneren Stimme, eines Gefühls oder eines Bildes kommen. Sei geduldig! Ich sehe beim Meditieren manchmal Worte auf einer Seite. Ich nenne das meine »innere Bedienungsanleitung«. Zu anderen Zeiten visualisiere ich einen Lehrer in einem Klassenzimmer. Meine gute Freundin und persönliche Hypnotherapeutin Grace Smith hat mir einmal während einer Hypnosesitzung eine Variante dieser Meditation beigebracht. Ich stelle die »Lehrer«-Fragen, und sie antwortet ehrlich und objektiv. In Wahrheit ist der Lehrer nur meine innere Stimme, frei von Ablenkung und Wertung; aber sie als etwas außerhalb meiner selbst zu sehen erlaubt es mir, die Frage durchzuspielen und leichter darauf zu antworten. Visualisierungen und »Schauspielerei« können kraftvolle Werkzeuge für deine eigene Meditationspraxis sein.

Haltung? Setz dich im Schneidersitz hin. Weil du bei dieser Meditation an deine Intuition appellierst, die dir Antworten geben soll, möchtest du die Hände vielleicht in der *Gyan-Mudra*-Haltung auf den Knien oder Oberschenkeln ablegen. Befolge die Anweisungen im Verlauf der Meditation zum Öffnen und Schließen der Augen.

Du hast 4 Minuten, um abzunehmen.

1. Setz dich schön aufrecht hin, die Augen immer noch offen und sanft auf einen einzelnen Gegenstand oder den Raum vor dir gerichtet. Beginne damit, die Aufmerksamkeit auf deine Atmung zu lenken. Achte darauf, deinen Atem mit

Leichtigkeit ein- und ausströmen zu lassen. Versuch nicht, ihn zu verändern. Wenn du unruhig bist, könnte dein Atem schnell und hörbar werden, also verursache keine unnötigen Geräusche durch deine Atmung. Ermögliche es deinem Atem, langsamer zu werden. Der Zweck dieser Übung ist, deine Umgebung so still wie möglich zu machen.

2. Nachdem du deinen Atem beruhigt hast, wird es nun bald Zeit, die Augen zu schließen (wenn du kannst), um alle visuellen Ablenkungen auszublenden. Lies nach jedem Abschnitt oder Durchgang die weiteren Schritte der Anweisung durch.

Visualisiere dein Klassenzimmer ...

3. Stell dir die Einrichtung eines Klassenzimmers vor. Schon bald werden Schreibpulte, Stühle und eine Tafel um dich herum auftauchen. Das Klassenzimmer ist warm und fröhlich, mit farbenfrohen Dekorationen und großen Fenstern, die auf eine schöne Landschaft hinausgehen.

4. Stell dir einen Lehrer oder eine Lehrerin vor, der/die vor der Klasse steht. Er oder sie hat ein freundliches, einladendes Gesicht, und du fühlst dich richtig wohl in seiner/ihrer Gegenwart. Von diesem Zeitpunkt an sind alle deine Fragen direkt an diese Person gerichtet, und ihre Antworten kommen schnell. Jede Antwort ist richtig und steht vollkommen im Dienst deiner Mission, gesünder, glücklicher und stärker zu werden.

5. Halte die Augen entweder auf den Gegenstand deiner Wahl gerichtet oder sanft geschlossen. Richte jede der folgenden Fragen an deinen Lehrer/deine Lehrerin, entweder im Stillen oder laut, und warte, bis die Antworten zu dir kommen. Sobald du deine Antworten hast, lies den nächsten Schritt dieser Anleitung durch.

»Wie kann ich heute essen, um meinen Körper, meine Mission und mein Herz zu achten?«

»Wie kann ich mich heute bewegen, um meinen Körper, meine Mission und mein Herz zu achten?«

»Wie kann ich heute sprechen, um meinen Körper, meine Mission und mein Herz zu achten?«

6. Du wirst sofort die Antworten erhalten. Dein Lehrer/deine Lehrerin – in Wirklichkeit deine innere Stimme – wird dir ganz genau sagen, was du tun sollst, um dich heute selbst zu achten. Die Anweisungen werden für dich leicht auszuführen sein, und du wirst keine Hindernisse sehen, die dich davon abhalten, alles in deiner Macht Stehende zu tun, um deinen Körper und deine Seele gut zu behandeln.

7. Nachdem du deine Antworten bekommen und sie in deinem Herzen als absolute Wahrheit akzeptiert hast, versiegle deine Meditation mit zehn weiteren Atemzügen. Mit jedem Einatmen fühlst du dich froher und entschlossener. Mit jedem Ausatmen lässt du einen letzten Rest von Sorge los, ob du gesunde Entscheidungen triffst.

Den restlichen Tag über kannst du diese Meditation reaktivieren, indem du drei tiefe Atemzüge nimmst und dich fragst: »Inwiefern achtet dies meinen Körper, meine Mission und mein Herz?«

Stell dir diese Frage vor jeder Mahlzeit und jedem Snack, bevor du in einen möglicherweise stressigen Austausch mit einer anderen Person gehst oder bevor du dich zwischen Aufzug und Treppe entscheidest. Nimm dir häufig am Tag einen Moment Zeit, um langsamer zu werden und in dich hineinzuhören. Wenn du ganz aufrichtig zu dir selbst bist in diesen Zeiten der stillen, achtsamen Kontemplation, können dich deine Antworten ebenso oft überraschen, wie sie manchmal völlig vorhersehbar sind. Wie ich schon gesagt habe, achtest du dich mit einem Brownie manchmal genauso gut wie mit einer Yogastunde. Nimm jede Antwort auf deine Frage ohne Wertung an. Sei dir bewusst, dass die Antwort wahr ist und dir guttut; und genieß die nährenden Augenblicke, die folgen.

Meditation für Körperakzeptanz
Vorbereitung/Über diese Meditation

Bei der Meditation für ein positives Körpergefühl habe ich dich gebeten, Mantren zu sprechen, die für dich momentan nicht unbedingt stimmen mögen. Diese kleinen »Flunkereien«, die du dir während der Meditation erzählst, sind eigentlich nur kurze Ausblicke – Voraussagen – darauf, was für dich in Zukunft stimmen kann und stimmen *wird*. Durch ständiges Wiederholen wird das, was sich zunächst unmöglich anfühlt, langsam glaubhaft. Und sobald du etwas glaubst, beginnst du es tatsächlich in deinem Leben zu sehen. Ich weiß, das klingt für viele etwas »esoterisch«, aber es ist eines der Hauptprinzipien des Manifestierens. Stell dir vor, was du tun könntest, wenn du wirklich glauben würdest, dass dir nichts in die Quere kommen kann.

Ein positives Körpergefühl bringt dir bei, sanft und freundlich zu deinem Körper zu sein. Diese Meditation bringt dir bei, sanft und freundlich zu deinen *Gefühlen* in Bezug auf deinen Körper zu sein. Was bedeutet das? Du hast jetzt die Erlaubnis, nicht so nette Gefühle zu fühlen, keine Schuld zu verspüren, wenn dir das, was du im Spiegel siehst, nicht gefällt, und endlich mal einen »faulen Schlemmertag« einzulegen, ohne das Gefühl zu haben, damit die gesamte Frauenwelt zu verraten. Die geübte Akzeptanz deines Körpers (in all seinen veränderlichen Formen und Stadien) und deiner Gedanken über deinen Körper ermöglicht dir, deinen Zielen näher zu kommen. Du wirst nicht länger das Hindernis sein, das deinem eigenen Fortschritt in die Quere kommt, weil du keine Zeit mehr damit vergeudest, deine eigenen Gefühle zu bekämpfen oder dich für sie zu schämen.

Vielleicht fällt dir auf, dass ich während dieser Meditation die Worte *nicht mögen* statt *hassen* verwende. Viele von euch hassen vielleicht ihren Körper, und wie ich schon weiter oben in diesem Kapitel gesagt habe, ist es vollkommen okay, so zu fühlen. Während der Zeit, die du in der Meditation verbringst, sollte es jedoch dein Ziel sein, sowohl deine Gedanken als auch die Worte umzugestalten, mit denen du über dich selbst sprichst. Selbst bei einer Übung, in der es darum geht, Gefühle zu akzeptieren, die nicht positiv sind, halte ich es für wichtig, sanfte Worte zu verwenden. Du magst das Gefühl haben, deinen Körper (oder Teile davon) heute zu *hassen*, aber wie kannst du deine Worte während der Meditation ändern, um mitfühlender gegenüber deinem Körper und deinen Gefühlen für deinen Körper zu sein?

Meditation mag immer noch neu für dich sein, aber schon bald wirst du deine eigenen Meditationen erstellen können. Wenn du in deiner persönlichen Übungspraxis weiter voranschreitest, berücksichtige bitte folgende Anregungen für Meditationen zur Körperakzeptanz:

- Ich lasse alle Gedanken zu – ob es nun sogenannte gute oder schlechte sind –, aber ich sage nur liebevolle, freundliche Worte. Ich werde liebevoll von mir selbst denken. Ich werde mitfühlend zu mir selbst sein. Ich werde liebevolle Worte denken. Ich werde mein Spiegelbild ansehen und für dieses schöne Wunderwerk von Herzen danken, das mir geschenkt wurde.

- Sind meine Worte freundlich? Wie spreche ich mir selbst und anderen gegenüber von mir selbst? Welche Worte erlaube ich in meinem Wortschatz in Bezug auf meinen Körper? Die folgenden Worte sind negativ: fett, schwach, hässlich. Die folgenden Worte sind positiv: schön, stark, gesund. Ich werde in liebevollen Begriffen von meinem Körper sprechen.

Diese Meditation ist eine Art Ergänzung zum positiven Körpergefühl. All die positiven Gedanken und Gefühle in dieser Meditation sind reine, pure Nahrung für deine Reise. Aber wie bei einer Diät, bei der die Lust auf einen Cupcake manchmal den Sieg über einen grünen Smoothie davonträgt, wird es auch hier Tage geben, an denen sich die Negativität einfach nicht durch positive Gedanken überwältigen lässt. Vitamine und andere Nahrungsergänzungsmittel können die Defizite in einer *fast* perfekten Ernährung ausgleichen, und die Ergänzung in Form dieser Meditation hilft, dein *fast* perfektes positives Denken abzurunden.

Wann? Diese Meditation ist für jede Tageszeit geeignet, also mach sie, wann du sie am meisten brauchst.

Wo? Ich rate dir immer, deine Meditationen an Orten zu machen, die dir die größtmögliche Bequemlichkeit bieten. Wenn du dich körperlich unwohl fühlst, ist es schwierig zu meditieren, und wenn du befangen bist, weil man dich beim Meditieren hören oder sehen könnte, kann das ganz besonders beunruhigend sein. Diese Meditation kann viele intensive Gefühle mit sich bringen, also sorg dafür, dass du irgendwo bist, wo du ohne Angst oder Sorge deine intimsten Verletzlichkeiten loslassen kannst. Vielleicht ist dein Schlafzimmer der perfekte Ort dafür. Hüpf ins Bett, kuschle dich in deine Lieblingskissen und -decken und bereite dich auf die Meditation vor.

Haltung? Finde die Haltung im Sitzen, die am bequemsten für dich ist und es deinem Brustkorb ermöglicht, sich mit Leichtigkeit zu öffnen und so zu bleiben. Wenn eine Position zur Öffnung des Herzens für dich schwer aufrechtzuerhalten ist, ohne den Rücken abzustützen, ist eine Haltung im Liegen womöglich die bessere Wahl. Falls du dies bevorzugst, schlag in Kapitel 2 die Anleitung zum halb liegenden Schmetterling oder zur Totenstellung mit angewinkelten Knien nach. Diese Haltungen im Liegen sind perfekt, um Akzeptanz und Hingabe zu üben.

Wie in den Anleitungen veranschaulicht, liegen die Arme neben dir ausgestreckt, mit nach oben gedrehten Handflächen und ausgestreckten Fingern. Falls du aufrecht sitzt, leg die Hände mit nach oben gedrehten Handflächen auf den Oberschenkeln oder Knien ab.

Ich empfehle, dass du diese Meditation mit geschlossenen Augen machst, wenn es dir möglich ist. Öffne nach jedem Schritt der Anleitung behutsam die Augen, um die nächsten Hinweise zu lesen.

Du hast 4 Minuten,
um deinen Körper *nicht* zu mögen.

Wenn du dich nicht so gut damit fühlst, wie du aussiehst oder wie dein Körper dir dient, kann das sowohl Ängste als auch Depressionen verursachen. Diese Gefühle können sich länger hinziehen, kommen und gehen oder vom einen zum anderen wechseln. Zoll dem Achtung, wo du in diesem Moment bist, indem du dir kurz Zeit nimmst, um in dich hineinzuspüren. Es braucht nicht länger als ein paar Atemzüge zu dauern.

1. Mit geschlossenen (oder offenen und sanft fokussierten) Augen, während dein Körper bequem in der von dir gewählten Haltung ruht, richtest du deine Aufmerksamkeit auf deinen Atem, so wie er in diesem Augenblick ist. Zähl jeweils fünf Atemzüge beim Ein- und Ausatmen und beobachte dabei die Länge, Tiefe und Gleichmäßigkeit jedes Atemzugs. Dein Atem kann kurz oder lang, flach oder tief, rasselnd oder geschmeidig sein. Keines dieser Merkmale ist besser oder richtiger als die anderen. Deine Aufgabe besteht im Moment nur darin, zu beobachten, nicht zu werten.
2. Während du weiteratmest, ruf dir in den Sinn, was dich gerade am meisten an deinem Körper (oder an deinem Verhalten deinem Körper gegenüber) stört. Was hat dich heute zu dieser Meditation gebracht? Vielleicht ist dir die Antwort auf diese Frage peinlich, weil du es für eine Art Versagen hältst, mit einem Teil von dir selbst unzufrieden zu sein. Lass dieses Gefühl sofort los.
3. Atme so tief ein, wie du kannst. Spür, wie die Luft erst deinen Brustkorb und dann deinen Bauch ausfüllt, bis er groß und rund ist. Gestatte beim Ausatmen jedem Muskel in deinem Körper loszulassen und genieß das Gefühl, mit der Sitzfläche unter dir zu verschmelzen.
4. Atme nochmals ein. Sag beim Ausatmen laut (oder leise, falls du an einem öffentlichen Ort bist): »Ich lasse die Vorstellung los, dass es falsch ist, meinen Körper nicht immer und vollständig zu mögen.« Als Alternative kannst du auch sagen: »Ich lasse die Vorstellung los, dass ich alles an meinem Körper immer mögen muss.«
5. Wiederhole dieses Mantra noch viermal, sodass du es insgesamt fünfmal sagst. Falls es sich selbst nach der fünften

Wiederholung noch unnatürlich anfühlt, kannst du einundzwanzig Atemzyklen lang damit weitermachen. Es ist nicht nötig, zum nächsten Mantra überzugehen – heb es dir für ein anderes Mal auf. Falls du jedoch bereit für den nächsten Schritt bist, erstellen wir jetzt dein persönliches Mantra für heute.

6. Füll die Lücken im folgenden Mantra mit dem passenden Körperteil oder körperbezogenen Verhalten aus, mit dem du gerade zu kämpfen hast: »Ich akzeptiere, dass ich mein/e/n _____ heute nicht mag. Ich lasse die Vorstellung los, dass meine Gedanken über mein/e/n _____ immer positiv sein müssen.«

7. Setz das Muster aus tiefen, den Körper ausfüllenden Atemzügen beim Einatmen und langen, die Muskeln entspannenden Atemzügen beim Ausatmen fünf volle Atemzyklen lang fort. Wiederhol bei jedem Ausatmen dein persönliches Mantra. Die Worte des Loslassens bei jedem Ausatmen erlauben es deinem Körper, immer tiefer in die Entspannung zu sinken, sodass du noch stärker mit der Fläche unter dir verschmilzt.

8. Füll nun die Lücke in deinem abschließenden Mantra aus: »Ich kann unzufrieden mit meiner/meinem _____ sein und meinen Körper dennoch mögen und akzeptieren.« Wiederhol dein zweites persönliches Mantra bei jedem Ausatmen, fünf weitere volle Atemzyklen lang.

Dies sind deine persönlichen Mantren der Liebe und Akzeptanz und des Loslassens. Sie schützen dich von selbstschädigenden Gedanken, die deinem Fortschritt in die Quere kommen. Sie können dich lehren, deine negativen Gedanken über deinen Körper zu akzeptieren, aber sie lehren dich auch, wie du deinen Körper, so wie er gerade ist, mögen (oder achten) kannst. *Deinen Körper zu mögen (achten) ermöglicht dir, den Körper zu bekommen, den du willst.*

Bonus: Meditation »im Gehen«, wenn der Heißhunger zuschlägt

Im Hinblick auf Selbstachtung, Kummer oder jedes andere Thema, das in diesem Buch angesprochen wird, gibt es eine Möglichkeit, wie man die Hauptauslöser vermeiden kann, die Leid verursachen. Wenn es ums Essen geht, wirst du jedoch ständig mit deinen Auslösern konfrontiert. Du musst essen, und Essen ist überall. Also: Wie sollst du normal leben, wenn mehrmals täglich Stolpersteine vor dir liegen, und das jeden Tag?

Sich mitten in einem Café voller Menschen im Lotussitz hinzusetzen ist wahrscheinlich nicht der beste Weg, um darüber nachzudenken, ob das Schokocroissant, das dich aus der Auslage anlacht, eine gute Idee ist. Du hast vielleicht schon mal von dem Konzept gehört, dein Yoga von der Matte zu holen und mit in die Welt zu nehmen. Ich möchte, dass du deine Meditation vom Kissen herunterholst, und zeige dir in dieser Bonusmeditation »im Gehen«, wie das geht. Sie kann unterwegs mit einigen Mantren in Form von Fragen und Antworten praktiziert werden, die dir dabei helfen, den ganzen Tag über liebevolle Entscheidungen in puncto Essen zu treffen.

Diese Art von Meditation wird sofort Ergebnisse bringen. Du stellst eine Frage, die vorher auf dem Meditationskissen geleistete Arbeit wird wieder abgerufen, und du triffst die perfekte Entscheidung für diesen Moment. Vielleicht ringst du anfangs noch mit den Antworten – hauptsächlich damit, wie wahrheitsgemäß sie sind –, aber sie werden kommen. Wie gut dir die Antworten tun, wird sich mit der Zeit ändern. Es wird Zeiten geben, in denen die Wahrheit schnell und mühelos kommt, und es wird lange Zeiträume geben, in denen du dir grünes Licht für Nahrungsmittel gibst, die du besser liegen gelassen hättest. Diese Übung dient ebenso sehr der Selbstbeobachtung wie der Selbstliebe. Du musst unentwegt in dich hineinspüren, um sicherzugehen, dass du wahrheitsgemäß antwortest.

Achtsamkeit beim Essen ist die Grundlage, um gesunde Essgewohnheiten beizubehalten. Wenn du dir Zeit nimmst, darüber nachzudenken, wie gut dir jede deiner nahrungsbezogenen Entscheidungen tut, *bevor* du den ersten Bissen nimmst, wirst du ganz von selbst richtiger essen und anfangen abzunehmen.

Irgendwann werden dir alle Entscheidungen, die das Essen betreffen, ganz leichtfallen. Die Fragen werden automatisch kommen; du wirst gar nicht mehr bemerken, dass du sie gestellt hast. Die Antworten werden wie reines Wissen ohne jede Wartezeit erscheinen. Ständige, willentliche Übung wird zur Gewohnheit, und deine Essensentscheidungen werden vollkommen intuitiv.

Meditation »im Gehen«

1. Nimm vor dem Probieren einen tiefen Atemzug, um keine übereilte Entscheidung zu treffen. Frag dich dann:
   Wie gut tut mir dieses Essen?
   Wie werde ich mich fühlen, nachdem ich es gegessen habe?
2. Bekräftige, was wahr ist – deine Essensentscheidungen sollten deiner würdig sein:
   Ich esse Nahrung, die mir Freude bereitet. Ich esse, ohne zu bereuen oder mich zu verurteilen.
   Ich lebe aktiv und esse nahrhaftes Essen.

Der Körper, den ich habe, ist der, den ich haben soll ... und er ist schön!

Junkfood ist etwas für Junkies. Ich behandle meinen Körper wie einen Tempel.

Womit ich meinen Körper nähre, zeigt ganz deutlich, wie sehr ich mich selbst mag. Ich esse mit Selbstrespekt.

Wenn ich von Selbstliebe und nicht von Verleugnung oder Selbstbestrafung ausgehe, werden alle essensbezogenen Entscheidungen mühelos und meiner würdig.

Ich verwöhne mich selbst, indem ich liebevolle Essensentscheidungen treffe.

Bon appétit!

Kapitel 6
4 Minuten, um wahres Glück zu finden

Lange Zeit habe ich geglaubt, es hätte keine glücklichen Augenblicke in meiner Kindheit gegeben. Ich sah rückblickend nur hundert Prozent Elend und glaubte sogar, dieses Elend sei mein Schicksal. Später konnte ich das ablegen und erkennen, dass ich trotz meiner Kindheit Glück erreichen konnte. Doch diese Einstellung machte es immer noch notwendig für mich, meine Vergangenheit zu »überwinden«, um glücklich zu sein.

Dann änderte eine einzige Meditationserfahrung plötzlich alles für mich.

In dieser Meditation stellte ich mir selbst die Frage: »Wann war ich in meiner Kindheit zufrieden?« Nachdem ich eine ganze Weile über das Wort *zufrieden* meditiert und mich auf seine wahre Bedeutung nach der Definition meines eigenen Herzens konzentriert hatte, wurde ich sofort von allen möglichen Bildern überflutet. Darunter war eine Erinnerung, die meinen Blickwinkel auf das Glück für immer veränderte – eine Erinnerung an etwas, das immer ein sehr traumatisches und prägendes Ereignis in meinem Leben gewesen war.

Als ich klein war, sammelte mein Dad oft Aluminiumdosen, um sie bei der Sammelstelle zurückzugeben und das Pfand dafür zu bekommen. Das half ihm, unsere Rechnungen zu bezahlen. Ich war etwa sieben und meine kleine Schwester etwa vier, und wir wollten uns sehr gern irgendetwas kaufen. Statt uns zu kaufen, was wir wollten, nahm uns unser Dad mit zum Dosensammeln. Er nahm uns mit auf Flohmärkte und an öffentliche Plätze und zu den Zuggleisen, wo die Teenager rumhingen und ihre Bierdosen auf den Boden und in die Mülleimer warfen. Wir waren wie Obdachlose, die Dosen aus dem Müll klaubten. Wir wurden dreckig, während wir die klebrigen, stinkenden Dosen einsammelten, und waren am Ende voller Zecken, wenn wir auch im Wald sammeln mussten.

Wenn ich daran denke, wie das für andere Leute ausgesehen haben muss, winde ich mich. Und als ich selbst Mutter wurde, fiel es mir noch schwerer zu verstehen, wie meine Mutter so etwas zulassen konnte. Viele Jahre lang habe ich voller Scham, Abscheu und Wut auf dieses Erlebnis zurückblickt.

In der Meditation habe ich mich jedoch an einen bestimmten Tag erinnert, als wir auf den Gleisen gesammelt haben. Ich konnte mich im Geiste ganz deutlich selbst sehen, wie ich mit meinem Vater und meiner Schwester in den Wald ging. Ich konnte die Böschung sehen, an der immer die Teenager herumhingen. Ich sah ihr heruntergebranntes Lagerfeuer. Ich sah die rundherum verstreuten Dosen. Ich sah die leeren Old-Milwaukee-Dosen – die weißen mit dem roten Aufdruck. Es war alles richtig lebendig.

Aber das Gefühl, das während der Meditation in mir hochstieg, passte nicht zu meinem alten Gefühl der Demütigung. Ich fühlte überhaupt keine Abscheu. Als ich mich auf mein kindliches Selbst einstimmte, entdeckte ich voller Überraschung, dass ich mich freute. Außerhalb der Meditation wäre ich nie dazu in der Lage gewesen, mich an dieses Gefühl zu erinnern. Ich musste dazu direkt in die Erinnerung zurückgehen.

Ich sah, wie ich die Dosen schnell einsammelte und sie zusammenpresste, wie mein Dad es mir gezeigt hatte. Dadurch war mehr

Platz in meinem Müllsack, sodass ich mehr Dosen sammeln konnte. Ich sah eine Art Lichtschein um jede Dose, und sie glitzerten. Alles sprühte vor Leben. Die Blätter auf dem Boden und die Bäume waren geradezu laubfroschgrün.

Warum freute ich mich damals so? Während ich meine vielen Dosen sammelte, dachte ich: »Davon kann ich so viele *My Little Ponies* kaufen!« In meiner Meditation sah ich, wie ich auf meinen Dad und meine Schwester zulief, um ihnen zu sagen, wie viele Dosen ich gesammelt hatte. Ich war nicht das dreckige kleine Kind, das von einem unglückseligen Vater durch die Gegend geschleppt wurde, der nicht genug Geld verdiente, um seine Familie zu ernähren. Plötzlich war ich eine Abenteurerin, eine Piratin, die einen Schatz gefunden hatte. Für mein kindliches Ich war es sogar romantisch.

Als ich aus dieser Meditation herauskam, erkannte ich, dass ich jahrelang auf meinen Vater wütend gewesen war wegen einer in Wirklichkeit freudigen Erfahrung. In diesem Augenblick lernte ich, dass Glück oft eine Frage der Perspektive ist. Wir stellen mit dem Verstand Anforderungen an unser Leben, die festlegen, was Glück sein kann und was nicht, statt darauf zu achten, wie wir uns momentan wirklich fühlen. Manchmal hängen die Anforderungen, die wir an unsere Definition von Glück stellen, davon ab, was andere Leute unserer Meinung nach denken. Wir können nicht glücklich sein, solange wir nicht so reich sind wie unsere Nachbarn oder eine so gute Ehe führen wie unsere Schwester oder unser Bruder.

Manchmal wissen wir noch nicht einmal, was uns wirklich glücklich machen würde. Wir haben Vorstellungen davon, die vielleicht etwas mit der Wirklichkeit zu tun haben oder auch nicht. Kein Wunder, dass vielen von uns das Glück versagt bleibt.

Meditation erlaubt uns, die Meinungen anderer Menschen aus dem Dialog herauszunehmen. Sie erlaubt uns sogar, unsere eigene Meinung aus dem Dialog herauszunehmen, so wie es bei mir der Fall war. Beim Meditieren können wir ins Zentrum dessen gehen, was Glücklichsein auf tiefer Ebene wirklich für uns bedeutet.

Die meiste Zeit in unserem Leben werden wir von anderen Menschen gesehen, gehört oder gelesen – ob persönlich, per Telefon oder in den sozialen Medien. Das Tolle an der Meditation ist, dass wir einfach nur stille Beobachter von uns selbst sein können. Wir können Fragen stellen wie: »Wie fühle ich mich wirklich?«

Gefühle sind wie ein Windhauch

Wenn du dich fragst, wie du dich fühlst, erinnere dich selbst daran, nicht zu antworten: »Ich bin traurig« oder »Ich bin glücklich«. Du *fühlst* dich traurig. Du *bist* nicht Traurigkeit. Das Gleiche gilt für das Glück. Gefühle sind wie ein Windhauch. Ein Gefühl geht durch uns hindurch, und dann kommt ein neues Gefühl. Dieses Kommen und Gehen der Gefühle ist stetig und vorhersehbar, selbst wenn wir nicht genau vorhersagen können, welcher Art diese Gefühle sein werden.

Ebenso wenig wie bei vollkommener Ruhe oder unerschütterlicher Selbstliebe ist es realistisch zu erwarten, dass reines Glück ein Zustand ist, den wir sieben Tage die Woche rund um die Uhr aufrechterhalten können. Das schafft niemand im Leben. Aber wir können mehr glückliche Momente in unserem Leben zulassen. Wenn wir sie aneinanderreihen, können wir ein Leben führen, das von Glück erfüllt ist.

Glück = Zufriedenheit

Meine Therapeuten haben mich gefragt: »Was waren Ihre glücklichsten Momente in der Kindheit?« Wie ich schon sagte, brachte mich das immer sehr in Verlegenheit, weil mir kaum welche einfielen. Einer der Hauptgründe für diese Blockade ist, dass ich Glück mit Freude gleichgesetzt habe. Ich glaube, diesen Irrtum habe nicht ich allein.

Viele von uns glauben, dass Glück ein überhöhter Augenblick sein muss, in dem man vor ungezügelter Freude auf- und abhüpft. Es ist wahr, dass ich in meiner Kindheit nicht viele solche Augenblicke erlebt habe, wenigstens nicht, soweit es um mein Familienleben geht. Das Erlebnis, mit meinem Vater und meiner Schwester Dosen zu sammeln, kommt dieser Art von Freude so nahe, wie ich damals kam. Doch als ich meine Vorstellung davon, was Glück bedeutet, erweitert habe, konnte ich zurückschauen und sehen, dass es viele Zeiten in meiner Kindheit gab, in denen ich *zufrieden* war.

Wenn wir Glück in dieselbe Schublade stecken wie Freude, fühlt es sich anstrengend an. Es ist übertrieben, demonstrativ und eigentlich etwas ermüdend. Denk mal darüber nach: Würdest du gern dauernd in einem überhöhten Zustand der Freude sein? Würdest du gern einen Menschen in deinem Umfeld haben, der dauernd in einem überhöhten Zustand der Freude ist? Falls du jemals so jemanden getroffen hast, hattest du nicht das Gefühl, dass irgendetwas an ihm oder ihr nicht stimmt oder nicht ganz gesund ist?

Das liegt daran, dass Glück meistens leiser und einfacher ist als das. Es geht dabei darum, mit offenen Augen dasitzen zu können, alles zu sehen, was du hast, und Leichtigkeit zu spüren in der Gewissheit, dass du in diesem Moment alles hast, was du brauchst.

Wenn wir in unserem Alltag für das Glück offen sind, öffnen wir uns tatsächlich auch für die Möglichkeit, mehr Augenblicke der überhöhten Freude und Ekstase zu erleben.

Ich sehe es so: Freude ist, wie auf einem Trampolin auf- und abzuhüpfen. Glück ist, neben dem Trampolin zu sitzen und meinen Kindern beim Hüpfen zuzusehen. Das ist eine mühelose Art von Glück. Klar, ich möchte gern auf das Trampolin hüpfen, aber ich möchte auch wieder runterhüpfen, wenn ich eine Pause brauche. Das bedeutet nicht, dass mein Glück aufhört. Selbst in den Momenten, in denen ich mich niedergeschlagen fühle, kann ich normalerweise Glück um mich herum finden und es zu mir hereinlassen. Ich brauche nicht direkt daran teilzunehmen. Ich kann es im Lachen eines Babys finden, in der Schönheit eines Vogels oder weil ich von meinem Lieblingssong im Radio überrascht werde. Ich kann es sogar in einem Katzenvideo auf YouTube finden.

Als ich in der Meditation um Erinnerungen an zufriedene Momente in meiner Kindheit gebeten habe – statt an glückliche Momente –, fiel mir wieder ein, wie ich in unserem Garten mit der Nachbarin Würmer gesammelt habe. Das haben wir regelmäßig gemacht – Wurmsammel-Wettbewerbe. Ich habe einen ganzen *Happy-Meal*-Eimer von *McDonalds* mit Würmern gefüllt, und dann sind wir zusammen am Bach angeln gegangen. Es war ein ganz gewöhnliches Erlebnis und wäre mir nie als Antwort auf Frage nach meinen »glücklichsten« Momenten in der Kindheit eingefallen. Ich hatte solche Momente nie als »glücklich« betrachtet. Als ich meine Denkweise jedoch auf »Zufriedenheit« verlagerte, wartete die Erinnerung auf mich, und ich konnte sehen, dass dies ein glücklicher Moment gewesen war. Ich musste nur erkennen, dass es bei Glück nicht nur um spektakuläre Dinge geht.

Als ich meinen Blickwinkel dann über mein Zuhause hinaus ausdehnte, wo ich als Kind die meisten Traumata erlebt habe, fand ich zahllose »glückliche« Momente. Ich öffnete mich selbst dafür, magische Weihnachtsfeiertage und Sommerurlaube an der Jerseyküste mit meiner Tante Kathy wiederzuerleben, epische Gartenabenteuer mit den Nachbarskindern und das Gefühl von Stolz, wenn ich für meine Kunstwerke in der Highschool einen Preis bekam. Um das »Glück zu finden« war es erforderlich, sehr aufmerksam zu sein und einige der schmerzlichen Erinnerungen durchzusehen, die mehr Platz einnahmen, als ihnen zustand. Ich musste in der Zeit zurückreisen, um die Wirklichkeit jedes Augenblicks zu erleben, nicht nur meine spätere Meinung dazu. Und dann konnte das Glück sich zeigen.

Vor Kurzem habe ich einen schlichten, aber wahrhaft glücklichen Moment mit meinem Mann erlebt. Wir waren draußen, als wir zufällig zwei Mistkäfer bemerkten, die eine kleine Mistkugel vor sich herrollten. Ich hatte immer gedacht, dass es Mistkäfer nur in Afrika gibt. Ich wusste nicht, dass es sie auch in den USA gibt, geschweige denn in New Jersey! Sie waren im wahrsten Sinne des Wortes eine winzige Glücksquelle für uns. Mein Mann machte sogar ein Video von ihnen und postete es auf Instagram – ein Weg, die guten Gefühle zu verbreiten.

Unser Glück beim Beobachten dieser Mistkäfer wurde von Neugier und Entdeckergeist beflügelt. Als Kind ist es uns angeboren, Glück beim neugierigen Entdecken zu finden, aber in der Regel verlieren wir diese Fähigkeit, wenn wir erwachsen werden. Dabei müssen wir nur bemerken, dass wir überall von Schönheit und Glück umgeben sind. Wir müssen nur aufblicken, hinuntersehen und uns umschauen. Obwohl die Meditation eine Übung ist, um in uns zu gehen, hat sie mir auch geholfen, genug aus meinem Kopf herauszukommen. So bemerke ich mehr von dem Glück, das mir zur Verfügung steht, wenn ich nur die Augen aufmache und meinem Alltag nachgehe – es liegt buchstäblich direkt in meinem Garten!

Es mag wie ein Klischee klingen, die Schönheit in den kleinen Dingen zu sehen, aber es ist eine wichtige Wahrheit. Und es ist eine Wahrheit, die wir häufig vergessen, wenn wir von den scheinbar endlosen Problemen eingeholt werden, die wir täglich bewältigen müssen.

Auch wenn ich als Kind in Armut gelebt habe, Missbrauch erlebt habe und vernachlässigt worden bin, gab es viele Momente in meinem Leben, in denen ich mit den einfachen Dingen verbunden war und mich zufrieden gefühlt habe. Mein natürlicher Zustand war immer noch Glück – einfach, weil ich ein neugieriges Kind war, das die Schönheit im Würmersammeln sehen konnte.

Als ich gelernt hatte, dass Ruhe inmitten von Chaos erfahren werden kann, habe ich auch entdeckt, dass Glück selbst inmitten von sehr viel Elend erfahren werden kann. Ich glaube nicht, dass wir überleben können, wenn es nicht ein paar Momente des Glücks gibt. Versteh mich nicht falsch: Ich würde nie den echten Schmerz abtun, den Menschen erleben. Aber wir sind oft blind für die Tatsache, dass Glück für uns verfügbar ist, wenn wir es nur hereinlassen. Und wenn wir es hereinlassen, ermöglicht uns genau dies, mit dem Schmerz zurechtzukommen. Ist dir schon mal ein witziger Gedanke gekommen, oder bist du in Gelächter ausgebrochen, während du geweint hast oder dir etwas sehr unangenehm war? In diesen Fällen ist Lachen unsere Rettung. Je mehr wir lernen, diese Momente zuzulassen, desto besser kommen wir durch die harten Zeiten und können die guten wirklich genießen.

Glück braucht keine Perfektion

Das bringt mich zu meinem nächsten Punkt, der viele von uns davon abhält, das Glück zu erleben, das direkt vor unseren Augen liegt – der Glaube, dass wir erst glücklich sein können, wenn alles perfekt ist. Ist Glück der eigene Gartenzaun, die liebevolle Beziehung mit dem perfekten Partner, die zweieinhalb Kinder aus der Statistik und der Job mit dem hohen Gehalt? Perfektion ist ein Ideal, das wir nie erreichen können. So wie wir Ruhe und Frieden nicht verschieben können, bis unser Leben stressfrei ist, werden wir nie Glück erleben, wenn wir es aufschieben, bis wir Perfektion erreicht haben.

Hast du schon mal die TV-Show *Bridezillas* gesehen? Die darin vorgestellten Bräute rasten beim leisesten Verdacht aus, dass etwas an ihrem Hochzeitstag schieflaufen könnte. Hochzeiten sind eine tolle Metapher für das Leben. So wie es kein perfektes Leben gibt, gibt es auch keine perfekte Hochzeit. Wenn wir an diesem Tag kein Glück ohne Perfektion erleben können, ist unsere Ehe von Anfang an dem Untergang geweiht.

Ich habe schon erwähnt, dass mein Mann vergessen hatte, die Videokamera zu unserer Hochzeit mitzubringen. Wir hatten beschlossen, keinen Profi anzuheuern, sondern einen Freund filmen zu lassen. Und mein Bräutigam hatte die Aufgabe, die Kamera mitzubringen. Ist das nicht ein Anlass, sich in eine *Bridezilla* zu verwandeln? Ich hätte mich davon total verrückt machen und mir die Hochzeit verderben lassen können. Aber ich habe *entschieden*, es sein zu lassen. Ich habe immer noch die Erinnerung an unseren schönen Tag im Gedächtnis, selbst wenn ich keine Videoaufzeichnung davon habe.

Es ist einfach Zeitverschwendung zu versuchen, alles perfekt zu machen. (Natürlich musste ich mir das oft ins Gedächtnis rufen, während ich dieses Buch geschrieben habe!) Bei meiner Meditationspraxis – zum Erhalt meiner allgemeinen mentalen und emotionalen Gesundheit – lege ich Wert darauf, mich immer wieder daran zu erinnern, dass mein Leben nicht perfekt sein muss, um zu funktionieren. Es muss nicht perfekt sein, damit ich mich gut fühle. Es muss nur gut genug sein, dass ich mich friedlich und unterstützt fühlen kann, während ich auf meine Ziele hinarbeite. Und auch wenn ich diese Art von Unterstützung nicht jeden Tag finde, kann ich sie *fast* jeden Tag haben, wenn ich nicht auf Perfektion und überhöhter Freude bestehe. Denk daran: Glück findet man nicht nur in der Perfektion.

VERBREITE LIEBE

Wenn ich die Vorstellung loslasse, dass alles perfekt sein muss, bevor ich glücklich sein kann, ist es leicht, Glück im Hier und Jetzt zu finden. #YH4M

Du bist die Quelle

Eines meiner Lieblingszitate ist: »Ich erinnere mich noch an die Zeit, als ich mir wünschte, was ich jetzt habe.« Als ich dieses Zitat zum ersten Mal gelesen habe, befahl es mir wie eine schallende Ohrfeige, das Hier und Jetzt zu schätzen und aufzuhören, mich so viel zu beklagen. Wie du jetzt wahrscheinlich bereits über mich weißt, bin ich niemand, der dir verbieten will, dich *jemals* zu beklagen. Aber seien wir ehrlich – wir alle beklagen uns zu viel. Es liegt so sehr in unserer Natur, uns auf das Negative zu konzentrieren und darauf zu achten, was wir lösen müssen. Wir denken: »Wenn ich nur _____, wäre ich glücklich.« Füll die Lücke mit dem aus, was du dir selbst immer wieder sagst.

Wenn wir unser Glück auf Dinge gründen, die veränderlich sind, steht unsere Fähigkeit, glücklich zu sein, auf Messers Schneide, sodass wir jeden Augenblick ins Unglücklichsein stürzen können. Du kannst nur glücklich sein, wenn du verheiratet bist? Was geschieht dann, wenn deine Ehe aus irgendeinem Grund zu Ende geht? Wenn du nur in einem bestimmten Job glücklich sein kannst, was passiert, wenn du ihn nicht bekommst? Es gibt Menschen in trostlosen Umständen, die es dennoch schaffen, glücklich zu sein oder wenigstens Momente der Zufriedenheit zu erleben, ganz gleich, was sie durchmachen. Wir alle können viel von ihnen lernen.

Wir müssen einen Weg finden, unser Glück zu *sein*. Statt Glück zu *suchen*, können wir lernen, es in uns selbst zu kultivieren. Ja, wir erlauben äußeren Dingen, uns Momente des Glücks zu verschaffen. Wir genießen zum Beispiel unsere Ehe, sosehr wir nur können, aber wir sind viel besser dran, wenn wir unser Glück nicht von ihr abhängig machen.

Frag dich beispielsweise: Wenn ich mich von der Vorstellung trenne, dass ich zurzeit nicht genug Geld habe, wie fühle ich mich? Wenn ich mich von der Tatsache trenne, dass mich irgendjemand nicht mag, wie fühle ich mich? Kann ich Zufriedenheit verspüren, selbst wenn diese sogenannten negativen Umstände weiterhin bestehen bleiben?

Natürlich hilft es, im Augenblick zu bleiben. Wenn wir anfangen, über die Zukunft nachzudenken, setzen die Sorgen ein, und Gedanken wie »Was, wenn ich die Miete nicht zusammenkriege?« oder »Was, wenn ich allein bleibe?« quälen uns und berauben uns des Glücks. Weil wir nicht wissen, was die Zukunft bringt, sind »Was wäre, wenn«-Fragen eine nutzlose Übung. Wie man so oft hört, ist das Jetzt alles, was wir haben. Glück zu erleben bedeutet tatsächlich, das meiste aus jedem einzelnen Moment zu machen.

VERBREITE LIEBE

SUCH das Glück nicht; SIEH das Glück.
Wenn ich aufmerksam bin, kann ich das Glück überall sehen!
#YH4M

Das ist die Herausforderung – das Glück im Gewöhnlichen und Alltäglichen zu sehen. In den Mantren weiter unten in diesem Kapitel sage ich: »Ich suche das Licht nicht – ich bin das Licht. Ich überstrahle die Dunkelheit. Ich bin immun gegen Negativität.« Wir sind das Licht und das Glück, das wir suchen. Das Schmerzliche, das in unserem Leben geschieht, ist die Dunkelheit, aber das Licht in uns kann es uns möglich machen, selbst inmitten von Dunkelheit Glück zu empfinden. Ganz gleich, was uns passiert, wir sind trotzdem noch das Licht. Unser natürlicher Zustand – bevor die Meinungen und irrationalen Befürchtungen anderer Menschen und die willkürlichen gesellschaftlichen Regeln Einfluss auf uns ausgeübt haben – ist Leichtigkeit, Neugier, Forscherdrang, Staunen und, ja, Glück. So wie wir nicht unsere Gefühle *sind,* die durch uns hindurchgehen wie ein Windhauch, sind wir auch nicht die Dunkelheit, die manchmal in unser Leben tritt. Nichts, was uns geschieht, kann unser Licht dimmen. Und denk dran: Licht steht uns selbst nachts zur Verfügung! Der Mond und die Sterne gehen nie aus. Lass dir ihr Licht eine Erinnerung daran sein, dass auch unser Licht niemals ausgeht. Diese Quelle des Glücks scheint immer ... wenn wir nur hinsehen.

Jeden Tag gibt es Gelegenheiten zum Glücklichsein und Gelegenheiten zum Unglücklichsein. Zu welchen Gelegenheiten sagst du Ja?

Ich sage nicht, dass du keinen Schmerz, keinen Kummer und keinen Verlust spüren solltest, wenn sie in dein Leben treten.

Solche Gefühle müssen gefühlt und dürfen nicht ignoriert werden. Aber oft ist das, was wir als Unglücklichsein erleben, in Wahrheit nur ein dumpfes Gefühl der Unzufriedenheit. In solchen Momenten können wir die Entscheidung treffen, Offenheit in uns selbst zu kultivieren und dem Glück zu erlauben, zu uns zu kommen. Ob es nun von unserem eigenen Daseinszustand oder etwas aus der Außenwelt erzeugt wird – einer Umarmung, einem Song oder einem Stück Jüdischem Apfelkuchen.

Meditation zum Umdeuten von Scham
Vorbereitung/Über diese Meditation

Ich hatte mich durch eine Geschichte definiert, die sich als Lüge herausstellte. Und je öfter ich erzählte, wie ich die Wahrheit dahinter herausgefunden hatte, desto mehr Menschen fand ich, die etwas Ähnliches getan hatten.

Mit meinem Dad Dosen zu sammeln hatte mich nicht beschämt. Beschämt hatte mich die Geschichte, die ich mir selbst darüber einredete. Als ich mir Zeit nahm, mich in stiller Meditation hinzusetzen und diese Zeit mit ihm ohne Wertung zu untersuchen, entdeckte ich etwas wirklich Schönes – eine glückliche Erinnerung. Die Meditation ermöglichte mir, in der Zeit zurückzureisen und dreißig Jahre von Unwahrheiten abzustreifen, die meinem glücklichen Erlebnis anhafteten.

Vielleicht beschäftigst du dich aber mit einem richtig traumatisierenden Vorfall, dem durch Meditation nichts Positives abgewonnen werden kann. Es ist passiert, es war schlimm, und du musst auch nicht anders darüber denken. Ich würde dir nie das Recht absprechen, verletzt, traurig oder wütend zu sein. Ich will nur, dass du alles, für was du dich schämst, als das sehen kannst, was es wirklich ist – ein Vorfall oder ein Umstand, der völlig losgelöst ist von dem, was du bist. Du bist ein strahlendes Wesen aus Licht, gesegnet mit der unendlichen Liebe deines Schöpfers. Ja, genau das bist du.

Diese Meditation stammt aus meiner persönlichen Übungspraxis. Sie half mir zu erkennen, dass ich mir Dinge, die nicht meine sind, viel zu sehr zu eigen gemacht habe – einschließlich der Meinungen anderer. Ich habe für zu viele Dinge die Schuld auf mich genommen und mich zu lange für die Taten anderer Menschen geschämt. Welche Reue, welche Scham und welche Schuldgefühle trägst du mit dir herum, für Ereignisse oder Umstände, die du nicht zu verantworten hast und gegen die du nichts tun konntest? Vielleicht geht es dir ja wie mir und du hältst an einer Meinung über etwas fest, die sich möglicherweise ändert, wenn man den Vorfall aus einer anderen Perspektive betrachten würde. Sobald du deine Antwort hast, bereite dich auf deine Meditation vor.

Wann? Mach diese Meditation zu jeder Tageszeit. Es ist eine ganz besondere Meditation, die alte Gefühle aufwühlen kann, daher ist es vielleicht gut, dir danach etwas Zeit zu nehmen, um zu verarbeiten, was passiert ist, statt sofort wieder zu deiner Alltagsroutine überzugehen.

Wo? Sorg dafür, dass du an deinem Meditationsort ungestört bist und nicht abgelenkt wirst. Ich werde dich dazu anleiten, deine Mantren laut vorzulesen, daher sparst du dir diese Meditation vielleicht lieber für eine Zeit auf, in der du allein bist.

Haltung? Setz dich im Schneidersitz hin, die Hände in der *Gyan Mudra* oder mit den Handflächen nach oben auf den Knien oder Oberschenkeln abgelegt.

Du fängst mit offenen Augen an, und ich sage dir, wann du während der Meditation die Augen öffnen und schließen sollst.

Du hast 4 Minuten, um deine Perspektive zu ändern.

Beginn diese Meditation im Schneidersitz – setz dich aufrecht in einer starken, stabilen Haltung hin und fühl dich vollkommen mit dem Boden unter dir verbunden. Lass die Augen beim ersten Teil dieser Übung geöffnet, während du die folgenden Mantren laut vorliest.

1. Atme bis tief in dein Gesäß hinein ein und atme zwischen den einzelnen Mantren vollständig aus. Nimm dir Zeit, die Bedeutung und Kraft jedes einzelnen Wortes voll zu erfassen.

Mantra 1
Ich werde durch nichts außerhalb von mir selbst definiert.
Mein Körper, mein Beruf, meine Beziehungen,
meine Vergangenheit ...
nichts davon definiert, wer ich bin.

Mantra 2
Alle Ereignisse in meinem Leben – früher und jetzt –
dienen meinem spirituellen Wachstum und meiner
Reise zum Glück.

Mantra 3
Ich akzeptiere mich so, wie ich jetzt bin – unter manchen
Umständen unzulänglich, aber perfekt in der Seele.

2. Nimm dir kurz Zeit, um zu untersuchen, wie du dich gerade fühlst. Was kam dir in den Sinn, während du diese Worte gelesen hast? Hattest du Körperempfindungen? Schließ fünf Atemzyklen lang die Augen und beobachte neugierig alle Reaktionen. Dann öffne die Augen wieder und wiederhole laut alle drei Mantren, ohne dazwischen eine Pause zu machen: »Ich werde durch nichts außerhalb von mir selbst definiert. Mein Körper, mein Beruf, meine Beziehungen, meine Vergangenheit … nichts davon definiert, wer ich bin. Alle Ereignisse in meinem Leben – früher und jetzt – dienen meinem spirituellen Wachstum und meiner Reise zum Glück. Ich akzeptiere mich so, wie ich jetzt bin – unter manchen Umständen unzulänglich, aber perfekt in der Seele.«
3. Jetzt ist es an der Zeit, sich an die Antwort auf die Frage zu erinnern, die ich gestellt habe, bevor du diese Meditation angefangen hast: »Welche negativen Gefühle trägst du mit dir herum, für Ereignisse oder Umstände, die du nicht zu verantworten hast und gegen die du nichts tun konntest? Kannst du ein negatives Erlebnis aus einer anderen Perspektive betrachten – ohne zu werten?« Darüber wirst du während der restlichen Zeit in dieser Meditation nachdenken. Vielleicht ist dir unbehaglich zumute – vielleicht hast du sogar Angst. Falls deine Gefühle zu intensiv werden, erinnere dich selbst daran, dass es dir gut geht, indem du dir laut sagst: »Ich bin in Sicherheit. Ich bin ganz ruhig. Ich entscheide mich dafür, hier zu sein.«
4. Wenn du dein Erlebnis noch einmal betrachtest, untersuch jeden Teil der Szene – die Umgebung, die Geräusche, die Gerüche. Ruf dir ins Gedächtnis, wie du dich körperlich und emotional gefühlt hast.

5. Mit den Mantren, die du am Anfang dieser Meditation laut vorgelesen hast, hast du dir eine starke Schutzbasis geschaffen. Dadurch hast du die nötige Sicherheit, um die Szene noch einmal zu erleben. Gestatte dir, dir die Szene aus einer neuen Perspektive vorzustellen, in dem Wissen, dass du von dem Ereignis getrennt bist.
6. Schließ die Augen (oder lass bei geöffneten Augen den Fokus deines Blickfeldes weicher werden) und stell dir die Szene von der Sicherheit und Bequemlichkeit deines Meditationsortes aus vor. Wenn du dich bereit fühlst, mach die Augen auf, nimm drei tiefe Atemzüge und kehr in deinen Alltag zurück.

Meditation zum Öffnen deines Herzens
Vorbereitung/Über diese Meditation

Können wir einfach das »Open Your Heart«-Video von Madonna abspielen und aus dieser Meditation eine Tanzparty machen? Es hat etwas, einen alten Hit aus der Kindheit zu googeln, das Musikvideo zu spielen und zu tanzen, als ob niemand zusieht. Das nenne ich ein fröhliches Lösen! Wenn du diesen Song schon im Ohr hast, gern geschehen. Falls du keine Ahnung hast, wovon ich rede, mach eine Pause, sobald du mit dieser Meditation fertig bist, und hör dir das Musikvideo auf YouTube an. 1986 war ein sehr gutes Jahr für Madonna.

So wie du jederzeit Zugang zu einer Madonna-Tanzparty hast (vielen Dank, Internet!), ist auch das Glück stets in greifbarer Nähe. Du musst nur offen dafür sein, es zu sehen! Denk dran: Glück muss nicht bedeuten, auf dem Trampolin auf- und abzuhüpfen. Glück ist leicht und vertraut und in deiner Reichweite.

Die Mantren in dieser Meditation werden dich daran erinnern, dass wahres Glück mit deiner Einstellung zusammenhängt, nicht mit äußeren Umständen, die sich jeden Augenblick ändern können. Wenn dein Fundament auf dem tiefen Wissen aufgebaut ist, dass Glück dein Naturzustand und dir jederzeit zugänglich ist, wirst du jeden Sturm überstehen. Du hast dein Haus aus Stein gebaut, Baby!

Wann? Beginn deinen Tag mit dieser Meditation, um die Weichen dafür zu stellen, überall das Glück zu sehen. Die Vögel zwitschern schöner, die Sonne scheint heller, und jeder Fremde, dem du begegnest, lächelt zurück. Und falls das Wetter nicht mitspielt, erkennst du die Schönheit im grauen Himmel, im Geräusch der Regentropfen und im Pfeifen des Windes.

Wo? Mach diese Meditation an deinem Lieblingsmeditationsort. Oder vielleicht möchtest du einmal eine Meditation in der Natur ausprobieren. Draußen zu sein macht es mir immer leichter, das Glück zu sehen. Falls es draußen warm ist, sei dabei barfuß. Die Haut in Kontakt mit der Erde zu bringen ist eine im wahrsten Sinne des Wortes erdende Übung, die dich mit den energetischen Schwingungen des Planeten verbindet. An Regentagen meditiere ich immer sehr gern vor einem Fenster.

Haltung? Lass dich im Schneidersitz nieder und leg die Hände mit nach oben gedrehten Handflächen sanft auf den Knien oder Oberschenkeln ab. Der Schneidersitz sollte immer bequem sein, aber ich möchte dich trotzdem daran erinnern, dabei schön aufrecht zu sitzen. Denk daran, dir vorzustellen, wie du von einem unsichtbaren Faden an deinem Scheitel gen Himmel gezogen wirst.

Falls es dir möglich ist, mach diese Meditation mit geschlossenen Augen, wenn du dazu angeleitet wirst. Und vielleicht möchtest du nur zum Spaß einmal damit experimentieren, wie es ist, wenn du während der Meditation lächelst – besonders, während du deine Mantren aufsagst.

Du hast 4 Minuten, um das Glück zu sehen.

Du hast schon so viele Gründe, um glücklich zu sein! Nimm dir einen Moment Zeit, um zu untersuchen, was gerade alles passiert. Du atmest! Jeder Atemzug ist der Beweis, dass du lebst und dass es dir gut geht. Du kannst lesen! Dein Potenzial, zu lernen und zu wachsen, ist grenzenlos. Es ist leicht, das Glück zu sehen. Die Gelegenheiten zum Glücklichsein sind überall.

1. Beginne deine Meditation, indem du deine Aufmerksamkeit auf deine wunderbaren, vollen, Leben spendenden Atemzüge beim Ein- und Ausatmen richtest. Spüre, wie jeder Atemzug durch die Nasenlöcher eintritt, deinen gesamten Körper mit lebendiger Energie erfüllt und durch den Mund wieder austritt. Du fühlst dich mit jedem Atemzug stärker energetisiert.
2. Schließ die Augen (oder lass den Fokus deines Blickfeldes weicher werden) und richte die Aufmerksamkeit weiter auf deinen Atem, bis er ruhig und gleichmäßig ist. Wenn du dich bereit fühlst, öffne die Augen und lies das erste Mantra.
3. Schließ die Augen wieder und wiederhol jedes Mantra beim Ausatmen, fünf volle Atemzyklen lang. Sprich die Worte bewusst aus und fühle, wie dein Körper die positive Energie deiner Worte aufnimmt. Spüre, wie deine Mundwinkel nach oben wandern und die Form eines Lächelns annehmen. Sich glücklich zu fühlen ist in diesem Augenblick ganz leicht.

Mach die Augen nach jedem Mantra auf, um den nächsten Schritt zu lesen.

Mantra 1
Heute halte ich Ausschau nach dem Guten,
und das Gute wird mich finden.

Mantra 2
Meine Augen und mein Herz sind offen
für das Glück überall um mich herum.

Dein Tag wurde mit Positivität und Licht getränkt. Deine Mantren haben deine Seele aufgerichtet und dich dazu inspiriert, überall das Glück zu sehen. Es steht vollkommen in deiner Macht, wie viel Glück du heute in deinem Tag willkommen heißen willst.

4. Kehr nun wieder kurz mit der Aufmerksamkeit zu deinem Atem zurück. Nimm wahr, dass dein Atem jetzt tiefer ist und dass die positive Energie ganz leicht und ungehindert durch deinen ganzen Körper fließt. Denk den ganzen Tag über immer wieder an dieses Gefühl, wenn du eine kleine Stärkung brauchst. Das Glück ist immer in Reichweite.

Meditation für Glück
Vorbereitung/Über diese Meditation

»Wenn wir uns selbst ändern könnten, würden sich auch die Tendenzen in der Welt verändern. Wenn ein Mensch sein eigenes Wesen ändert, wird sich die Haltung der Welt ihm gegenüber verändern. Das ist das höchste göttliche Mysterium. Eine wunderbare Sache ist das und die Quelle unseres Glücks ...« – Mahatma Gandhi

Deine Umgebung zu verändern ist so einfach, wie deine Einstellung zu verändern. Andere Menschen zu inspirieren, das Gleiche zu tun, ist so leicht, wie dein Licht leuchten zu lassen und ihnen zu erlauben, in seinen Schein zu treten. Wenn du das Herz eines einzigen Menschen berührt hast, hast du die ganze Welt für immer verändert.

Diese Meditation, inspiriert von einer *metta*-Meditation (für liebevolle Güte) wurde mir von dem renommierten Meditationslehrer Davidji beigebracht. Sie wird dir die Augen für das Licht öffnen, das bereits in dir ist, und dir helfen, dieses Licht in die Welt hinausstrahlen zu lassen. Wenn du später am Tag immer wieder an diese Meditation zurückdenkst, erinnert dich das daran, dein Licht leuchten zu lassen, damit andere es sehen können. Stell dir vor, du bist eine Straßenlaterne in einer dunklen Nacht. Du bist nicht nur das Licht, das scheint – du erhellst auch alles um dich herum. Sobald jemand in deinen Lichtschein tritt, verschwindet auch die Dunkelheit, die ihn oder sie umgibt.

Wann? Der Morgen ist die perfekte Zeit, um damit anzufangen, dein Licht zu verbreiten. Du wirst Licht, Liebe und Glück an andere senden können, selbst von deinem Meditationskissen aus. Vielleicht möchtest du diese Meditation auch ausprobieren, wann immer du das Gefühl hast, dass die Leute um dich herum eine kleine Glücksstärkung gebrauchen könnten.

Wo? Natürlich ist es immer schön, an einem ruhigen Ort zu meditieren, aber ich habe diese Meditation schon an allen möglichen Orten gemacht – in meiner Garderobe am Set meiner Fernsehsendung, auf dem Rücksitz eines Taxis und im Wartezimmer meiner Ärztin. Mach sie vor einem wichtigen Vorstellungsgespräch, um deinen Gesprächspartner freundlicher zu stimmen, oder bevor das Flugzeug abhebt, um die Nerven der anderen Fluggäste zu beruhigen. Du bist ein mächtiger Lichtarbeiter, der überall seine Magie verbreitet!

Haltung? Die Energie fließt am leichtesten, wenn du aufrecht sitzt. Setz dich im Schneidersitz hin und leg die Hände mit nach oben gedrehten Handflächen auf den Knien oder Oberschenkeln ab. Vielleicht fühlt es sich gut für dich an, deine Hände während der ganzen oder eines Teils der Meditation auf dein Herzzentrum zu legen.

Ich führe dich durch eine Visualisierung deines Herzchakras, daher ist es am besten, wenn du bei einigen Teilen dieser Meditation die Augen schließen kannst.

**Du hast 4 Minuten,
um Glück zu verbreiten.**

Beginne deine Meditation, indem du dich schön aufrecht im Schneidersitz hinsetzt. Die Hände sind mit nach oben gedrehten Handflächen sanft abgelegt oder ruhen auf deinem Herzzentrum. Du bist bereit, alles, was dich umgibt, in Licht zu baden.

1. Richte deine Aufmerksamkeit auf deinen Atem, so wie er gerade ist. Folge deinen natürlichen Atemzügen beim Ein- und Ausatmen, während sie durch deine Nasenlöcher einströmen, durch deinen ganzen Körper wandern, bis in dein Gesäß hinein, und zwischen deinen Lippen hindurch wieder ausströmen. Falls deine Hände auf deinem Brustkorb liegen, spür, wie deine Brust sich mit deinem Atem hebt und senkt. Schließ die Augen zehn volle Atemzyklen lang, während du

im natürlichen Rhythmus weiteratmest. Dann öffne die Augen und lies dein Mantra.

Lass dein Herzchakra arbeiten ...

2. Stell dir vor, wie dein Herzchakra hellgrün leuchtet. Mit jedem Wiederholen deines Mantras leuchtet es noch heller. Schließ die Augen und sag fünf Atemzüge lang bei jedem Ausatmen, entweder im Stillen oder laut: »Ich suche das Licht nicht. Ich bin das Licht.« Mach die Augen auf, wenn du fertig bist.

    Denk eine Weile über diese Worte nach. Du brauchst das Licht nicht zu suchen. Das Glück wohnt nicht außerhalb von dir. Du *bist* das Licht. Glück ist dein Naturzustand.

3. Konzentrier dich noch einmal auf dein Herzchakra ... Es leuchtet immer noch grün, dehnt sich bei jedem Einatmen aus und zieht sich bei jedem Ausatmen wieder zusammen. Reine Liebe und reines Glück strahlen von deinem Herzchakra aus. Es ist Zeit, beides in die Welt hinauszulassen. Sende diese Liebe und dieses Glück von deinem Herzzentrum aus. Mit jedem Ausatmen werden die Liebe und das Glück immer weiter fortgeschickt – zuerst in das unmittelbare Umfeld deines physischen Körpers, dann in das Zimmer, dann in den Raum außerhalb des Zimmers. Beim letzten Ausatmen sendest du reine Liebe und reines Glück an die ganze Welt.

4. Schließ sieben volle Atemzyklen lang die Augen. Setz bei jedem Ausatmen mehr Liebe und Glück in den Raum um dich herum frei. Dein Herzchakra dehnt sich bei jedem Einatmen aus, und dein Ausatmen entlässt das Licht deines Herzchakras in die Welt.

Die Übung versiegeln ...

5. So wie deine Meditationspraxis ein Leuchtturm ist, der dich zu deiner Wahrheit führt, bist auch du ein Leuchtturm, der andere zum Licht hinzieht. Wiederhol dein Versiegelungsmantra entweder im Stillen oder laut bei jedem Ausatmen, bis du dich bereit fühlst, in deinem Tagesablauf weiterzumachen. »Ich bin Licht. Ich bin vibrierende Energie. Ich bin ein Magnet für das Gleiche.«

Kapitel 7

4 Minuten, um Mut, Selbstvertrauen und Erfolg zu manifestieren

In meinem unmittelbaren Familienkreis gab es keine Beispiele von Mut, Selbstvertrauen oder Erfolg – niemanden, zu dem ich als junger Mensch aufschauen konnte. Niemanden, der wirtschaftlich erfolgreich war. Niemanden mit hohem Selbstvertrauen. Es war leicht, Angst zu haben, weil alle, die mir nahestanden, ängstlich waren.

Als ich ein Kind war, sagten die Erwachsenen in meinem Leben: »Erfolg zu haben ist wirklich schwer.« Sie hatten nicht nur das Gefühl, dass er schwer zu erreichen war; die stillschweigende Folgerung war auch, dass er nur etwas für andere Leute war ... nicht für uns. Einerseits sagten sie mir, dass ich ein Kind Gottes sei, das dazu bestimmt ist, große Dinge zu tun. Andererseits zeigten sie mir mit ihrem eigenen Beispiel, dass wir Erfolg nicht verdient hatten und dass er nicht in unserer Reichweite lag. Ich konnte Glück im Himmel erwarten, aber ich sollte nicht darauf hoffen, dass meine Träume zu meinen Lebzeiten wahr würden. Natürlich war ich durch diese widersprüchlichen Botschaften verwirrt und wuchs ohne Vertrauen in meine Fähigkeit auf, mir das Leben schaffen zu können, das ich mir wünschte.

Als ich später damit anfing, Meditationen *anzuleiten*, erwachten viele dieser alten Ängste wieder zu neuem Leben. Wer war ich schon, dass ich anderen irgendetwas beibringen könnte? Wer war ich, dass ich ein Buch schreiben könnte? Dann entdeckte ich, dass Mut und Selbstvertrauen – beides Dinge, die ich für meinen Erfolg brauchte – ganz wesentlich mit meinem Sinnbewusstsein verknüpft waren. Als ich mir eine meiner wichtigsten Lektionen und das damit verbundene Mantra ins Gedächtnis rief – »Ich wurde nach einem göttlichen Plan erschaffen« –, verband ich mich wieder mit dem Wissen, dass ich eine Bestimmung zu erfüllen habe. Das hat mir mehr als alles andere geholfen, trotz meiner Angst weiterzumachen.

Dich mit deiner Bestimmung zu verbinden gibt dir den Mut zu handeln, selbst wenn die Angst dich zurückhalten will. Du wirst darauf vertrauen, dass du dazu *bestimmt* bist, etwas zu tun, und das gibt dir die nötige Leidenschaft dafür. Aber woher weißt du, was deine Bestimmung ist? Nun, ich glaube, dass jeder von uns eine besondere Bestimmung hat, die ganz und gar seine eigene ist. Man entdeckt sie aber vielleicht nicht sofort. Manchmal braucht es Zeit, den göttlichen Plan in dir selbst zutage zu fördern. In der Zwischenzeit kannst du trotzdem in deinem Leben mit einem Gefühl von Sinn agieren. Ich glaube, dass es eine allgemeine Bestimmung gibt, die uns allen gemeinsam ist – zu lieben und geliebt zu werden, zu lernen und lehren. Wir sind alle hier, um alles auf die individuelle Weise zu tun, für die wir uns entscheiden.

Für mich ist der Liebesteil dieser Formel sehr praktisch und konkret. Es ist die Liebe, die ich jeden Tag mir selbst und anderen gegenüber ausdrücke. Und es ist irdische Liebe, nicht nur spirituelle Liebe. Ja, es ist toll, mit der Liebe des Universums verbunden zu sein, aber was ist mit der Liebe zu den tagtäglichen Momenten deines Lebens, den Menschen um dich herum und den Dingen, die du tun kannst? Wenn ich diese Liebe fühle, dann bin ich Teil dieses irdischen Lebens und meiner Bestimmung darin. Ich freue mich über das Glück, das in jedem Augenblick gefunden werden kann (worüber wir in Kapitel 6 bereits gesprochen haben). Ich freue mich darüber, was ich in der Welt tun kann, um sie zu einem besseren Ort zu machen. Wenn ich Liebe fühle und ausdrücke, fühle und drücke ich auch Mitgefühl und Empathie aus, die mich beide mit anderen verbinden.

Was das *Geliebtwerden* betrifft, so geht es darum, zuzulassen, Liebe von anderen zu empfangen. Obwohl ich keine Komplimente *brauche*, um mich wertvoll zu fühlen, heiße ich Komplimente und Wertschätzung von Freunden, Verwandten, Kollegen und Schülern willkommen. Ich gestatte es mir, mich der Liebe anderer würdig zu fühlen. Ich erkenne an, was ich für andere Menschen tue, und ich erlaube ihnen, mich zu loben oder mir ihren Dank auszusprechen.

Das ist ein wichtiger Teil, um zu entdecken, wie du deine Bestimmung in einen praktischen Ausdruck dessen münden lassen kannst, wer du wirklich bist. Möglicherweise kannst du dann sogar von einem Beruf leben, der etwas damit zu tun hat. Wenn andere etwas zu schätzen wissen, was du für sie tust, liegt dort vielleicht die Chance für eine berufliche Tätigkeit.

Der nächste Aspekt unserer gemeinsamen Bestimmung ist das *Lernen*. Wenn du mit offenem Geist und offenem Herzen an das Leben herangehst, wirst du überall Lehrer finden – selbst in den Trollen und Hatern im Internet. Selbst in den Menschen, die dich schlecht behandeln. Der Schlüssel dazu ist die Fähigkeit, dein Leben aus einem neugierigen Blickwinkel zu betrachten: »Ich verabscheue, was dieser Mensch getan hat, und es macht mich wütend. Aber ich will die Situation einmal genauer betrachten. Was kann ich daraus lernen? Wie kann ich verhindern, dass so etwas noch einmal vorkommt? Kann ich etwas in mir selbst ändern, damit ich in Zukunft nicht wieder eine ähnliche Situation anziehe?« Lernen ist auch ein Ausdruck von Liebe – Liebe zum Abenteuer, zu neuen Erfahrungen und einmaligen Chancen, etwas zu entdecken und zu wachsen.

Wenn du dann ein gewisses Maß gelernt hat, wird es Zeit, andere zu lehren. Das kann sehr furchteinflößend sein. Wenigstens war es das für mich. Du musst dich gewissermaßen in die Schusslinie begeben, wenn du die Lehrerposition einnimmst, aber der Lohn ist groß. Du nimmst einfach, was du gelernt hast – selbst wenn es sich für dich ganz unbedeutend anfühlt –, und teilst dieses Wissen mit anderen. Du kannst damit anfangen, indem du ganz einfach die Freuden deines Lernens in den sozialen Medien festhältst. Erzähl deine Geschichte deinen Freunden. Sieh, ob sich andere Menschen mit den Lektionen, die du gelernt hast, identifizieren und sie in ihrem eigenen Leben anwenden können. Hier ist eine Gelegenheit, sofort etwas Freude über die sozialen Medien zu verbreiten:

VERBREITE LIEBE

Meine Bestimmung ist es, zu lieben und geliebt zu werden, zu lernen und zu lehren. #YH4M

Ich habe damit angefangen, Yoga zu lernen, und fand viel Spaß daran. Als ich fortgeschrittener darin wurde, begann ich, Yoga anderen beizubringen. Du brauchst kein absoluter Experte zu sein, um zu unterrichten. Du brauchst nicht alle Antworten zu kennen. Denk daran, dass es keine Perfektion gibt. Du musst einfach nur Menschen finden, die zu diesem Zeitpunkt ein kleines bisschen weniger wissen als du, und so pflanzt es sich dann fort.

Ich fühle mich immer noch sehr klein in der Gegenwart von Yogameistern. Die Angst, nicht ebenbürtig zu sein, steigt in mir hoch, aber weil ich stetig übe, meine Bestimmung zu achten, kann ich diese Angst beschwichtigen. Es gibt ein tolles Zitat von dem Dichter Henry van Dyke: »Die Wälder wären sehr still, wenn nur die begabtesten Vögel sängen.« Wenn jeder den Anspruch hätte, perfekt zu sein und alles zu wissen, bevor man unterrichten kann, dann gäbe es keine Lehrer.

Wir sagen uns so oft, dass wir nicht bereit sind. Wir glauben, dass wir noch mehr lernen müssen, mehr tun müssen und mehr bekommen müssen, bevor wir das Leben anstreben können, das wir wollen. Wir glauben, nicht zu »genügen«. Wir sagen: »Wenn ich nur noch fünf Kilo abnehme, dann kann ich die Beziehung haben, die ich mir wünsche.« – »Wenn ich noch einen zusätzlichen Abschluss habe, kann ich die Karriere machen, von der ich immer geträumt habe.« So wie wir nicht darauf warten können, dass sich Frieden oder Glück einfach einstellen, können wir nicht darauf warten, bis wir endlich perfekt sind, um unserer Bestimmung zu folgen. Natürlich ist es sinnvoll, eine gewisse Ausbildung zu haben. Ich habe nicht Yoga unterrichtet, ohne jemals Yoga gelernt zu haben. Aber ich habe auch nicht gewartet, bis ich die Meisterin aller Meister war, bevor ich damit angefangen habe, Leute zu unterrichten, die etwas von mir lernen konnten. Wir vergessen immer, dass auch sogenannte Meister nicht perfekt sind. Sie sind auch nur Menschen. Wir erkennen nicht, dass auch solche Menschen ihre Fehler und ihre eigenen Ängste haben. Wir stellen sie auf ein Podest, aber sie haben wahrscheinlich ebenfalls jemanden, zu dem sie aufblicken.

Ich erinnere mich selbst ständig daran, wie bereit ich bin, in jedem einzelnen Augenblick. Wenn ich warten würde, bis ich frei von Ängsten wäre, bevor ich der Welt meine Geschichte erzähle, dann würdest du jetzt nicht dieses Buch lesen. Ich würde immer noch in einem meiner alten Jobs arbeiten (die ich hasste) und mir wünschen, ich wäre »bereit« zu tun, was ich jetzt tue. Ich hätte den Menschen, denen ich geholfen habe, nie geholfen und wäre nie so reich dafür belohnt worden.

Es gibt immer jemanden, der von dir lernen kann. Selbst wenn du mitten in einer schwierigen Zeit in deinem Leben steckst, kommst du genau zur rechten Zeit. Das Lehren bringt einen enormen Lohn mit sich. Wenn du es zu einem Teil deiner Übungspraxis machst – ganz gleich, wie wenig es sein mag –, baust du dadurch ungeheuer viel Mut und Selbstvertrauen auf. Es wird dich inspirieren, noch mehr zu lernen, damit du das Gelernte weitergeben kannst. Es ist ein Dominoeffekt, der die Welt ganz allmählich zum Besseren verändert.

> *»Ein Meister ist ein Anfänger,*
> *der nie aufhört anzufangen.«*
> – Mastin Kipp

Deine einzigartige Bestimmung
Nachdem wir über unsere gemeinsame Bestimmung gesprochen haben – zu lieben, geliebt zu werden, zu lernen und zu lehren –, wie steht es denn nun mit unserer individuellen Bestimmung, die über die gemeinsame hinausgeht? Um mir über meine klar zu werden, habe ich mir beim Meditieren drei Fragen gestellt. Dann horchte ich in mich hinein, welche Antworten mir in den Sinn kamen. Dabei achtete ich darauf, diese Antworten nicht zu werten, ganz gleich, wie sie ausfielen.

1. Wer war ich, bevor mir die Welt sagte, wer ich sein soll – bevor die Gesellschaft mein naturgegebenes Wesen prägte? Ich stellte fest, dass ich mir diese Frage sehr oft stellen musste und dass die Antwort jedes Mal anders ausfiel. Wenn meine Schüler sich diese Frage stellen, lautet die erste Antwort häufig: »Ich habe als Kind gern gemalt.« Beim nächsten Mal geht die Antwort normalerweise schon ein wenig tiefer: »Ich habe mich gern durch Malen ausgedrückt und war dabei ganz ungehemmt.« Am Ende kann die Antwort dann so ausfallen: »Ich war furchtlos, voller Selbstvertrauen, voller Einsichten, kreativ und neugierig. Ich wusste alle Antworten auf alle Fragen des Universums. Ich war unbeschränkt und frei.« Wow, das ist nun wirklich und wahrhaftig eine große Aussage! Aber es ist auch eine wunderbare Wahrheit, die nur zutage gefördert werden kann, wenn man regelmäßig danach forscht und sie aufdeckt.

    Das bringt uns zu Frage Nummer zwei.

2. Wie würde ich handeln, denken, mich bewegen und ausdrücken, wenn die Welt mir nie gesagt hätte, wie ich mich benehmen soll? Sobald du eine Antwort auf diese Frage hast, könntest du noch mehr Fragen dazu stellen: Wenn ich dieser Mensch wäre, der sich ohne Beschränkung ausdrücken kann, wie würde ich aussehen? Wie würde ich mich anziehen? Was würde ich von mir denken?

    Mir wurde oft in meinem Leben von wohlmeinenden Leuten gesagt, dass ich stiller sein soll, und das nahm mir jedes Mal etwas von meiner Selbstachtung. Ich fühlte mich befangen, als ob ich etwas falsch mache, wenn ich mich frei ausdrücke. Also: Wer wäre ich, wenn niemand das jemals zu mir gesagt hätte?

Nun kommen wir endlich zu Frage Nummer drei.
3. Und jetzt, wo ich weiß, wer ich wirklich bin und wie ich mich ausdrücken würde, wenn ich vollkommen frei wäre: Was fange ich mit dieser Information an? Damit beginnt die Arbeit, sich echten Mut und authentisches Selbstvertrauen aufzubauen. Nun musst du praktizieren, was du weißt, statt dich an die Unwahrheit zu halten, die man dir eingeredet hat. Und das kann große Angst machen.

Sollst du die Angst spüren ... und es trotzdem tun?
Ja, ich spüre die Angst und mache trotzdem, was ich will ... aber mit einem Vorbehalt. Manchmal ist es eine nervenaufreibende Erfahrung, etwas trotz seiner Angst zu tun. Die Angst ist groß und macht mich angespannt. Ich muss gegen sie ankämpfen, während sie mich in ihrem Würgegriff hält, sodass sich alles gezwungen und schmerzhaft anfühlt. Hast du schon einmal ähnlich gefühlt? Dir zittern die Knie, aber du stapfst trotzdem voran. Es fühlt sich an, als würdest du gegen einen Wirbelsturm anlaufen.

Ein Gespräch mit Josh Becker, dem Moderator des Podcasts *I Simply Am*, hat verändert, wie ich »die Angst spüre und es trotzdem tue«. Zu dieser Zeit war er noch ein Fremder für mich; mittlerweile ist er ein guter Freund geworden. In diesem ersten Gespräch sagte er etwas zu mir, das mich zwar schwer getroffen, mir aber zu einer großen Einsicht verholfen hat. »Ich höre, wie Sie über Ihre Ziele sprechen«, sagte er, »und ich bewundere Ihre Arbeit sehr, aber Sie wirken so verzweifelt.« Wow. Das saß! Doch dann holte ich tief Luft und entschied mich dafür, nicht abwehrend zu reagieren.

»Inwiefern bin ich verzweifelt?«, fragte ich. »Das verstehe ich nicht. Ich stehe wirklich hinter dem, was ich mache, und der

Botschaft, die ich verbreite.« Ich wollte aufrichtig die Antwort wissen.

»Es ist keine Verzweiflung, weil Sie etwas für sich selbst wollen. Es ist Verzweiflung, dass Sie nicht genug Menschen erreichen, dass viele Menschen nicht rechtzeitig bekommen, was sie brauchen, wenn Ihre Reichweite nicht schnell genug wächst«, antwortete er. »Aber es fühlt sich auch so an, als ob Sie diese Angst ständig vor sich selbst verleugnen und damit ringen, statt sie einfach zuzulassen und mitzubringen – zu akzeptieren, dass diese Angst da ist.«

Aha! Das habe ich sofort verstanden. Ich hatte meine Angst als Bürde begriffen. Un dieses neue Bewusstsein machte das Gewicht der Angst bereits leichter. Nicht, weil die Angst wegging, das war nicht der Fall! Sie war immer noch stark präsent, aber ich reagierte auf eine leicht veränderte Weise darauf. Ich musste sie nicht als etwas betrachten, was mich zurückhielt. Ich konnte die Angst und gleichzeitig Mut spüren. Sie konnten gewissermaßen als Freunde statt als Feinde nebeneinander existieren.

In vielerlei Hinsicht war es wieder dieser Effekt, wo eines zum anderen kommt. Ich hatte Angst vor meiner Angst – Angst davor, dass sie mir in die Quere kommen würde. »Die Angst zu spüren und es trotzdem zu tun« funktioniert am besten, wenn wir Frieden damit schließen, dass die Angst da ist, und Wege finden, sie uns zunutze zu machen. Ich habe zum Beispiel jedes Mal Angst, wenn ich aufstehen und vor einem Publikum reden muss. Mein Herz rast, meine Gedanken schwirren, und ich bin fest davon überzeugt, dass ich mich wie eine brabbelnde Idiotin anhöre. Selbst mit meiner fortgeschrittenen Meditationspraxis in Selbstfürsorge/Selbstliebe fühle ich all diese Dinge. Aber ich versuche nicht, die Angst loszuwerden. Ich akzeptiere sie. Ich sage mir: »Ja, ich fühle mich ängstlich. Das ist eine ganz natürliche Reaktion darauf, wenn man in der Öffentlichkeit reden soll. Ich weiß aber, wovon ich rede, und habe etwas Wertvolles mitzuteilen.« Wie du siehst, kann ich die Angst spüren, aber gleichzeitig auch Selbstvertrauen. Ich kann beides spüren und trotzdem eine Hammerrede abliefern. Die Angst zeigt sich vielleicht, aber sie hält mich nicht auf.

Normalerweise ist Angst eine Illusion, die manipuliert und verändert werden kann. Die Wahrheit ist beständig und mächtig. Verbinde dich mit deiner Wahrheit, um Mut und Selbstvertrauen zu kultivieren.

Wenn ich Kindern Angst erkläre, sage ich ihnen immer, dass ich mir Angst als eine große, dunkle, geheimnisvolle Kugel vorstelle. Wenn ich mir Fragen über die Angst stelle und neugierig auf sie werde, dann wird das Geheimnis immer kleiner. Selbst wenn ich nicht auf alle Fragen eine Antwort habe, lässt schon die Neugier allein die Kugel »schrumpfen«. Ich kann mich zum Beispiel fragen: »Woher kommt die Angst – von einer früheren Erfahrung? Was ist das Schlimmste, was passieren könnte, was ist meine größte Angst? Wie wahrscheinlich ist es, dass meine größte Angst wahr wird? Wenn ich mich von der Angst aufhalten lasse, was sind die Folgen? Zum Beispiel, wenn ich nie anfange, als Lehrerin zu arbeiten? Oder nie mein Buch schreibe?«

In meinen Antworten wäge ich die Pros und Kontras ab, und dabei löst sich das Geheimnis allmählich auf. Sagen wir, die Angst dreht sich tatsächlich um das Schreiben meines Buches. Dann könnte ich die Fragen in etwa so beantworten: »Die Angst stammt wahrscheinlich aus früheren Erfahrungen, als ich das Gefühl hatte, verspottet zu werden oder etwas nicht perfekt gemacht zu haben. Die größte Angst ist, dass ich auf die Nase falle und alle das

Buch schlecht finden. Aber wie wahrscheinlich ist es, dass mein Buch furchtbar schlecht ist? Wenn ein Verlag es für gut genug hält, muss es gut genug sein. Es wird vermutlich nicht jedem gefallen, der es liest, aber das ist okay. Ich bin mir sicher, dass es vielen Leuten gefallen *wird*. Was ist, wenn ich mich von meiner Angst aufhalten lasse und das Buch *nicht* schreibe? Was wären die Folgen? Zunächst wäre ich enttäuscht von mir selbst, weil ich der Angst nachgegeben habe. Ich hätte die Gelegenheit verpasst, zu wachsen und anderen zu helfen. Ich hätte die Chance verpasst, der Mensch zu sein, der ich gern sein möchte.« Das sind heftige Konsequenzen – in meinen Augen schlimmer als die Möglichkeit zu versagen. Allein das zu klären führte dazu, dass ich es sogar noch mehr tun wollte. Wie könnte ich mich von meinen Ängsten abhalten lassen, das auszudrücken, was – wie ich mit Herz und Seele weiß – meine Bestimmung in diesem Leben ist?

Die Angst mag es nicht, wenn man ihr Fragen stellt. Nichts, was in der Dunkelheit existiert, wird gern ins Scheinwerferlicht gerückt. Wenn wir unseren Lichtkegel auf die Angst richten, indem wir ihr Fragen stellen, duckt sie sich und wird kleiner. Bald ist deine Kugel aus Angst so winzig, dass sie in die Hosentasche passt. Dann ist sie bloß noch eine winzige, unbedeutende Kleinigkeit, die du mit dir herumträgst – weder ein riesiger Wirbelsturm, gegen den du ankämpfen musst, noch eine große, schwarze, geheimnisvolle Kugel, die dich niederdrückt.

VERBREITE LIEBE
Meine Angst schrumpft, wenn ich sie neugierig statt wertend untersuche. #YH4M

Während deine Angst zu einer winzigen, dunklen, geheimnisvollen Murmel in deiner Hosentasche schrumpft, wird Platz für deine göttliche Bestimmung geschaffen – den Kern dessen, wer du warst, als du in diesem Körper ankamst. Sie wird dich mit Leidenschaft und Freude erfüllen. Du kannst dich leichter mit dem Mut, dem Selbstvertrauen und der Freiheit verbinden, die du hattest, bevor du dich davor zu fürchten begannst, die Person zu sein, die du bist.

Können Angst und Liebe gemeinsam existieren?

Vielleicht hast du schon mal gehört, dass Liebe die Abwesenheit von Angst sei oder dass es keine Liebe sei, wenn wir Angst haben. Ich glaube nicht, dass dies stimmt. Angst ist nicht zwangsläufig der Feind der Liebe. Wir sind schließlich Menschen, und Angst ist etwas, was wir alle verspüren. Wir sind nicht so perfekt, dass Liebe nur in Abwesenheit von Angst vorkommt. Wie unfair wäre es, wenn wir uns selbst nur lieben könnten, wenn wir niemals Angst hätten (was übrigens unmöglich ist)? Wir können Angst haben und dennoch aus Liebe handeln.

Ich glaube fest daran, dass Angst und Liebe zusammen abhängen und die besten Kumpel sein können. Beide können uns helfen zu wachsen und die Lehrer werden, die wir brauchen, um uns zum Erfolg zu führen. Angst kann ebenso ein Motivator wie ein Motivationskiller sein. Also spür die Angst, aber handle aus Liebe – das ist der Weg.

Über Angst meditieren

Wenn ich merke, dass ich Angst verspüre, verwende ich kein Mantra wie »Ich bin tapfer«. Ich tue nicht so, als hätte ich keine Angst. Für mich geht es bei Tapferkeit nicht um blindes Vertrauen. Es geht darum, anzuerkennen, dass die Angst präsent ist, während ich vorwärtsgehe. Vielleicht sage ich sogar: »In diesem Augenblick kämpfe ich mit Angst.« Wenn ich das tue, eröffne ich Raum für neue Möglichkeiten. Das gibt mir die Gelegenheit, die Weichen für den Erfolg zu stellen. Ich achte darauf, nicht zu sagen: »Ich bin ängstlich«, sondern: »Ich *habe* Angst.«

Denk dran: Du bist *nicht* deine Angst, aber du *hast* vielleicht gerade ein bisschen Angst. Sie zu *haben* bedeutet, dass sie etwas ist, was du loslassen kannst – wie eine materielle Habseligkeit, die du wegzuwerfen beschließt (oder an der du dich wenigstens nicht mehr so sehr festklammern willst). Deine Angst ist kein Teil von dir; sie ist etwas *außerhalb* von dir. Sie ist eine Murmel in deiner Hosentasche, die du vielleicht eines Tages wegwerfen kannst. Diese subtile Umdeutung kann dabei helfen, dass sich die Angst auflöst.

Einfach anzuerkennen, dass ich momentan mit Angst kämpfe, gibt mir die Möglichkeit, Erfolg zu haben. Meine Angst sagt mir womöglich: »Du kannst nicht …«, doch in Wahrheit ringe ich nur gerade mit der Angst, es nicht zu können. Vielleicht glaube ich noch nicht an mich selbst, aber irgendwann werde ich an mich glauben, wenn ich mich weiterhin regelmäßig mit meiner Bestimmung verbinde.

Ich trage immer noch ganze Hosentaschen voller Murmeln mit mir herum, aber sie drücken mich nicht mehr so nieder wie früher. Nach wie vor steigt Angst in mir hoch, wenn es darum geht, mich selbst auszudrücken. Ich bin ein Mensch, daher ist das wohl unvermeidlich. Aber ich habe den starken Wunsch, meiner Bestimmung gemäß zu leben. Ich will meine Wahrheit aussprechen, und ich will, dass meine Stimme gehört wird. Ich möchte mich nicht verstecken oder das Gefühl haben, dass ich meine wahren Gefühle nicht herauslassen darf, um mich oder andere zu schützen.

VERBREITE LIEBE
Meine Wahrheit auszusprechen ist ein ultimativer Ausdruck der Liebe für andere und mich selbst. #YH4M

Was möchtest du sehnlichst gern tun, wovon deine Angst dich abhält? Wofür fürchtest du, noch nicht bereit zu sein? Wozu fordert deine Bestimmung dich auf? Denk beim Meditieren darüber nach, welche Dinge du dafür gern tun würdest. Wenn du Mut und Selbstvertrauen in der Meditation kultivierst, was wirst du dann tun? Was wirst du ausdrücken?

Meditation zum Annehmen der Angst
Vorbereitung/Über diese Meditation

Ich bin, Gott sei Dank, endlich an einem Punkt in meinem Leben angelangt, an dem ich sagen kann, dass die Angst und ich cool miteinander umgehen. Früher habe ich viel Zeit dafür verwendet, Angst zu vermeiden, Angst zu bekämpfen und allzu oft der Angst nachzugeben. Ich kann nicht sagen, dass ich mir nicht wünschte, wenigstens etwas von dieser Zeit zurückzubekommen. Ich hätte viel mehr Spaß haben können, wenn ich einfach die Dinge getan hätte, vor denen ich Angst hatte, statt sie nicht zu tun und es jetzt zu bereuen. Ich ließ mich von meiner Angst zurückhalten, und das ist schade. Inzwischen nehme ich die Angst einfach mit, und wir haben eine tolle Zeit miteinander.

Diese Meditation heißt Meditation zum Annehmen der Angst, aber die Bezeichnung ist wahrscheinlich etwas irreführend. Eigentlich ist es eine Meditation zum Annehmen der Tatsache, dass Angst existiert und dass das in Ordnung ist, weil Angst nur in unserer Vorstellung existiert. Sie bestimmt nicht, wer du bist, und kann dich nicht wirklich von irgendetwas abhalten, sofern du es nicht zulässt. Aber das war wirklich ein viel zu langer Name für eine Meditation!

Angst kommt vor. Wir können viel Zeit damit verbringen, sie zu sezieren, sie zu untersuchen oder zu fragen, warum sie überhaupt da ist. Oder wir sparen uns all das für einen verregneten Tag auf und machen damit weiter, sie zuzulassen. Ich wette, wenn du diese Meditation liest, hält Angst dich in irgendeinem Bereich deines Lebens zurück, und du bist bereit weiterzugehen. Verschwenden wir keine weitere Sekunde.

Wann? Wie ein unwillkommener Hausgast neigt die Angst dazu, ohne Voranmeldung und zum ungelegensten Zeitpunkt aufzukreuzen. Es ist, als ob die Angst riechen könnte, wann ein monumental wichtiges Ereignis in deinem Leben bevorsteht, und sich einen Platz in der ersten Reihe reserviert. Genau in der Mitte. Und dann unterbricht sie dich von dort dauernd mit Zwischenrufen. Sie pflanzt dir vollkommen unwahrscheinliche Szenarien in den Kopf – totale Demütigung, monumentales Versagen oder gar Sterben! Das beschreibt zum Beispiel einen klassischen Fall von Lampenfieber. In diesem Fall wirkt die Angst wie ein Riesenarsch, und du musst sie nicht annehmen, wenn dir nicht danach ist. Aber du musst akzeptieren, dass sie einen wertvollen Zweck erfüllt, weil du sonst riskierst, den kühlen Kopf zu verlieren, und am Ende *selbst* wie ein Riesenarsch wirkst. Also mach diese Meditation vor jedem Ereignis, bei dem du ein unangekündigtes Erscheinen der Angst vorhersehen kannst.

Es gibt auch Umstände, bei denen du dich über einen längeren Zeitraum mit einem Problem oder Projekt herumschlagen musst – geplagt von Aufschieberitis – und nicht vorankommst. In diesem Fall kommt die Angst in Verkleidung daher. Wenn ihre wahre Identität endlich enthüllt wird, kann die Angst dich lehren, wie du Blockaden erkennen und beseitigen kannst. Aber du musst nicht viel Zeit aufwenden, um deine Angst oder das, was sie dich lehren will, aufzudecken. Einfach nur anzuerkennen, dass es etwas zu lernen gibt, kann die Lektion schon offenbaren. Mach diese Meditation in Zeiten fortgesetzter Belastung oder Prokrastination, um der Angst Raum zu geben, sich selbst zu zeigen.

Wo? Übe an deinem Lieblingsmeditationsort, deine Angst anzunehmen, oder mach diese Meditation, wo du gerade bist, wenn du sie am meisten brauchst.

Haltung? Setz dich entspannt im Schneidersitz hin und lass die Hände mit nach oben gedrehten Handflächen auf den Knien oder Oberschenkeln ruhen. Auch wenn du entspannt sitzt, solltest du trotzdem schön aufrecht sitzen. Die Energie soll frei vom Scheitel bis zum Gesäß durch deinen Körper fließen können. Achte einfach nur darauf, nicht zu steif zu sein – steife Muskeln können den Energiefluss unterbrechen.

Öffne und schließ die Augen, wenn du dazu angeleitet wirst.

Du hast 4 Minuten, um dich mit der Angst anzufreunden.

Angst ist nun schon lange ein Teil deines Lebens, und manchmal hat sie dich davon abgehalten, all das Gute zu erleben, das auf dich wartet. Lass uns die Angst von einer Bürde, die dich herunterzieht, in deinen neuen Reisebegleiter verwandeln. Die Angst kommt mit auf die Reise, aber du bestimmst, wo es hingeht.

1. Richte deine Aufmerksamkeit auf deinen Atem, so wie er in diesem Moment ist. Studier sorgfältig die Eigenschaften deiner natürlichen Atemzüge beim Ein- und Ausatmen. Sind sie schnell oder langsam, flach oder tief? Folge weiter deiner Atmung, ohne zu versuchen, sie zu verändern.
2. Wandere mit der Aufmerksamkeit durch deinen Körper, vom Scheitel bis hinunter in dein Gesäß und dann durch die Beine bis in die Zehenspitzen. Während du im Geiste jeden Teil deines Körpers durchgehst, lass jede Muskelanspannung los, die du findest. Mach das, indem du tief einatmest und bei einem tiefen, loslassenden Ausatmen den Muskel löst. Gib dir selbst genug Zeit – bis zu zehn Atemzyklen lang –, um deinen Körper gründlich zu durchsuchen.
3. Lass deine Konzentration wieder zu deinem Atem zurückkehren. Beginne mit der Gleichmäßigen Atmung, indem du die Dauer jedes Atemzuges beim Ausatmen an die Dauer des vorhergehenden Atemzuges beim Einatmen anpasst. Du hast die Kontrolle über deine Gedanken, deine Atmung und deine Handlungen. Die Angst hat keine Macht über dich. Du bist dabei, eine klare Botschaft ans Universum zu senden, dass du nicht von deiner Angst geleitet wirst. Du bist der Steuermann auf dieser Reise.

4. Lies dein erstes Mantra und schließ dann die Augen (oder lass den Fokus deines Blickfeldes weicher werden), um es beim Ausatmen von fünf vollen Atemzyklen zu wiederholen. Sag die Mantren laut, wenn es sich angenehm anfühlt. Nachdem du mit dem ersten Mantra fertig bist, geh zum zweiten Mantra über.

Mantra 1
Ich habe Angst, aber ich fürchte mich nicht.

Mantra 2
Angst ist ein Lehrer, der viele Geschenke mit sich bringt.
Ich bin offen für die Lektionen.

5. Kehr zur Gleichmäßigen Atmung zurück und konzentrier dich voll und ganz darauf, ihren regelmäßigen Rhythmus aufrechtzuerhalten. Du fühlst dich sicher, entspannt und voller Frieden. Du wirst in deiner Fähigkeit bestärkt, ruhig zu bleiben und deiner Angst entgegenzutreten.
6. Tu dies solange es sich gut anfühlt. Wenn du bereit bist, öffne die Augen und nimm deinen Alltag wieder auf.

 Meditation für Selbstvertrauen
Vorbereitung/Über diese Meditation

Sobald du wirklich akzeptierst, dass du göttliche Liebe bist, die in völligem Einklang mit ihrer Bestimmung steht, fällt es dir viel leichter, dich selbst auszudrücken. Zweifel befeuern die Angst; Wissen weckt Selbstvertrauen.

Selbstvertrauen ist das wunderbare Nebenprodukt, wenn man seine Bestimmung erkennt und sich pflichtbewusst dem Ausdruck dieser Bestimmung widmet. Du wurdest mit einer sehr wichtigen Mission betraut, die du erfüllen musst, und diese Mission auszuführen erfordert etwas Selbstvertrauen. Sei gewarnt – deine Bestimmung anderen mitzuteilen fühlt sich manchmal nicht gerade toll an. Es kann erschreckend sein.

Selbstvertrauen zeigt sich nicht nur in der Abwesenheit von Angst. Du kannst Angst verspüren und dich trotzdem selbstbewusst ausdrücken. Weil du von der göttlichen Macht unterstützt wirst, die dich überhaupt erst auf deine Mission geschickt hat, kannst du Angst haben und dennoch die Rolle eines einflussreichen Lichtverbreiters einnehmen. Das Universum will, dass du deine Bestimmung zeigst; es will, dass du Erfolg hast. Deine Stimme zu unterdrücken verleugnet die ganze Welt der göttlichen Liebe und heilenden Wahrheit.

Von Dr. Maya Angelou stammt das bekannte Zitat:»Wenn du etwas bekommst, gib. Wenn du lernst, lehre.« Du bist mit einer Bestimmung gesegnet und mit einer Stimme, um sie auszudrücken. Du hast eine große Aufgabe zu erledigen, also bereiten wir dich mit einer Meditation vor, um deine gute Arbeit zu unterstützen.

Wann? Mach deine Selbstvertrauen-Meditation, wenn du Probleme damit hast, dich frei auszudrücken. Du kannst deinen Tag mit dieser Meditation beginnen oder sie zu Zeiten praktizieren, wenn du etwas zusätzliche Unterstützung brauchst, um für dich selbst einzustehen – vor einem wichtigen Geschäftstreffen, einem Feiertagsessen mit der Familie oder einem schwierigen Gespräch mit einem geliebten Menschen oder deinem Lebensgefährten.

Wo? Wenn du ein Kapitel nach dem anderen gelesen hast, hast du jetzt die Hälfte der siebenundzwanzig Meditationen in diesem

Buch hinter dir. Ich hoffe, du hast dir mittlerweile einen Lieblingsmeditationsort sichern können. Es ist wichtig, dass du dir nicht nur in deinem Terminkalender Zeit zum Meditieren nimmst, sondern auch physisch Raum zum Meditieren schaffst. Dein Platz kann ein eigens dafür bestimmtes Zimmer, die Speisekammer oder der Vordersitz deines Autos sein. Mein bevorzugter Ort ist immer noch mein Wäschezimmer. Wichtig ist nur, dass du dich an diesem Ort sicher fühlst und dass du dort meditieren kannst, ohne gestört zu werden.

Haltung? Setz dich aufrecht im Schneidersitz hin. Du solltest dich in dieser Sitzhaltung nicht nur stark fühlen, sondern auch stark aussehen. Schlag die Anleitung zum Schneidersitz in Kapitel 2 nach, falls du Hilfe dabei brauchst, dich bequem im Schneidersitz hinzusetzen und dabei ordentlich aufgerichtet zu bleiben.

Leg die Hände in der *Kubera Mudra* auf den Knien oder Oberschenkeln ab. Führ dazu die Spitze des gekrümmten Ringfingers und des kleinen Fingers in die Mitte der Handfläche und drück die restlichen Fingerspitzen der beiden Hände zusammen. Diese Mudra ist angezeigt, um Selbstvertrauen zu fördern, und hilft, die Mantren in deinem Unterbewusstsein zu verankern.

Lass die Augen offen, um die einzelnen Schritte der Meditationsanleitung zu lesen, und beim Sprechen der Mantren geschlossen, falls es dir möglich ist.

Du hast 4 Minuten, um dich mutig auszudrücken.

Das Universum hat dir eine Bestimmung und eine Perspektive geschenkt, und außerdem eine einzigartige Stimme, mit der du beides der Welt gegenüber ausdrücken sollst. Es ist deine Mission, deine Stimme zu achten, indem du sie frei äußerst – zu deinem eigenen Glück und zum Glück der Menschen um dich herum. Vertrau auf die Gewissheit, dass es ein Ausdruck der Dankbarkeit dem Universum gegenüber ist, andere an deiner Stimme teilhaben zu lassen. Sie ist eine Verlängerung der Liebe Gottes in die Welt hinein.

1. Setz dich mit geschlossenen Augen im Schneidersitz hin (oder lass den Fokus deines Blickfeldes weicher werden). Halt deine Hände in der *Kubera Mudra*. Fang an, tief ein- und auszuatmen. Füll deinen Körper bei jedem Einatmen bis ganz unten in dein Gesäß aus und atme beim Ausatmen noch das letzte bisschen Luft aus deinem Körper hinaus. Mach nach jedem Ausatmen eine kurze Pause, bevor du wieder einatmest. Halte dieses Atemmuster mindestens zehn volle Atemzyklen lang durch. Öffne dann die Augen, um deine Mantren zu lesen.

Du spürst bereits ein höheres Energieniveau in deinem gesamten Körper. Ein Kribbeln läuft deine Arme und Beine hinauf und hinunter – du spürst diese Schwingung bis in deine Finger und Zehen hinein. Mit jedem Einatmen ziehst du mehr Lebenskraft in deinen Körper. Du greifst auf die Kraft des Universums zurück, um die Samen des Mutes energetisch zu nähren, die bereits in dir gepflanzt wurden. Dein physischer Körper ist nun darauf vorbereitet, die volle Entschlusskraft deiner Mantren zu empfangen.

2. Lies dein erstes Mantra. Dann schließ die Augen und wiederhol es entweder im Stillen oder laut beim Ausatmen, fünf ganze Atemzyklen lang. Wenn du damit fertig bist, lies das nächste Mantra und wiederhol es ebenfalls fünf Atemzüge lang.

Mantra 1
Ich achte meine Bestimmung,
indem ich meine Wahrheit ausspreche.

Mantra 2
Meine Wahrheit auszusprechen
ist ein Ausdruck meiner Liebe für andere und mich selbst.

3. Atme weiter tief ein und aus. Die Energie strömt frei in dich hinein und um dich herum. Nimm wahr, wie du jetzt aufrechter sitzt, wie dein Brustkorb weit nach vorn geöffnet ist und wie dein ganzer Körper wacher zu sein scheint.
4. Versiegle deine Übung, indem du drei Atemzyklen lang bei jedem Ausatmen ein letztes Mantra wiederholst: »Ich liebe, wer ich bin. Ich liebe, was ich zu sagen habe.«

Meditation zum Aktivwerden
Vorbereitung/Über diese Meditation

Du hast die Angst nicht ausgelöscht, sondern sie als Teil deines Lebens akzeptiert. Du wurdest mit Ideen und Wünschen und einer einzigartigen Stimme gesegnet, die sich danach sehnen, freigelassen zu werden, und du hast jetzt verstanden, dass es deine Pflicht ist, diese göttlichen Wahrheiten mit anderen zu teilen: Das Universum befiehlt es! Du bist bereit für den nächsten Schritt – den Teil der Reise, bei dem du deine Konzentration nicht mehr nach innen richtest, sondern dazu übergehst, deine liebevolle Energie auszusenden.

Erfolg, Glück und ein einflussreicher Lehrer für andere zu werden – all das gehört zu deinem unausweichlichen Schicksal. Dir wurden die nötigen Werkzeuge dafür gegeben, daher hast du

keine andere Wahl, als mit zuversichtlichem Enthusiasmus deinem Erfolg entgegenzugehen. Jede andere Entscheidung verleugnet die Wahrheit und verschwendet kostbare Zeit. Du bist bereit, und die Welt wartet auf dich.
Also kommen wir zur Sache und verbreiten Liebe. Das ist der Teil, der Spaß macht! Du trägst alles zusammen, was du in den ersten sieben Kapiteln dieses Buches gelernt hast, und wendest es an – nicht nur für dich selbst, sondern auch für andere Menschen. Es ist wichtig zu verstehen, dass selbst kleine Taten viel bewirken können. Du kannst das Bewusstsein und die physische Welt verändern, indem du andere an deiner Bestimmung teilhaben lässt, ganz gleich, wie groß oder schlicht sie auch sein mag. Es ist tatsächlich so: Wenn du das Herz eines einzigen Menschen berührt hast, hast du die ganze Welt für immer verändert.

Die Arbeit ist nicht schwierig. Es geht nur darum, einen Schritt nach dem anderen zu machen, trotz deiner Angst. Die Unterstützung deines liebevollen Schöpfers und deine Pflicht, deine Bestimmung zu erfüllen, verleihen dir Kraft. Liebe, werde geliebt, lerne und lehre. Tu regelmäßig etwas und geh vorwärts. Sei dir gewiss, dass das Universum dir Rückendeckung gibt. Gestatte dir selbst, Angst zu haben, aber in dem Wissen, dass sie dich nicht aufhalten kann. Steck sie in deine Hosentasche und mach weiter.

Wann? Wenn das Universum dich dazu aufruft, aktiv zu werden, sei vorbereitet! Mach diese Meditation regelmäßig, um dich dazu zu erziehen, dich diszipliniert auf deine Ziele zuzubewegen. Der Werktagmorgen vor der Arbeit ist eine großartige Zeit für die Meditation zum Aktivwerden.
Greif auf die Kraft dieser Meditation zurück, wann immer eine energetische Lähmung eintritt. Wenn du in einer Phase des

Aufschiebens feststeckst, lass diese Meditation deinen ersten Schritt hinaus anleiten.

Wo? Meditier an irgendeinem ruhigen Ort, an dem du dich wohlfühlst. Dies ist eine kraftvolle Meditation, die zum Handeln anregen soll. Wenn du die Mantren laut an einem privaten Meditationsort liest, macht das die Meditation möglicherweise noch wirkungsvoller.

Haltung? Setz dich aufrecht im Schneidersitz hin. Auch hier rate ich dir, die *Kubera Mudra* zu verwenden. Falls du keine Handmudras benutzen möchtest, leg die Hände mit nach oben gedrehten Handflächen auf den Knien oder Oberschenkeln ab.

Kannst du dich mit offenen Augen auf deine Meditation konzentrieren? Wollen wir es herausfinden? Lass die Augen offen, nachdem du die einzelnen Schritte der Anleitung gelesen hast, und richte deinen Blick auf einen einzigen Gegenstand.

**Du hast 4 Minuten,
um die Angst zu spüren und es trotzdem zu tun.**

Du hast Angst, aber du bist nicht ängstlich. Du hast die Werkzeuge. Du hast das Wissen. Das Universum gibt dir Rückendeckung. Du bist bereit, den nächsten Schritt nach vorn zu machen, einen Schritt näher zu deinem unausweichlichen Erfolg. Fangen wir an.

1. Setz dich im Schneidersitz hin, die Hände in der *Kubera Mudra* (wenn du willst). Richte deine Aufmerksamkeit auf deine natürliche Atmung. Falls du Angst oder Nervosität verspürst, lass dir von jedem Atemzug bestätigen, dass du in diesem

Augenblick in Sicherheit bist. Zähl im Stillen jeden Atemzyklus von einem vollen Ein- und einem vollen Ausatmen mit, bis du bei zehn angelangt bist.
1 … 2 … 3 … 4 … 5 … 6 … 7 … 8 … 9 … 10
Nimm wahr, wie dein Atem bereits ruhiger und langsamer wird. Nimm wahr, wie dein Körper sich entspannt. Du bist bereit, deine Reise zum Erfolg anzutreten.
2. Halt die Augen offen und den Blick sanft auf einen Gegenstand vor dir gerichtet, während du jedes deiner Mantren beim Ausatmen laut aussprichst, fünf volle Atemzyklen lang.

Mantra 1
Das Universum unterstützt mich.
Der Erfolg wartet auf mich.

Mantra 2
Ich stecke nicht körperlich fest.
Ich bewege mich leicht durch die Angst.

Angst kann dich nur festhalten, wenn du es zulässt. Es ist deine Entscheidung, in jedem Moment aktiv zu werden. Die Angst kommt mit auf die Reise; du bist der Kapitän auf deinem Schiff.
3. Lies die folgenden Worte laut vor und lass dir dabei Zeit, den Geist der Botschaft ganz in dich aufzunehmen. Wenn du fertig bist, nimm einen letzten tiefen Atemzug und kehr in deinen Alltag zurück. »Heute werde ich mich in die Welt begeben – furchtlos und in dem Wissen, dass ich alles habe, was ich brauche, um erfolgreich zu sein. Ich sage nicht: ›Ich kann das nicht.‹ Stattdessen sage ich: ›Im Moment kämpfe ich noch damit.‹ Wenn ich Möglichkeiten und Raum für Erfolg

schaffe, trete ich mit Leichtigkeit in die Rolle eines erfolgreichen Menschen. Meine Fehler, meine Schwächen und meine nicht-so-optimalen Entscheidungen haben alle meiner Reise zum erleuchteten Erfolg gedient. Ich habe nichts zu befürchten. Ich werde bei meinen Bemühungen unterstützt.«

Kapitel 8

4 Minuten, um deine Beziehung zu heilen oder den Partner anzuziehen, den du dir wünschst

Als ich noch ein Kleinkind war, hörte meine Familie auf, Weihnachten zu feiern. Meine Eltern sagten, es sei aus religiösen Gründen, wegen finanzieller Probleme und weil sie gegen den Materialismus seien. Als ich eingeschult wurde, schämte ich mich deswegen sehr. Ich musste meinen Freundinnen und Freunden erklären, warum wir zwar Christen waren, aber Weihnachten nicht anerkannten.

Eines Tages hörte ich meine Mutter sagen: »Wenn ein Mann in mein Leben treten würde, dem das wirklich wichtig wäre, dann würde ich wieder Weihnachten feiern.« Ich begriff sofort, dass es keine Rolle für sie spielte, ob Weihnachten ihren Kindern wichtig war. Sie würde nur etwas ändern, wenn es einem Mann wichtig wäre. Sie sagte sogar: »Dein Ehemann ist der wichtigste Mensch in deinem Leben. Alle anderen kommen nach ihm.« Meine Mutter brachte nicht das Argument vor, dass eine starke Beziehung zu ihrem Partner das Fundament einer glücklichen Familie ist – daran glaube ich auch und praktiziere es in meinem eigenen Leben. Sie sagte, dass ihr die Männer in ihrem Leben wichtiger waren als wir.

Als ich zehn Jahre alt war und meine kleine Schwester sieben, nachdem unsere Eltern sich getrennt hatten, ging meine Mutter eine Beziehung zu einem Mann ein, den wir unseren Stiefvater nannten, obwohl er und meine Mutter nie heirateten. Meine Mutter machte ihre Worte wahr und feierte wieder Weihnachten, weil der neue Mann in ihrem Leben das so wollte. So bewies sie, was ich schon befürchtet hatte.

Dies war nur eine von vielen Beziehungen, in denen meine Mutter die Bedürfnisse und Wünsche der Männer in ihrem Leben über die ihrer Kinder und selbst ihre eigenen stellte. Ich sah zu, wie sie sich immer wieder abwertete, um die Zuneigung dieser Männer zu bekommen. Und ich habe es verinnerlicht. Durch die Handlungen und Worte meiner Mutter wurde mir beigebracht, dass Frauen einfach nicht so wichtig sind wie Männer. Infolgedessen wertete ich mich als Heranwachsende nicht nur selbst ab, sondern wusste Mädchen auch nicht als Freundinnen zu schätzen.

Ich war immer eher burschikos und hatte bessere Freundschaften mit Jungs. In der Highschool war mein fester Freund gleichzeitig mein bester Kumpel, und meine Freundschaften mit Mädchen waren eher oberflächlich. Wenn ich mal eine Freundin hatte, wurde sie immer für die Jungs hintangestellt.

In meinen Augen waren Mädchen etwas, was kommt und geht, während man bei einem Jungen will, dass er bleibt. Er war wertvoll und wurde hoch geachtet. Aufgrund dessen, was man mich gelehrt hatte, betrachtete ich Frauen einfach nicht als wertvoll in meinem Leben. Ich sah nicht, wozu ich sie brauchte. Ich hielt Mädchen für eifersüchtig, stutenbissig und hinterhältig, daher hatte ich Angst, sie zu nah an mich heranzulassen. Aber in Wahrheit war ich diejenige, die voreingenommen und illoyal war. Ich kann mich daran erinnern, dass ich schon mit zehn Jahren neidisch auf andere Mädchen war, die schöne Kleider hatten. Ich fühlte mich unwürdig, mich ihnen zu nähern und mit ihnen anzufreunden. Auf diese Weise zog ich Mädchen an, die mich perfekt widerspiegelten, statt freundliche Mädchen, die echte Freundinnen hätten sein können. Ich war einfach nicht fähig, ihnen eine gute Freundin zu sein.

Ich war auch mir selbst keine gute Freundin. Wenn du Frauen als wertlos betrachtest, musst du dich ja selbst in diesen Klub mit einschließen. Ich setzte das Muster fort, Männer so hoch zu achten, dass ich bei ihnen blieb, ganz gleich, welche Fehler sie hatten. Dadurch nahm ich viel Missbrauch hin, den ich nie hätte hinnehmen sollen.

Wie die meisten Mädchen folgte ich dem Beispiel meiner Mutter, und sie hatte nie ihre Beziehung zu sich selbst und zu ihrer eigenen Mutter geklärt. Da war sie also – diese unaufhörliche Sehnsucht, durch die Beziehung mit einem Mann vollständig gemacht zu werden.

Lernen, allein zu sein

Als ich meine erste Liebesbeziehung einging, war es geradezu schmerzlich für mich, Zeit allein zu verbringen. Wenn der Mann in meinem Leben aus irgendeinem Grund die Stadt verlassen musste, war das schrecklich für mich, weil ich niemanden sonst hatte, mit dem ich zusammen sein konnte. Ich hatte ihn so sehr zum Mittelpunkt meines Lebens gemacht, dass ich mich von anderen Beziehungen entfremdet hatte – vor allem von Freundschaften mit Frauen. Meine Liebe zu mir selbst hing so stark von der konstanten Zuneigung eines Mannes ab, dass nichts anderes da war, wenn er fehlte – nichts außer mir selbst und meiner Liebesbedürftigkeit.

Wenn ich auf diese Zeit in meinem Leben zurückblicke, erkenne ich, dass es furchtbar gewesen sein muss, in einer Beziehung mit mir zu sein. Ich bereitete dem Mann Schuldgefühle, wenn er mir nicht die Aufmerksamkeit schenkte, nach der ich rund um die Uhr gierte.

Als meine erste Ehe zerbrach, hatte ich entsetzliche Angst. Obwohl es eine zerstörerische Beziehung gewesen war, hatte ich mich in vielen Dingen auf meinen Mann verlassen. Und ich spielte ein grausames Spiel mit mir, das viele von uns spielen, wenn wir eine Trennung durchleiden: »Wenn ich hübscher wäre, wäre er geblieben...« – »Wenn ich netter gewesen wäre, wäre er geblieben...« – »Wenn, wenn, wenn...«

Heute ist mein Leben vollkommen anders. Wenn mein Mann verreist, vermisse ich ihn, aber es ist auch eine schöne Zeit, in der ich mal für mich allein sein kann. Wenn ich heute allein bin, mag ich die Person, die ich bin, und ich verbringe gern Zeit mit mir selbst. Aber es hat etwas Arbeit erfordert, bis ich so weit gekommen bin, und die Meditation hat mir dabei sehr geholfen.

Ein Teil der Übung – die nicht immer leicht für mich war – bestand in der Frage: »Wer bin ich ohne diesen Menschen?« Ich fing mit einer Bestandsaufnahme an, was ich an mir wertschätze. Zuerst musste ich darauf zurückgreifen, was andere über mich gesagt hatten, weil ich noch nicht wirklich glauben konnte, dass ich gute Eigenschaften besaß. Ich weiß, Lehrer sagen immer, dass man seine Selbstachtung aus sich selbst schöpfen soll – ich selbst habe es in diesem Buch auch schon gesagt –, aber alle guten Dinge aufzuschreiben, die andere über mich sagten, half mir zu glauben, dass sie recht hatten. Also ja, es stimmt, dass wir auf wackligen Füßen stehen, wenn wir unser Selbstwertgefühl von anderen beziehen, aber Komplimente von Leuten, denen wir wichtig sind, können uns tatsächlich helfen. Es ist ganz natürlich, sich über das Lob von anderen zu freuen. Ein Problem entsteht nur, wenn wir in uns selbst ein Vakuum haben, in dem kein Selbstwert von innen heraus erzeugt wird.

VERBREITE LIEBE

Ich schätze die guten Menschen in meinem Leben, und ihre gute Meinung von mir schätze ich ebenfalls. #YH4M

Mein Weg, diese Selbstliebe von innen heraus zu entwickeln, sah so aus, dass ich zunächst einmal nahm, was mir von außen gegeben wurde. Ich begann eine Liste mit Komplimenten zu führen, die man mir machte. Irgendjemand sagte einmal etwas Nettes über meine Wimpern. Ich schrieb es auf.

Ich glaubte zunächst nur zögerlich an mein Inventar. Ich war ein bisschen wie der alte *Saturday-Night-Live*-Charakter Stuart Smalley, der immer in den Spiegel sah und seine Affirmationen aufsagte, ohne an sie zu glauben. Ich schrieb: »Ich bin klug, ich bin ehrgeizig, ich kann richtig gut organisieren.« Dann schrieb ich: »Irgendjemand da draußen wird mich hübsch finden.« Das war das Beste, was ich zu dieser Zeit hinkriegte. Um dabei etwas Humor zu bewahren, nannte ich es tatsächlich mein »Jämmerliches Affirmationsbuch«.

Ich bekam mit achtzehn Jahren mein erstes Kind. Als ich mich mit achtundzwanzig scheiden ließ, hatte ich bereits drei Kinder. Ich fühlte mich unattraktiv, und mir graute es bei dem Gedanken, dass mich jemand nackt sah. Ich hatte das Gefühl, inakzeptabel zu sein. Doch langsam, aber sicher nahm ich mein Inventar in mich auf und erkannte, dass das, was ich aufschrieb, stimmte. Ich war wirklich klug. Ich war wirklich hübsch. Ich war wirklich ehrgeizig und talentiert.

Altlasten in Beziehung mitbringen

Während dieser Zeit, in der ich darum kämpfte, meine Selbstachtung zu erhöhen und mich von meiner Scheidung zu erholen, trat – sieh an! – ein neuer Mann in mein Leben. Der Mann, der später *mein* Mann fürs Leben werden sollte. Am Anfang war ich im »Durch Schein zum Sein«-Modus. Ich putzte mich heraus und versuchte, die Frau zu sein, die ich sein wollte – die Frau, die er meiner Meinung nach verdient hatte, obwohl ich ganz und gar nicht das Gefühl hatte, so zu sein.

Ich war so unsicher, dass ich fast einmal pro Monat mit ihm Schluss machte. Ich dachte mir alle möglichen Ausreden aus, warum unsere Beziehung niemals funktionieren würde. Ich machte sogar mit ihm Schluss, weil er morgens nicht früh genug aufstand. »Ich habe Kinder, da ist es nicht okay, dass du erst um zwei Uhr nachmittags aus dem Bett kommst«, sagte ich zu ihm. Jetzt sehe ich ein, dass ich das nur tat, weil ich das Gefühl hatte, ihn nicht verdient zu haben. Aber es stimmt auch, dass wir auf energetischer Ebene nicht zueinanderpassten – noch nicht. Er war psychisch besser aufgestellt als ich. Ich musste unabhängiger werden. Ich musste dorthin kommen, dass ich ihn allein verreisen lassen und meine Zeit ohne ihn genießen konnte. Ich musste meinen eigenen Wert wirklich begreifen, um ihm energetisch ebenbürtig zu sein. Ich brauchte nicht perfekt zu sein, damit es mit uns klappte, aber als sich mein Selbstwertgefühl verbesserte, verbesserte sich unsere Beziehung überproportional dazu.

Ich habe großes Glück, dass er trotz meines Benehmens weiter fest daran glaubte, dass wir die richtigen Partner füreinander waren. Er sah das Potenzial in mir, und er war hartnäckig – auch wenn er inzwischen zugegeben hat, dass unsere ersten Jahre schwer für ihn waren. Trotzdem hat er nicht zugelassen, dass ich ihn von mir wegstieß, und ich werde ihm für seine Standhaftigkeit ewig dankbar sein.

Es lässt sich nicht vermeiden, Altlasten in Beziehungen mitzubringen, aber je mehr ich Meditation und Mantren nutzte, Bücher las und Seminare besuchte, um etwas von diesen Altlasten loszulassen, desto besser wurde unsere Beziehung. Ich wurde auch den Frauen in meinem Leben und mir selbst eine bessere Freundin.

Das Sahnehäubchen

Als mein Selbstwertgefühl zunahm, begann ich meine Zeit allein zu genießen. Ich brauchte meinen Ehemann nicht mehr, um das Vakuum in mir auszufüllen. Solange mein Selbstwert von anderen, besonders von meinem Ehemann, abhing, stand er immer auf tönernen Füßen. Schließlich gibt es selbst in der glücklichsten Beziehung immer ein Auf und Ab, was die Zuneigung angeht. Es bleibt immer eine Sehnsucht bestehen, denn sobald dein Partner einen Tag lang nicht da ist, fühlst du dich verlassen.

Ich begann mich auch als Frau wertzuschätzen, und das führte dazu, dass ich Frauen allgemein mehr wertschätzte. Indem ich mir selbst eine bessere Freundin wurde, öffnete ich mich dafür, anderen Frauen ebenfalls eine gute Freundin zu sein.

Plötzlich und zum ersten Mal in meinem Leben zog ich wunderbare Frauenfreundschaften an. Aus heiterem Himmel fragte mich eine Frau, ob sie mir irgendwie helfen könne. Ich gebe zu, dass ich zunächst etwas skeptisch war. Es war so neu für mich. »Meint sie das ernst? Was will die von mir?«

Als es zum ersten Mal passierte, war es eine Frau, der ich auf der Straße über den Weg lief. »Unsere Kinder spielen doch zusammen Fußball«, sagte sie. Obwohl ich gerade mein viertes Baby bekommen hatte, hatte ich noch nie wirklich enge Beziehungen zu anderen Müttern gehabt – jedenfalls nicht zu ganz normalen Müttern. (Ich hatte zwar meine kleine Crew von Punkrock-Moms aus Staten Island, die gleichzeitig mit mir Babys bekommen hatten, aber ich hatte den Kontakt zu ihnen verloren, als ich vor der Geburt meines dritten Kindes zurück nach New Jersey gezogen war.)

Die andere Fußballmutter begann sich mit mir zu unterhalten, und bot an, jeden Tag mit mir spazieren zu gehen, damit wir beide wieder in Form kommen würden. Unsere Spaziergänge machten viel Spaß, und wir freundeten uns locker miteinander an. Als wir persönlichere Informationen austauschten, offenbarte ich ihr einige Gefühle, die ich nach der Geburt meines Kindes hatte. Sie erkannte, dass ich unter einer postnatalen Depression litt, und gab mir strikte Anweisungen: »Sag deinem Mann, dass du Probleme hast und dass du Angst hast. Wenn ihr das nächste Mal gemeinsam zur Hebamme geht, kannst du ihr wieder sagen, dass es dir ›gut‹ geht, und *er* sagt ihr dann die Wahrheit.« Dadurch hat sie mich gerettet, und ich bekam die Hilfe, die ich brauchte. Wir sind heute noch miteinander befreundet.

Dann fingen Frauen an, mir in meinem Berufsleben zu helfen. Ich entwickelte eine Reihe sehr enger und schöner Freundschaften mit diesen Frauen. Sie unterstützen mich weiterhin, und ich unterstütze sie. Ich habe sogar eine Mentorin angezogen – eine ältere Frau, die mir zu einer zweiten Mutter geworden ist. Tatsächlich ist sie mir auf eine Weise eine Mutter, wie meine biologische Mutter es mir aufgrund ihres eigenen Leides und ihrer eigenen Lasten nie sein konnte.

Obwohl ich eine wunderbare Ehe führe, habe ich heute das Gefühl, dass mein Leben ohne diese Beziehungen zu anderen Frauen nicht vollständig wäre. Ich habe endlich entdeckt, worum es bei Schwesternschaft geht!

VERBREITE LIEBE

Ich muss ein wahrer Freund sein, um wahre Freunde anzuziehen.
Ich ziehe an, was ich bin. #YH4M

Diese Frauen traten in mein Leben, weil ich Meditation und Mantren dazu nutzen konnte, mich allmählich selbst mehr zu lieben und wertzuschätzen. Das heißt nicht, dass ich jetzt herumlaufe und mich jeden Tag liebe. Dich selbst zu lieben ist kein narzisstisches Abenteuer. Ich blicke nicht morgens in den Spiegel und sage: »Ich bin die schönste Frau auf dem Planeten! Ich bin die Klügste! Ich bin die Tollste!« Wie ich schon im Kapitel über den Körper gesagt habe, muss ich nicht alles an meinem Körper mögen oder mich für die zarteste Versuchung halten, seit es Schokolade gibt. Ich habe mich zu jemandem entwickelt, der in den Spiegel sieht und sagt:»Damit arbeite ich. Das ist cool. Mir gefällt es, und ich glaube, den richtigen Leuten gefällt es auch. Ich bin einverstanden damit, ich zu sein, und ich würde mit niemand anderem tauschen. Ich fühle mich wohl in meiner Haut. Ich bin ein vollständiger, ganzer und liebenswürdiger Mensch, der Liebe verdient hat.« Infolgedessen ziehe ich Menschen an, die diese Meinung widerspiegeln. Hasserfüllte Menschen wagen es nicht, mir nahezukommen, weil sie spüren, dass ich sie nicht beachten werde.

Eines habe ich gelernt: Wenn wir mit einem Defizit in eine Beziehung hineingehen – so wie ich es in meiner ersten Ehe und noch am Anfang meiner derzeitigen Ehe getan habe –, dann sind wir am Verhungern, und die Beziehung ist nur ein Pflaster auf einer offenen Wunde. Wenn wir am Verhungern sind, nehmen wir alles – ungesundes Fast Food, das nicht nahrhaft ist ... und missbräuchliche Beziehungen mit gemeinen Mädchen und gefährlichen Männern.

Gehen wir dagegen eine Beziehung ein, während wir uns unseres eigenen Selbstwertes gewiss sind, dann haben wir die Geduld, auf ein gutes, nahrhaftes Mahl zu warten, das wir auskosten und genießen können. Wir *brauchen* es nicht, um unser leeres Leben auszufüllen. Wir *wollen* es nur, damit unser Leben noch besser wird. Und das gute Leben, das wir uns schaffen, wenn wir allein sind, kommt nicht durch Wohlstand oder Schönheit oder beruflichen Erfolg zustande. Es kommt durch Selbstwert.

Je mehr ich gelernt habe, mich selbst zu akzeptieren und zu schätzen, desto mehr wurde die Liebe, die ich von anderen bekam, zum Sahnehäubchen. Und je mehr ich glaubte, der Liebe würdig zu sein, desto mehr Liebe kam in mein Leben.

 Meditation zur Selbstreflexion
Vorbereitung/Über diese Meditation

Um in einer chaotischen Umgebung Frieden zu finden, übe ich *zuzulassen*. Ich lasse zu, was ist, lasse die Sorgen über das los, was ich nicht kontrollieren kann, und richte meine Aufmerksamkeit nur auf Dinge, die ich tatsächlich verändern kann – meine Gedanken, meine Worte und meine Taten.

Um Lösungen für Konflikte mit anderen Menschen zu finden, übe ich *Bewusstsein*. Ich fordere mich selbst heraus, Fragen zu beantworten, die zeigen, wie ich mich in der Beziehung darstelle. Ich frage mich selbst: »Welche Rolle spiele ich in diesem Kampf?«, und: »Kommuniziere ich liebevoll oder wertend?«

In deiner Meditation für Glück habe ich dich dazu angeleitet zu sagen: »Ich bin Licht. Ich bin vibrierende Energie. Ich bin ein Magnet für das Gleiche.« Ein *Magnet für das Gleiche* zu sein ist toll, wenn du Licht und vibrierende Energie bist. Aber was passiert, wenn du wütend, unsicher oder einfach allgemein unglücklich bist? Dann gilt dasselbe Gesetz – du bist ein Magnet für das Gleiche.

In dieser Meditation zur Selbstreflexion übst du, Liebe und Licht überall dorthin zu schicken, wo sie am meisten gebraucht werden. Doch zuerst musst du herausfinden, wo das ist. Ich werde dich dazu anleiten, dir eine Frage zu stellen, zu der ich von meiner Freundin Meggan Watterson angeregt worden bin, einer berühmten Autorin und spirituellen Lehrerin: »Wo ist meine Liebe noch nicht hingelangt?«

Dir während der Meditation Fragen zu stellen kann genauso nützlich sein, wie positive Mantren zu sprechen. Wenn du dir die richtigen Fragen stellst, werden sich die Antworten ohne große Mühe offenbaren. Sobald die Antworten bekannt sind, kann der Prozess der Heilung und des Wachstums beginnen. Dann werden dich die Mantren darüber, *wie du dich der Liebe zeigst*, daran erinnern, wie viel Macht du hast, wenn es darum geht, all das anzuziehen, was du dir wünschst. Nutz diese Mantren, um regelmäßig daran zu denken, die Negativität einzudämmen und dich mit deiner wahren Natur der Liebe und deinem göttlichen Plan zu verbinden.

Wann? Dir selbst einen Spiegel vorzuhalten ist keine kleine Aufgabe. Diese Meditation kann zu Erkenntnissen führen, die du erst mal verarbeiten musst. Welche Tageszeit du auch für diese Meditation wählst, stell sicher, dass du wenigstens ein bisschen Zeit hast, um dich zu sammeln, bevor du deine alltäglichen Aktivitäten wieder aufnimmst. Wahrscheinlich stellst du insgesamt fest, dass es am besten ist zu warten, bis dein Tagewerk getan ist, bevor du potenziell intensive Meditationen praktizierst.

Wo? Aus dem gleichen Grund, aus dem du etwas zusätzliche Zeit für diese Meditation benötigen könntest, solltest du auch dafür sorgen, dass du dich an deinem Meditationsort sicher und geborgen fühlst. Diese Meditation wird am besten an einem bequemen, vertrauten und intimen Ort durchgeführt.

Haltung? Ein entspannter Schneidersitz oder der halb liegende Schmetterling sind zwei perfekte Haltungen, um Ungeschütztheit abzusichern und die Offenheit für neue Informationen zu fördern. Wähl die Haltung, die du vorziehst.

Leg in beiden Haltungen die Hände sanft mit nach oben gedrehten Handflächen ab.

Schließ die Augen, wenn es dir möglich ist, nachdem du deine Frage gestellt hast und während du deine Mantren sprichst.

Du hast 4 Minuten, um realistisch zu sehen, wie du dich der Liebe zeigst.

»Wo ist meine Liebe noch nicht hingelangt?« Du wirst während deiner Zeit in der Meditation dein Herz öffnen, um die Antwort auf diese Frage zu bekommen. Das Universum und deine innere Weisheit werden dir ganz genau zeigen, wie du ein Mensch werden kannst, der mühelos gesunde, erfüllende Beziehungen anzieht.

Lass dich in der von dir gewählten Haltung nieder und bereite dich auf deine Meditation vor.

1. Beginne deine Meditation, indem du eine liebevolle Absicht formulierst. Sag entweder im Stillen oder laut folgende Worte: »Ich habe mein Bestes getan mit den Werkzeugen, die mir zur Verfügung standen. Manchmal hat mein Bestes

mir gut gedient, und manchmal kam ich schlecht dabei weg. Ich verurteile mein früheres Selbst nicht. Ich zeige mich jetzt mit nichts anderem als reiner Absicht. Ich möchte der beste Mensch sein, der ich sein kann, und heiße jede mitfühlende Führung willkommen.«
2. Gestatte dir, natürlich zu atmen. Konzentrier dich darauf, wie du ganz mühelos ein- und ausatmest. Es ist nicht nötig, deine Atmung in diesem Moment zu verändern.
3. Richte die Aufmerksamkeit auf dein Drittes Auge (es liegt auf der Stirn zwischen den Augenbrauen). Durch dieses Chakra gelangt Weisheit in deinen Körper. Stell dir vor, wie dieser Bereich sanft indigofarben leuchtet. Das Licht dehnt sich im Rhythmus deiner Atemzüge aus und zieht sich wieder zusammen.
4. Schließ die Augen (oder lass den Fokus deines Blickfeldes weicher werden) und konzentrier dich zehn volle Atemzyklen lang auf dieses wunderschöne indigofarbene Licht. Öffne dann die Augen, um den nächsten Schritt der Anleitung zu lesen.

Nun wird es Zeit, dich zu fragen: »Wo ist meine Liebe noch nicht hingelangt?« Horche für die Antwort in dich hinein. Lass mich das kurz näher erläutern. Das »Wo« kann ein Bereich sein, den du mit harscher Kritik oder Wertung bedacht hast statt mit Liebe. Es kann eine Zeit sein, in der du es an Mitgefühl oder Verständnis hast fehlen lassen. Gab es Zeiten, in denen du dich dafür entschieden hast, um dich zu schlagen, statt zuzuhören? Hier geht es nicht nur um andere Leute. Wo ist die Liebe in *dir* selbst noch nicht hingelangt?
5. Schließ nochmals die Augen, um dir deine Frage zu stellen. Konzentrier dich auf dein Drittes Auge und sein leuchtendes

indigofarbenes Licht und sprich die Frage laut oder stumm aus: »Wo ist meine Liebe noch nicht hingelangt?« Nimm dir einen Moment Zeit, um die Antwort zu erhalten. Eine Stelle reicht für den Moment.

6. Sobald du deine Antwort erhalten hast, richte die Aufmerksamkeit auf dein Herzchakra, das grün leuchtet, während es sich im Rhythmus deiner Atemzüge ausdehnt und zusammenzieht. Wie bei der Meditation für Glück sendest du Liebe aus deinem Herzchakra direkt an die Stelle, die dir in deiner Antwort offenbart wurde. Stell dir mit geschlossenen Augen vor, wie das grüne Licht aus deinem Herzchakra direkt an diese Stelle strömt und sie in seinem liebevollen Schein badet.

Die Heilung hat begonnen ...

Du wurdest vom Universum zu dem Teil von dir geführt, der sich der Liebe noch nicht richtig gezeigt hat, und die Heilung findet bereits statt. Du weißt jetzt, wo die Liebe fehlt, und du weißt ganz genau, wie du sie dorthin schickst.

7. Versiegle deine Meditation durch ein Selbstsicherheitsmantra. Schließ ein letztes Mal die Augen und wiederhol dein Mantra bei jedem Ausatmen, fünf Atemzyklen lang. Wenn du fertig bist, mach die Augen auf und nimm dir etwas Zeit, um über diese Erfahrung nachzudenken, bevor du wieder in deinen Alltag zurückkehrst. Dein Mantra lautet: »Ich ziehe an, was ich über mich glaube. Ich ziehe an, was ich bin.«

Meditation zum Anziehen wahrer Liebe
Vorbereitung/Über diese Meditation

Das erste Mal in meinem Leben campen war ich mit meinem Ehemann. Wir waren noch nicht einmal ein Jahr lang zusammen, als wir ein Wochenende Wildnis-Camping in den Pine Barrens in New Jersey planten. Wir schleppten beide jeweils 38 Kilo Ausrüstung, Essensvorräte und Wasser auf dem Rücken über sandige Pfade bis zu unserem Platz und verbrachten die nächsten drei Tage und zwei Nächte damit, Holz zu sammeln, Essen auf dem Lagerfeuer zu kochen und unter den Sternen beim Zwitschern der Nachtschwalben einzuschlafen.

Klingt doch magisch, oder?

Es war furchtbar.

Ich genoss es, allein Zeit mit meinem Liebsten zu verbringen, aber draußen zu schlafen, ohne Zugang zu einer Toilette und fließendem Wasser, war genau das Gegenteil davon, was ich mir unter einem romantischen Wochenende vorstellte. Camping war *sein* Ding, nicht meines. Als pflichtbewusste Freundin, die die Gefühle ihres neuen Mannes gewinnen wollte, *tat ich so*, als würde mir Camping gefallen.

Er war glücklich, ich war unglücklich, und mein Plan ging perfekt auf … bis er mich später andauernd fragte, ob wir nicht wieder campen gehen wollten. Ich erkannte, dass die Scharade, die ich gespielt hatte, unmöglich auf Dauer aufrechtzuerhalten war. Ich musste entweder bald beichten oder würde mein Leben lang meine Notdurft im Sommer im Wald verrichten müssen.

Dies ist natürlich ein (bis auf die Insektenstiche) harmloses Beispiel, wie wir für die Liebe etwas vorspielen. Viel zu oft geben wir vor, etwas zu sein, was wir nicht sind, oder tun etwas, was wir nicht tun wollen, um die Liebe, Zuneigung oder Bewunderung von jemandem zu erlangen, der uns wichtig ist. Und was bringt es uns? Wenn wir uns der Liebe in einer Maske zeigen, wie können wir dann je wissen, ob wir um unserer selbst willen geliebt werden und nicht für das, was wir zu sein scheinen? Wäre es nicht besser zu beschließen, dass wir so liebenswert sind, wie wir sind – so wie Gott uns liebt –, damit *wahre* Liebe erblühen kann?

Ich habe schließlich meine tiefe Abneigung gegen das Schlafen unter freiem Himmel zugegeben, aber wir gehen trotzdem noch ab und zu campen. Im Unterschied zu früher weiß mein Mann jetzt aber, dass ich es nur tue, weil ich ihn liebe. Außerdem macht es mir Spaß zu sehen, wie viel Spaß er dabei hat. Im Gegenzug erträgt er Verfilmungen von Jane-Austen-Romanen und geht *sehr* selten einmal mit zum Yoga.

Wann? Fang den Tag mit der Bekräftigung an, dass du eine große Liebe absolut verdient hast, so wie du bist. Begrüß die Sonne mit deinem authentischen Selbst und lass das Universum wissen, dass du bereit und offen dafür bist, Liebe zu empfangen.

Wo? Meditier an deinem ruhigen Morgenplatz – im Bett oder an jedem anderen intimen Ort bei dir zu Hause. Ein schöner Platz an einem sonnigen Fenster kann dabei helfen, Freude in dein Herz einzuladen. Falls das Wetter es zulässt, ist eine Meditation unter freiem Himmel oft sogar noch aufmunternder.

Haltung? Setz dich im Schneidersitz hin und leg die Hände mit nach oben gedrehten Handflächen auf den Knien oder Oberschenkeln ab. Strahlende Energie zieht strahlende Energie an, also achte darauf, dass du schön aufrecht sitzt und eine lange, gerade Linie zwischen deinem Scheitel und deiner Lendenwirbelsäule verläuft.

Schließ die Augen, wenn du dazu angeleitet wirst. Wie immer kannst du auch hier stattdessen den Fokus deines Blickfeldes weicher werden lassen, falls es dir unangenehm ist, die Augen zu schließen.

**Du hast 4 Minuten,
um die Liebe willkommen zu heißen, die du verdienst.**

Es ist ein brandneuer Tag, und du bist bereit, die Liebe hereinzulassen. Beginn deine Meditation, indem du die Aufmerksamkeit auf deine natürliche Ein- und Ausatmung richtest. Lass dir von jedem Atemzug bestätigen, dass du ein lebendes, atmendes Kind Gottes bist, das in diesem Moment gesegnet ist.

1. Folge deinem natürlichen, ungezwungenen Ein- und Ausatmen, zehn volle Atemzyklen lang. Spür, wie die Luft durch deine Nasenlöcher einströmt, an deiner Kehle vorbeigleitet, deine Lungen und deinen Bauch ausfüllt, sich in deinem Gesäß niederlässt und dann durch deinen Mund wieder nach draußen zurückkehrt. Jeder Atemzug weckt und energetisiert dich mehr.
2. Schließ die Augen und stell dir ein weißes Licht vor, das hell über deinem Kopf scheint. Konzentrier dich auf dieses Licht, wie es sich bei jedem Atemzug ausdehnt und wieder zusammenzieht, fünf ganze Atemzyklen lang. Öffne dann die Augen, um den nächsten Schritt der Anleitung zu lesen.
3. Nimm dir kurz Zeit, damit das strahlende weiße Licht deinen ganzen Körper durchdringen und dich von innen heraus wärmen kann. Das Licht tritt durch den Scheitel in deinen Körper ein und füllt deinen gesamten Körper langsam mit seiner sanften, wärmenden Energie aus. Dieses Licht ist

die Liebe Gottes. Es ist reine Liebe, die dir als Geschenk von deinem wohlwollenden Schöpfer gesandt wird. Halte die Augen zehn volle Atemzyklen lang geschlossen und fühl, wie das Licht der Liebe durch deinen Körper strömt. Du wurdest aus göttlicher Liebe erschaffen, und göttliche Liebe segnet dich mit ihrem Licht. Dein inneres Licht leuchtet hell und zieht unentwegt noch mehr liebevolles Licht zu dir. Du brauchst nichts zu sagen oder zu tun, damit dein Licht leuchtet. Du bist Liebe und Licht, so wie du bist.

4. Wiederhol jedes der folgenden drei Mantren mit geschlossenen Augen, entweder im Stillen oder laut, jeweils drei volle Atemzyklen lang, immer beim Ausatmen. Mach nach jedem Mantra eine Pause, um das nächste Mantra zu lesen. Das Sprechen dieser Mantren versiegelt deine Übung und tränkt jede Zelle deines Körpers mit liebevoller, lichterfüllter Energie. Wenn du fertig bist, öffne die Augen und setz deine restliche Morgenroutine fort. Du wirst den ganzen Tag lang liebevolle Energie anziehen.

Mantra 1

Ich bin ein vollständiger Mensch, der Liebe verdient hat.

Mantra 2

Ich ziehe wahre Liebe an, wenn ich mich authentisch ausdrücke.

Mantra 3

Ich habe so viel Gutes zu bieten, genau so, wie ich bin.

Meditation für ultimative und dauerhafte Liebe
Vorbereitung/Über diese Meditation

Liebe bewahrt sich selbst. Es ist nicht nötig, sich um sie zu kümmern oder »sie am Leben zu halten«. Man kann Liebe nicht töten. Wenn man in einer Beziehung einen Mangel oder einen Verlust von Liebe feststellt, wird die Liebe schlicht und einfach von all dem Zeug verdrängt, das *keine* Liebe ist – Eifersucht, Selbstsucht, Unsicherheit, Geschäftigkeit, Verzweiflung und Angst –, alles Manifestationen des Ego.

Dr. Wayne W. Dyer hat immer gesagt, »Ego« sei eine Abkürzung für »edging God out« – »Gott verdrängen«. Wenn Ego Angst und Gott Liebe darstellt, dann verdrängt die Gegenwart des Ego und jedes auf Angst beruhenden Gefühls buchstäblich Gott aus unserem Leben. Liebe ist im Universum überall gegenwärtig, aber es ist unsere Aufgabe, in unseren Beziehungen Raum für sie zu schaffen.

Das fängt damit an, das Wissen zu kultivieren, dass der Teil mit der Liebe ganz leicht ist. Wir müssen nicht hart daran arbeiten, dass die Liebe bleibt. Die Arbeit besteht darin, die Angst in Schach zu halten. Geh an die Liebe mit Liebe heran, nicht mit Angst. Lass Anklammern los; lad Sicherheit ein. Lass Verzweiflung los; lad Fülle ein. Lass das Gefühl los, nicht gut genug zu sein; lad das Wissen ein, dass es zu dauerhafter Liebe kommt, wenn sich zwei Menschen vollkommen selbst lieben.

Wann? Mach diese Meditation zu jeder Tageszeit. Sie eignet sich zu Zeiten, wenn du völlige Erfüllung in deiner Liebesbeziehung findest, ebenso wie zu Zeiten, wenn dir dies schwerfällt. Bevor du anfängst, ist es vielleicht hilfreich, die Frage aus deiner Meditation zur Selbstreflexion noch einmal zu betrachten, aber mit einer kleinen Veränderung. Frag dich jetzt: »Wo habe ich meine Liebe noch nicht hingesandt?«

Wo? Setz dich an einen sicheren, bequemen Ort, wo du nicht abgelenkt wirst.

Haltung? Übe diese Meditation im Schneidersitz. Sitz aufrecht und lass die Handflächen sanft auf den Beinen ruhen.

Deine Augen sind anfangs offen und dann geschlossen. Du musst nur eine Botschaft am Anfang lesen und bringst die restliche Zeit in stillem Nachdenken zu.

Übungsvariante: Mach daraus eine Paarmeditation! Hier eine Variante für diese Meditation, die zu einer unglaublich verbindenden Erfahrung für dich und deinen Partner werden kann.
1. Setzt euch Rücken an Rücken im Schneidersitz hin. Eure Körper berühren sich an den Schultern und am Po.
2. Wenn der eine einatmet, atmet der andere aus, und umgekehrt. Nehmt wahr, wie die Energie zwischen euch hin- und herfließt, während ihr ein- und ausatmet. Spürt, wie der Rücken eures Partners sich bei jedem Atemzug ausdehnt und zusammenzieht. Atmet etwa eine Minute lang auf diese Weise, bevor ihr mit der eigentlichen Meditation beginnt.

**Du hast 4 Minuten,
um eine Liebe zu schaffen, die ein Leben lang hält.**

Ob du nun allein oder mit deinem Partner meditierst, die einzelnen Schritte dieser Meditation sind im Grunde dieselben. Es ist eine einfache Meditation, in der du eine Botschaft liest und den

Rest der Zeit damit verbringst, in stiller Meditation auf deinem Platz zu sitzen und gründlich über diese Botschaft nachzudenken.
1. Lies die folgenden Worte entweder leise oder laut. Falls du mit einem Partner meditierst, entscheidet euch, wer von euch die Worte laut vorlesen soll. Nimm dir Zeit, die Worte langsam zu lesen. Mach am Ende jedes Satzes eine Pause, um Luft zu holen, bevor du weiterliest. »Ich liebe mich selbst so innig, dass die Liebe, die ich von anderen bekomme, nur das Sahnehäubchen ist. Ich brauche niemanden, um vollständig zu sein. Es fehlt nichts in meinem Leben. Es bereitet mir lediglich Vergnügen und Freude zu sehen, welche neuen Erfahrungen, Chancen und Wunder aus der Liebe geboren werden, die ich mit meinem Partner teile.«
2. Schließ die Augen und ermögliche es diesen Worten, sich in deinem Körper niederzulassen. Spüre, wie sie mit deinem Atem in jeden Teil deines Körpers wandern – durch die Arme bis in die Fingerspitzen, durch die Beine bis in die Zehen. Fühle, wie sich dein Körper mit der Bedeutung dessen füllt, was du gerade verkündet hast. Du liebst dich selbst von ganzem Herzen. Du brauchst niemanden, um vollständig zu sein. Es fehlt dir nichts. Es bereitet dir nur Vergnügen. Liebe macht alles, was gut ist, noch besser.
3. Atme so lange weiter tief ein und aus, wie du möchtest. Wenn du fertig bist, atme ein letztes Mal tief ein und atme hörbar aus. Kehr dann in deinen Alltag zurück. Falls du mit einem Partner meditiert hast, gebt euch zum Abschied eine lange Umarmung.

Kapitel 9

4 Minuten, um Kummer und Verlustschmerz zu lindern

Im April 2013 verlor mein Vater seinen fast siebenjährigen Kampf gegen mehrere Arten von Krebs. Als er siebzig Jahre alt wurde, war das ein noch größerer Meilenstein als gewöhnlich, weil offen gestanden niemand damit gerechnet hatte, dass er so lange lebt. In den letzten Jahren seines Lebens achteten alle in unserer Familie darauf, keine Familienfeier zu verpassen. Wir wussten nur zu gut, dass jede davon seine letzte sein konnte.

Als er schließlich von uns ging, war niemand schockiert oder von Gefühlen überwältigt. Wir hatten ihn über einen langen Zeitraum allmählich gehen lassen. Jeder fand, dass er nicht länger leiden sollte. In vielerlei Hinsicht war es eine Erleichterung, dass er von einem Körper erlöst wurde, der ihm nicht mehr dienen konnte.

Wir standen alle neben seinem Bett, als er von uns ging, und es war eine Ehre für mich, bei diesem friedlichen und schönen Übergang dabei zu sein. Tatsächlich trug diese Erfahrung zum Teil dazu bei, dass ich Hebamme werden wollte. Ich hatte jemanden aus dem Leben gehen sehen, und ich wollte anderen dabei helfen, neues Leben auf die Welt zu bringen. Auf diese Weise kann ich Teil eines der größten Mysterien des Lebens sein.

Meine Mutter war im Unterschied zu meinem Vater lebhaft, gesund und aktiv am Leben beteiligt. »Sie wird uns alle überleben!«, sagten alle immer wieder. Doch nur sieben Monate nachdem mein Vater gestorben war, erlitt meine Mutter einen schweren Schlaganfall, während sie in North Carolina Urlaub machte. Dieses Mal kam der Verlust sehr plötzlich – es war ein absoluter Schock.

Zum Glück konnten meine beiden Schwestern und ich nach North Carolina gehen und Zeit mit unserer Mutter verbringen. Wie sich herausstellte, waren es die letzten zehn Tage ihres Lebens.

Zwei Tage nach ihrem Schlaganfall und unserer Ankunft im Krankenhaus sagte man uns, dass sie am sogenannten Locked-in-Syndrom litt. Das heißt, sie war körperlich gelähmt, bekam aber alles mit, was um sie herum passierte. Die einzigen Körperteile, die sie bewegen konnte, waren ihre Augen.

In einer wundersamen Fügung hatte meine jüngere Schwester vor einiger Zeit den Film *Schmetterling und Taucherglocke* gesehen, der die Geschichte von jemandem erzählt, der unter demselben Syndrom leidet. Sie hatte diesen Film nur rein zufällig gesehen, und er hatte sie so sehr inspiriert, dass sie ausführliche Recherchen zu diesem Syndrom angestellt hatte. Durch diesen (wahrscheinlich göttlichen) Zufall sagte sie: »Ich weiß schon alles darüber! Wir brauchen Folgendes ...«

Sie ging mit uns in den Laden, kaufte Flipcharts und Stifte, und wir erstellten genau die Art von Schaubildern, mit deren Hilfe Menschen mit Locked-in-Syndrom kommunizieren können. Mit diesen Werkzeugen konnte meine Mutter nicht nur mit uns kommunizieren; sie konnte sogar ihr Testament neu aufsetzen, ihre letzten Wünsche formulieren und uns sagen, was sie für uns empfand.

Natürlich gibt es nicht mehr viel Raum für die feinen Nuancen der Kommunikation, wenn man nur noch mit einem Augenblinzeln kommunizieren kann. Als meine Mutter ihren Schlaganfall erlitt, hatten wir beide seit drei Monaten nicht mehr miteinander geredet. Wir hatten unser Leben lang im gleichen Kreislauf festgesteckt: Mal redeten wir fünfmal am Tag miteinander, dann gab es Streit wegen irgendeines ungelösten Problems aus der Vergangenheit, und wir sprachen uns monatelang – manchmal jahrelang – nicht mehr. Der Zeitraum vor ihrem Schlaganfall war eine dieser Schweigezeiten, der ein Streit vorausgegangen war.

Als ich in ihr Krankenzimmer ging, konnte ich nicht wissen, ob ich jemals wieder mit ihr sprechen würde … oder ob sie überhaupt wollen würde, dass ich da bin, falls sie wieder aufwachte. Es war schrecklich und sehr belastend.

Sobald man uns mitgeteilt hatte, dass sie sich nicht mehr erholen würde und nur noch mittels Blinzeln kommunizieren konnte, wusste ich, dass dies die letzte Chance für mich war, die Probleme zwischen uns zu klären. Wir konnten kein normales Gespräch darüber führen, was geschehen war. Wir konnten es nicht ausdiskutieren wie früher. So musste ich meine Worte präzise und einfach halten. »Ich habe dich sehr lieb«, sagte ich zu ihr. »Ich habe dich vermisst, und ich bin glücklich, dass ich jetzt für dich da sein kann. Ich unterstütze jede Entscheidung, die du für dich triffst.«

Innerhalb von ein paar Tagen traf meine Mutter die Entscheidung, die lebenserhaltenden Maßnahmen einzustellen. Sie wollte nicht in einem Körper gefangen sein, der nicht mehr funktionierte. Also sagte ich: »Ich weiß, dass du bloß in ein anderes Lebensstadium übergehst. Wenn du mir weiterhin Botschaften sendest, werde ich nach ihnen Ausschau halten und immer mit dir sprechen.«

Dass wir nicht auf normale Weise über unsere Meinungsverschiedenheiten reden konnten, spielte eigentlich keine Rolle mehr.

Als letzte Botschaft blinzelte sie meinen Schwestern und mir zu: »Werde euch drei vermissen.« Es war ein Riesengeschenk, dass wir mit unserer Mutter in ihren letzten Tagen kommunizieren konnten, aber ich blieb trotzdem mit einem überwältigenden Gefühl der Trauer zurück. Ich konnte meinem Kummer noch nicht einmal Ausdruck verleihen. Ich glaube, ich habe dieses Gefühl blockiert, weil ich sonst auch in Kontakt mit meinen Schuldgefühlen gekommen wäre. Ich verurteilte mich dafür, dass ich meine Mutter vermisste und sie wiederhaben wollte … und hatte gleichzeitig das Gefühl, meine Beziehung zu ihr nicht genug geschätzt zu haben, als sie noch bei uns war.

Selbst wenn wir die Gelegenheit haben auszusprechen, was wir zu sagen haben, bevor jemand stirbt, bleibt immer noch vieles ungesagt. Wir haben nie genug Zeit. Wir verlieren nicht nur den Umgang mit diesem Menschen, dem wir die Neuigkeiten aus unserem Leben erzählen können. Wir verlieren auch die Möglichkeit, die Beziehung zu kitten. Die Macht dazu liegt nicht mehr in unseren Händen. Wie können wir das Ungelöste lösen, wenn dieser Mensch nicht mehr da ist? Dieser Kontrollverlust fügt der Trauer eine weitere Schicht hinzu.

Offensichtlich stand die Art, wie ich den Tod meiner Mutter erlebt habe, im scharfen Gegensatz dazu, wie ich den Tod meines Vaters erlebt habe. Es gab keine Vorbereitung auf das, was meiner Mom zugestoßen ist. Es kam aus heiterem Himmel. Das machte die Trauer über ihren Verlust komplizierter.

Schmerz, der dich verändert

Wie die meisten Menschen habe ich viele Verluste in meinem Leben erlitten, unter anderem die Scheidung von meinem ersten Ehemann. Aber ich habe auch Freundschaften verloren, Jobs und alle möglichen anderen Dinge. Lebewohl zu einem *Menschen* oder einer *Sache* zu sagen, den oder die wir gern behalten möchten, ist nie einfach.

Einer der größten Wendepunkte in meinem Leben war, als ich einen Spinning-Kurs von Brett Hoebel besuchte, dem Trainer der Fernsehsendung *The Biggest Loser* und Schöpfer des »20 Minute Body«-Work-out-Programms. Er brüllte während des Kurses verschiedene Motivationssätze, und einer davon hat mich wirklich bis ins Mark getroffen: »Es gibt zwei Arten von Schmerz – Schmerz, der dir wehtut, und Schmerz, der dich verändert.«

In diesem Augenblick erkannte ich, dass mein Schmerz mir unaufhörlich wehgetan hatte. Zwar hatte er mich auch verändert, doch in negativer Hinsicht. Er machte mich ängstlicher, verschlossener und verbitterter. In diesem Moment wurde ich dazu inspiriert, den Schmerz nicht länger als etwas zu betrachten, was mir wehtut. Ich beschloss, meinen Schmerz stattdessen als Katalysator für Veränderung zu sehen, durch den es mir langfristig besser geht und der mich auf den unvermeidlichen Verlust und Kummer vorbereitet, der an verschiedenen Punkten in meinem Leben auftreten wird.

Es ist nicht so, dass mein Schmerz auf einmal verschwunden gewesen wäre, aber jeden Verlust als Chance statt als Bürde zu betrachten bewirkte eine enorme Veränderung bei mir. Es half mir zu erkennen, dass ich meine emotionalen Reaktionen auf Verluste bewältigen und verhindern kann, dass diese Gefühle mich überwältigen. Auch Verluste können zu einem Dünger werden, der in unserem Leben Früchte trägt, aber nur, wenn wir dieses Wachstum zulassen.

Ich glaube, es würde unsere Gefühle nicht geben, wenn sie keinen höheren Zweck hätten. Nur wenn wir unseren Emotionen keinen positiven Sinn geben, bleiben sie in uns stecken. Oder wenn wir ihnen einen negativen Sinn geben – zum Beispiel, wenn wir glauben, dass wir von Gott, dem Schicksal oder unserem Karma bestraft werden. Wenn wir glauben, dass wir unseren Schmerz verdient haben, und uns selbst für Opfer halten, neigen unsere Emotionen dazu, in uns zu gären oder außer Kontrolle zu geraten.

VERBREITE LIEBE
Ich entscheide mich dafür, von meinem Schmerz
– zum Besseren – verändert zu werden.
Ich entscheide mich dafür, loszulassen und zu lernen. #YH4M

Anhaftung und Akzeptanz

Buddhistische und yogische Philosophien lehren uns, dass die Anhaftung an physische Dinge Schmerz verursacht, weil diese Dinge nicht von Dauer sind. Wenn wir an etwas festzuhalten versuchen, was nicht von Dauer ist, wird das Gefühl von Verlust und Verzweiflung zum ständigen Begleiter in unserem Leben. Mit anderen Worten: Wenn wir etwas bekämpfen, worüber wir keine Macht besitzen, erzeugen wir Konflikt und Spannung. Um Freude zu erleben und unsere Trauer loszulassen, müssen wir akzeptieren, dass Menschen und Dinge in unserem Leben kommen und gehen.

Ich schlage nicht vor, dass du der Trauer aus dem Weg gehen sollst. Du kennst mich ja mittlerweile – ich würde dir nie davon abraten, »alle Gefühle zu fühlen«. Trauer ist an gewissen Punkten in deinem Leben unvermeidlich, aber du solltest sie nicht überhandnehmen und dich von ihr beherrschen lassen.

Ich sage auch nicht, dass du distanziert und gefühllos sein solltest. Du kannst jemanden innig lieben und dennoch nicht daran *hängen*, dass er oder sie Teil deines Lebens ist. Entscheidend ist, den Kreislauf von Leben und Tod zu akzeptieren. Du wirst immer noch Trauer verspüren, doch je früher du den unvermeidlichen Verlust dieses Menschen *akzeptieren* kannst, desto schneller kannst du die Trauer wieder loslassen. Du magst immer noch tiefe Trauer fühlen, aber der Schmerz wird dich nicht überwältigen. Es wird ein Schmerz sein, der dich auf positive Weise verändert; kein Schmerz, der dir für immer wehtut und dich dadurch in negativer Hinsicht verwandelt. Du wirst dann liebevoll an den Menschen denken können, den du geliebt hast, und deine Erinnerungen können dir Freude, Wärme und Trost spenden.

Wir alle müssen jeden Tag mit der Vergänglichkeit leben. Wie man so schön sagt, ist das Einzige, worauf man sich im Leben verlassen kann, die Veränderung. Selbst die Beziehungen, die wir mit den Menschen führen, die noch bei uns sind, verändern sich unentwegt. Wenn wir uns an ein Ideal klammern, wie eine Beziehung unserer Meinung nach zu sein hat, geraten wir in Schwierigkeiten. Wenn wir unsere Anhaftung daran, wie wir die Beziehung haben wollen, von Moment zu Moment loslassen, wird das Leben viel leichter.

VERBREITE LIEBE

Ich lasse die »Idee des Ideals« los und meine Beziehungen das sein, was sie von Moment zu Moment sind. #YH4M

Wenn ich zum Beispiel akzeptiere, dass es Tage gibt, an denen mein Mann und ich schlechte Laune haben und nicht gut miteinander auskommen, dann kann ich diese schlechten Tage einfach loslassen und mich daran erinnern, dass es auch wieder gute Tage geben wird. In keiner Ehe gibt es nur gute Tage. Wir müssen nicht in jedem einzelnen Moment wie verrückt ineinander verliebt sein, um zu wissen, dass wir uns immer noch lieben und die Beziehung uns beiden wunderbar guttut. Solange es mehr gute Tage als nicht-so-gute Tage gibt, läuft nichts falsch in unserer Beziehung. Sie funktioniert!

Ebenso hat sich die Beziehung zu meinen Eltern im Laufe meines Lebens verändert. Sie hat sich schon während meiner Kindheit verändert, von der Zeit an, als ich ein Baby war, über meine Schulzeit, meine Teenagerjahre bis an die Schwelle des Erwachsenseins. Und sie hat sich noch einmal verändert, als sie diese Erde verlassen haben.

Obwohl sie nicht mehr körperlich präsent sind, habe ich festgestellt, dass sich meine Beziehung zu meinen Eltern in mir selbst immer noch verändert. Viele von uns führen »Gespräche« mit geliebten Menschen, nachdem sie von uns gegangen sind. Schließlich bleiben wir normalerweise mit ungelösten Gefühlen zurück, wenn jemand uns verlässt. Ein einseitiges Gespräch ist natürlich nicht das Gleiche wie ein Gespräch mit jemanden, der körperlich in der Lage ist, mit dir zu sprechen, aber dennoch können solche Gespräche dazu beitragen, dass sich die Beziehung weiterentwickelt. Ich persönlich glaube daran, dass wir bis zu einem gewissen Grade mit verstorbenen Menschen kommunizieren können. Ich nutze oft die Meditation dazu, um mit ihnen zu kommunizieren, und habe sogar das Gefühl, dass die Antworten direkt aus ihrer Energie kommen (also sind diese Gespräche vielleicht gar nicht so »einseitig«).

Doch selbst wenn dieses Phänomen außerhalb unseres Glaubenssystems liegt, ist es immer produktiv, nach Antworten zu horchen. Du kannst dir auch vorstellen, dass diese Antworten von deiner inneren Weisheit stammen. Solange die Botschaften fürsorglich sind und dir dabei helfen, deine Beziehung mit dem von dir geliebten Menschen besser zu verstehen, sind sie positiv.

Schuldzuweisungen loslassen
Beim Tod meiner Eltern spürte ich in beiden Fällen, wie die Energie ihren Körper verließ. Ich berührte meinen Vater, als er verstarb, und in diesem Moment wurde sofort etwas anders. Ich konnte spüren, dass der ganze Schmerz, den wir aufgrund unseres Menschseins erleben, in dem Reich, in dem wir pure Wesen sind, einfach nicht mehr existiert. Dort sind wir Seelen, die nicht mehr in menschliche Tragödien verstrickt und in komplizierte Psychologie verwickelt sind.

Dennoch hatten mein Vater und ich eine sehr schwierige Beziehung. Er hatte in seiner eigenen Kindheit schrecklich viel durchgemacht und nie Heilung dafür gesucht. Infolgedessen fügte er unserer Familie viel Leid zu. Aus diesem Grund hielt ich lange an meiner Wut auf ihn fest. Ich dachte, ich »sollte« diese Wut fühlen. Ich dachte, es sei nur »gerecht«, dass ich wütend auf ihn blieb.

Dann hatte ich ein ähnliches Erlebnis mit meiner Mutter, als sie von uns ging. Ich spürte, wie ihre Energie ihren Körper verließ, und hatte sofort Mitgefühl für sie. Ich wusste, dass alles, was zwischen uns passiert war, die Folge ihrer eigenen Erziehung war. Es lag an den missbräuchlichen Beziehungen, die sie hatte, und dem Leid, das sie ertragen musste. Sie hatte getan, was sie konnte, und ich liebte sie.

Trotzdem musste ich noch hart daran arbeiten, um die Muster aufzulösen, die als Folge der Traumata und des Leides in meiner Kindheit in mir entstanden waren. Aber ich konnte viele der

Vorwürfe loslassen, die ich meinen Eltern machte. Die Meditation hat mir dabei geholfen. Vielleicht kommen in Zukunft noch weitere Schuldzuweisungen in mir hoch, und das ist in Ordnung. Die Aufgabe besteht einfach nur darin, sie zur Kenntnis zu nehmen und die Meditation als Werkzeug zu nutzen, um sie in mir ihren Weg nehmen zu lassen.

Das regelmäßige Meditieren half mir auch, die schwere Zeit zu akzeptieren, die mein erster Ehemann und ich während unserer Scheidung durchmachten. Dadurch und durch die Arbeit, die er geleistet hat, um sich selbst zu heilen, konnten wir zu einer echten Freundschaft übergehen. Unsere Beziehung ist jetzt gesund wie nie zuvor – viel gesünder als damals, als wir verheiratet waren. Wenn ich mich weiter an die Vorstellung geklammert hätte, dass wir verheiratet bleiben sollten, wenn ich unfähig gewesen wäre, diesen Verlust loszulassen, oder wenn ich mich an den Glauben geklammert hätte, dass wir Feinde wären, dann wären wir nie an diesen Punkt der Heilung gelangt. Dass mein Exmann und ich heute auf gesunde und positive Weise miteinander kommunizieren, ist das Beste für unsere Kinder, für uns und für unsere neuen Partner.

Meine Meditationspraxis hat mir geholfen, das Bedürfnis loszulassen, dass immer alles gut sein muss. Ich bin besser dazu in der Lage, Beziehungen dorthin gehen zu lassen, wo sie hingehen müssen, und zu akzeptieren, dass man bei jeder Erfahrung etwas lernen kann.

Beständige Dinge im Leben sind die Seele, wer du als Mensch bist, und die Liebe, die du fühlst. Diese Liebe besteht fort, selbst wenn jemand stirbt oder wenn eine Beziehung endet. Das ist es, was dir für immer bleibt.

Meditation zum Lösen von Anhaftung
Vorbereitung/Über diese Meditation

Anhaftung führt fast immer zu Traurigkeit, weil sich unsere Welt ständig verändert. Alles, woran du dich klammerst – sei es ein Mensch, eine Beziehung, ein Job oder eine bestimmte Situation oder Zeit in deinem Leben –, kann nicht ewig bestehen bleiben.

Wenn du dein Glück von Dingen außerhalb von dir selbst löst oder trennst, weist das nicht auf mangelnde Liebe hin. Du kannst innig lieben und dich von ganzem Herzen kümmern und trotzdem eine gesunde Autonomie bewahren. Du kannst dich voll und ganz für den Erfolg einer Sache einsetzen, ohne das Gefühl zu haben, ohne sie nicht glücklich sein zu können.

Ich setzte mich dafür ein, dass meine erste Ehe funktionierte, aber ich musste die Vorstellung loslassen, dass meine Fähigkeit, glücklich zu sein, davon abhängt, dass ich verheiratet bin. Wenn ich das weiterhin geglaubt hätte, würde ich immer noch verzweifelt versuchen, diese Ehe zum Funktionieren zu bringen (und jämmerlich scheitern).

Auch wenn wir alle miteinander verbundene Seelen sind, die universelle Erfahrungen machen, müssen wir unser individuelles Glück in uns selbst finden. Wenn wir es von irgendetwas außerhalb von uns selbst abhängig machen, lässt uns das verwundbar werden für jedes größere und kleinere Ereignis, das nicht in unserer Macht steht.

Natürlich ist dieses Konzept viel schwerer zu akzeptieren, wenn wir über den Verlust eines Menschen sprechen statt einer Situation oder einer materiellen Sache, aber die Wahrheit bleibt dieselbe: Wir sind Liebe, und Friede ist unser natürlicher Zustand. Wir haben wenig Kontrolle darüber, was außerhalb unserer eigenen Gedanken, Worte und Taten geschieht, daher müssen wir gewillt sein, die Anhaftung an das, was nicht zu uns gehört, zu lösen. Dies ist eine Meditation, um alles loszulassen, was dir nicht länger guttut. Das kann eine Vorstellung sein, eine Beziehung, eine Situation oder ein Gefühl. Denk daran, dass das, was dir nicht mehr guttut, dir nicht unbedingt direkt schaden muss. Vielleicht stellst du fest, dass du an etwas (oder jemandem) hängst, das sich zwar gut anfühlt, dich aber letztlich zurückhält. Eine »Komfortzone« ist ein Beispiel für etwas, was nicht schädlich aussieht, aber wahrscheinlich nicht so gut für dich ist. Du kannst auch deine Anhaftung an das Gute loslassen.

Wann? Ich habe diese Meditation oft gemacht, als ich versucht habe, mit dem Verlust meiner Eltern klarzukommen. Sie ist ebenso eine Übung zur Stressreduktion, die die körperlichen Nebenwirkungen der Anhaftung lindert, wie eine Meditation zum Lösen. Du kannst sie mehrmals am Tag machen, um dich ans Loslassen zu erinnern.

Wo? Meditier in der Sicherheit und Bequemlichkeit deines Lieblingsmeditationsplatzes oder an jedem anderen ruhigen Ort. Deine Mantren laut auszusprechen kann die Wirkung dieser Meditation verstärken, daher möchtest du vielleicht lieber an einem ungestörten Ort meditieren.

Haltung? Setz dich im Schneidersitz an deinem Lieblingsplatz hin oder meditier im Sitzen auf einem Stuhl, falls du nicht mit verschränkten Beinen dasitzen möchtest. Ich mache diese Meditation sehr oft am Schreibtisch. Ich ertappe mich oft dabei, wie ich an Diskussionen in den sozialen Medien teilnehme, die meinem

Wohlbefinden nicht dienen, und musste mehr als einmal meine Anhaftung daran lösen, die Meinung anderer ändern zu wollen.

**Du hast 4 Minuten, um loszulassen,
was dir nicht länger guttut.**

Beginnen wir mit einem Lückentext. »Ich lasse _____ los. Er/sie/es dient nicht länger mir oder dem größeren Ganzen.« Ich kann diesen Satz jeden Tag auf tausend verschiedene Arten vervollständigen. Ich kann in einem Moment meine Anhaftung an eine Freundschaft lösen und im nächsten Moment meinen Heißhunger auf Minz-Eiscreme mit Schokoladensplittern.

Vielleicht hältst du an einer Trauer fest, weil du dir einredest, dass loslassen bedeuten würde, diesen Menschen nicht mehr zu lieben. Das ist mir auch schon so gegangen. Vielleicht hängst du an einer Vorstellung. Ich hing daran, recht zu haben, und hatte am Ende immer viel länger Streit als nötig. Anhaftung tritt in allen Formen und Größen auf, und etwas davon loszulassen ist immer ein Schritt in die richtige Richtung. Es ist Zeit loszulassen, was dir nicht guttut.

1. Beginn deine Meditation, indem du deine Aufmerksamkeit auf deinen Atem richtest. Atme durch die Nase ein und lass die Luft mit einem großen, lauten »Ah« aus deinem Mund wieder heraus. Deine Schultern heben und senken sich mit deinem Ein- und Ausatmen, wodurch sich bei jedem Ausatmen mehr Spannung aus deinem physischen Körper löst. Tief einatmen; »Ah« beim Ausatmen. Fahr in diesem Atemmuster fünf volle Atemzyklen lang fort.
2. Nimm dir einen Moment Zeit, um dich an deinen vervollständigten Satz zu erinnern, und konzentrier dich auf ihn, während du deine Mantren wiederholst.

Dein Mantra, um loszulassen ...

Nutz dieses Mantra, um deinen Geist zu beruhigen, Anspannung zu lösen und dich wieder zu zentrieren. Nutz es während deiner Zeit in dieser Meditation und außerhalb davon. Loszulassen ist ein liebevolles Geschenk, das du dir selbst machst. Nimm es wohlwollend entgegen.

3. Wiederhol dein Mantra entweder im Stillen oder laut, mit geschlossenen Augen, zehn ganze Atemzyklen lang. Du sagst »lasse« am Ende jedes Einatmens und »los« am Ende jedes Ausatmens. Mach einen Moment Pause zwischen den einzelnen Atemzügen, um Leere zuzulassen. Wenn du energetischen Raum (Leere) schaffst, erlaubt das deiner Seele, zur Ruhe zu kommen.

Du bist ein Gefäß für das Gute ...

Du behältst, was gut ist, und lässt los, was dir nicht länger guttut. Es fällt dir leicht, loszulassen und weiterzumachen. Was du behältst, ist deinem Glück förderlich; was du loslässt, schafft Raum für Frieden.

4. Schließ die Augen und beende deine Übung, indem du drei Mal das folgende Mantra wiederholst: »Ich lasse mit Leichtigkeit los, was mit nicht länger guttut.« Wenn du dich bereit dazu fühlst, mach die Augen wieder auf und kehr in deinen Alltag zurück.

 Meditation für das Leben nach einem Verlust
Vorbereitung/Über diese Meditation

Das Zweitbeste nach dem Geschenk des Lebens ist das Geschenk des freien Willens. Jeder von uns wurde mit der Macht gesegnet, Entscheidungen zu treffen, die unserem Leben eine Richtung geben. Wir werden in Umstände hineingeboren, die wir nicht geschaffen haben, aber unser Geist gehört uns. Das Universum hat die Aufgabe, uns vor Herausforderungen zu stellen, aber wie wir diese Herausforderungen annehmen – als Kampf oder als Chance –, liegt ganz allein bei uns.

Der Schmerz nach einem Verlust ist ein Beispiel für eine Herausforderung, die in eine Chance verwandelt werden kann. Wie wir den Verlust betrachten und was wir aus dem Schmerz lernen, ist unsere Entscheidung. Denk an das letzte Mal, als du einen großen Verlust erlitten hast. Hast du es als Kränkung empfunden? Als Strafe? Oder hast du es als Chance betrachtest, zu lernen und zu wachsen? Ich will damit nicht sagen, dass du den Verlust eines Menschen oder einer Sache, die dir am Herzen lagen, als Segen empfinden sollst, aber das Geschenk, selbst entscheiden zu können, wie du darauf reagierst, ist mit Sicherheit ein Segen. Jede Schwierigkeit, die wir überleben, lässt die Seele wachsen. Wir werden durch jede Tragödie stärker – wenn wir es wollen.

Wir haben keine andere Wahl, als den Schmerz hinter uns zu lassen. Das Leben geht weiter, ob wir nun beschließen, in der Gegenwart zu leben, oder nicht. Und wenn wir uns dafür entscheiden, energetisch der Vergangenheit verhaftet zu bleiben, führt das nur zu Leid. Jeder gegenwärtige Moment wird zu einer Illusion der Vergangenheit, sobald der nächste gegenwärtige Moment für uns beginnt. Klammerst du dich an eine Illusion und weigerst dich weiterzugehen? Ganz gleich, wie lähmend dir dein Schmerz erscheint, es ist dein freier Wille zu entscheiden, ob du in der Vergangenheit stecken bleiben oder in der Gegenwart leben willst.

Dass dich der Schmerz verändert, lässt sich ebenfalls nicht vermeiden, aber *wie* du dich veränderst, ist eine Entscheidung, die zum größten Teil dir selbst überlassen bleibt. Wenn du die Chance ignorierst, dich durch deinen Schmerz zum Besseren zu verändern, verlangsamst du das Wachstum deiner Seele und blockierst künftiges Glück.

Wann? Schmerz kann sowohl stechend und unvorhersehbar als auch stumpf und dauerhaft sein. Diese Meditation ist in beiden Fällen nützlich. Mach sie, wann immer und sooft du sie brauchst. Es kann dir guttun, diese Meditation regelmäßig in der Zeit nach einem großen Verlust zu machen.

Wo? Zeiten, die du in tiefer Selbstreflexion verbringst, können sehr emotional sein. Aus offensichtlichen Gründen kann gerade diese Meditation sehr intensive Gefühle zutage fördern. Meditier also an einem sicheren, bequemen und intimen Ort.

Haltung? Für diese Meditation eignen sich sowohl ein entspannter Schneidersitz als auch der halb liegende Schmetterling. Achte darauf, dass du dabei gut gestützt wirst.

Leg die Hände mit nach oben gedrehten Handflächen auf den Knien oder Oberschenkeln oder zu deinen Seiten ab, je nachdem, was sich für dich am bequemsten anfühlt. Das kann sich von Meditation zu Meditation ändern. Du hast im Laufe des Buches gelernt, dich mühelos mit deiner Intuition zu verbinden, und es fällt dir jetzt ganz leicht, die perfekte Haltung für deine Meditationen auszuwählen.

Mach die Meditation für das Leben nach einem Verlust mit geschlossenen Augen, soweit du dazu angeleitet wirst – falls dir das möglich ist. Öffne die Augen, um die einzelnen Schritte der Anleitung zu lesen.

Du hast 4 Minuten,
um dich von deinem Schmerz verändern zu lassen.

Fühl dich in ganz sicher in diesem Augenblick, in dem Wissen, dass das Trauma vorbei ist. Das schmerzliche Erlebnis liegt in der Vergangenheit. Du hast die Wahl, dich in diesem Moment sicher, ruhig und voller Frieden zu fühlen. Durch diesen Beweis der Selbstfürsorg hast su bereits die liebevolle Entscheidung getroffen, im Hier und Jetzt zu sein.

1. Schließ die Augen und lass deinen Atem ganz natürlich fließen. Beobachte ihn, wie er von deinen Nasenlöchern aus die Kehle entlangströmt, deinen Brustkorb und deinen Bauch ausfüllt und bis in dein Gesäß hinuntergeht. Konzentrier dich zehn volle Atemzyklen lang auf deine Atmung oder bis du dich in deinem Sitz fest und ruhig fühlst. Dann öffne bitte wieder die Augen, um jetzt den nächsten Schritt der Anleitung zu lesen.

   Nun wird es Zeit, deine Mantren zu wiederholen. Wichtig: Selbst wenn du nicht daran glaubst, dass dein Schmerz dich zum Besseren verändert, solltest du dir die Möglichkeit offenhalten, dass dies wahr sein könnte.

2. Wiederhol jedes der folgenden zwei Mantren beim Ausatmen von drei Atemzyklen. Mach nach den ersten drei Atemzyklen ein paar Atemzüge lang Pause, um die Augen zu öffnen und das nächste Mantra zu lesen. Nimm dir auch einen Moment lang Zeit, damit sich das erste Mantra kurz setzen kann. Mach nach dem zweiten Mantra die Augen auf, um den letzten Schritt der Anleitung zu lesen.

Mantra 1
Ich entscheide mich dafür, meinen Schmerz zu fühlen,
aber mich davon nicht überwältigen zu lassen.

Mantra 2
Ich erkenne und akzeptiere die Lektionen,
die mein Schmerz mir beigebracht hat.

Fühl dich in diesem Moment voll und ganz unterstützt. Du bist geerdet in deinem Sitz, und du bist vollkommen in Sicherheit. Lass dich daran erinnern, dass du jedes schmerzliche Erlebnis in deinem Leben überlebt hast. Du bist ein starkes und kraftvolles Wesen, eine göttliche Schöpfung und ein Gefäß für reine Liebe und pures Licht.

3. Beende deine Meditation mit einem abschließenden Mantra. Schließ die Augen und wiederhol es dreimal laut am Ende von drei riesengroßen, loslassenden Atemzügen. Atme voll ein; atme vollständig aus. Sag dabei: »Ich habe mich zum Besseren verändert. Ich bin kraftvoll in diesem Moment.«

Meditation für Neuanfänge
Vorbereitung/Über diese Meditation

Ich habe in den letzten Jahren am Silvesterabend immer eine Meditation für Neuanfänge auf meinem YouTube-Kanal gepostet. Diese Meditation dient dazu, loszulassen und weiterzugehen, und normalerweise zählt sie jedes Jahr zu den beliebtesten von meinen Videos.

Am Ende jedes Jahres bin ich immer gespannt darauf, das neue Jahr zu beginnen. Die Aussicht auf einen Neuanfang ist immer aufregend für mich, ganz gleich, was das letzte Jahr an Gutem oder Schlechtem gebracht hat. Wenn sich der Dezember seinem Ende zuneigt und die Feiertage ordentlich in Aufbewahrungsboxen und in den Nischen meines Geistes verstaut sind, ertappe ich mich selbst schnell dabei, wie ich sage: »Das habe ich gesehen, das habe ich gemacht. Was kommt als Nächstes?«

Nachdenken, Ziele setzen und das Formulieren von Loslass-Aussagen, die ich im Kamin verbrenne, markieren für mich den Beginn des neuen Jahres. Doch manchmal möchte ich auch an anderen Zeitpunkten im Jahr gern den Reset-Knopf drücken. Erstellst du auch eine Liste von Vorsätzen und bist dann frustriert, wenn du sie nicht einhalten kannst? Wünschst du dir, dass du ganz von vorn anfangen könntest? Am Anfang von jedem Video für Neuanfänge sage ich so etwas wie: »Das soll eigentlich eine Neujahrsmeditation sein, aber du kannst an jedem Tag im Jahr ganz neu anfangen.« Ein Neuanfang kann jederzeit geschehen. Denk dran, was ich in der Meditation für das Leben nach einem Verlust gesagt habe: Jeder gegenwärtige Moment wird zu einer Illusion der Vergangenheit, sobald der nächste gegenwärtige Moment für uns beginnt. Jeder Augenblick ist ein leeres Blatt, bereit für deine neue Geschichte.

Und Versagen ist nicht der einzige Grund, aus dem du neu anfangen möchtest. Vielleicht beendest du gerade einen Lebensabschnitt, eine Beziehung oder eine Situation und beginnst etwas anderes, und du möchtest sicherstellen, dass du alles zurücklässt, was deinem Vorankommen nicht dient. Auch gute Dinge gehen zu Ende, und es kann eine sehr positive Tat sein, Dankbarkeit für deine alte Situation zu zeigen, bevor du weitergehst. Auch das wirst du während dieser Meditation tun.

Wann? Bereite dich durch die ersten beiden Meditationen in diesem Kapitel auf diese freudige Übung der Reflexion und Erneuerung vor. Mach diese Meditation am Ende von etwas – wenn du es losgelassen hast und bereit bist weiterzugehen. Der Morgen ist die perfekte Zeit für diese Meditation. Der Beginn eines neuen Tages bietet alle Möglichkeiten eines unbeschriebenen Blattes.

Wo? Lass dich an deinem Lieblingsmeditationsort nieder. Wenn die Sonne scheint, setz dich am besten neben ein Fenster, sodass du im warmen Sonnenschein baden kannst.

Haltung? Setz dich aufrecht im Schneidersitz hin und lass die Hände mit nach oben gedrehten Handflächen auf den Knien oder Oberschenkeln ruhen. Du bereitest dich darauf vor, neue Segnungen zu empfangen, also schaff in deinem Körper einen freien Pfad, durch den die Energie fließen kann. Achte darauf, dass deine Haltung vom Scheitel bis zum Gesäß gerade ist und die Schultern direkt über den Hüften sind.

Öffne und schließe die Augen wie angeleitet, falls es dir möglich ist.

Du hast 4 Minuten, um nachzudenken und zu erneuern.

Beginn deine Meditation, indem du deine Aufmerksamkeit auf dein ungezwungenes Ein- und Ausatmen richtest, so wie es in diesem Moment ist. Jedes Einatmen lädt noch mehr Energie in deinen Körper ein; jedes Ausatmen löst eventuell vorhandene Anspannungen. Atme durch die Nase ein und durch den Mund wieder aus.

1. Lies zweimal die folgende Botschaft, entweder im Stillen oder laut, bevor du dich auf deinen neuen Tag vorbereitest: »In diesem Moment, während ich das loslasse, was nicht länger dem größten und höchsten Ganzen dient, bereite ich mich gleichzeitig auf etwas Neues, Spannendes vor, das garantiert kommen wird. Ich feiere diesen Moment als eine Zeit, um loszulassen, voranzugehen und den Kreislauf vom Leben und Tod aller Dinge zu akzeptieren. Mit jedem Ein- und Ausatmen beginnt etwas und endet etwas, und es ist jedes Mal ein Segen.«
2. Schließ die Augen (oder lass den Fokus deines Blickfeldes weicher werden) und atme zehn volle Atemzyklen lang energetisierend ein und loslassend aus. Erinner dich während dieser Zeit in der Stille an all die Worte, die du gerade gelesen hast. Wenn du fertig bist, mach die Augen auf, um dein Versiegelungsmantra zu lesen.
3. Wiederhol das folgende Mantra sieben Atemzyklen lang jeweils beim Ausatmen. Nachdem du fertig bist, atme mit geschlossenen Augen weiter, bis du dich bereit fühlst, deine Meditation zu beenden und deinen Tag zu beginnen. Geh mit dem Geist eines strahlenden Kriegers in deinen Tag hinein, bereit, alle neuen Herausforderungen, Chancen und Segnungen zu begrüßen. Dein Mantra lautet: »Dieser Moment gehört mir, um ganz neu anzufangen.«

Kapitel 10

4 Minuten, um psychische und physische Verletzungen endgültig zu heilen

Als mein erster Sohn geboren wurde, sahen wir ihn an und dachten: »Er ist perfekt!« Doch irgendwann bemerkte ich, dass er mich nicht ansah, wenn ich ihn stillte. Ich wusste, dass Babys beim Stillen durch Blickkontakt eine Beziehung zu ihrer Mutter aufbauen. Daher sorgte ich dafür, dass er zu seiner Zweimonatsuntersuchung kam. Nachdem der Kinderaugenarzt unser süßes Baby untersucht hatte, hatten wir eine Diagnose – Okulären Albinismus. Bei dieser genetisch bedingten Krankheit handelt es sich um eine Form von Albinismus, bei der nur die Augen betroffen sind. Die Iris und die Netzhaut der Augen sind nicht genug pigmentiert, sodass die Sehkraft beeinträchtigt ist – manchmal schwer.

»Es gibt keine Behandlung für Okulären Albinismus, nur einige riskante experimentelle Möglichkeiten«, erklärte uns der Arzt. »Es wird zwar nicht schlimmer, aber es wird auch nicht besser. Möglicherweise wird er sein Leben lang fast blind sein. Vielleicht kann Ihr Sohn nicht Rad fahren, und wahrscheinlich wird er nie Auto fahren. Er wird keinen Sport machen können, und vielleicht braucht er zum Gehen einen Stock.«

Es war eine furchterregende Diagnose. Google war noch nicht das, was es heute ist. Etwas über Okulären Albinismus in Erfahrung zu bringen bedeutete, über primitive Suchmaschinen zu navigieren, sich durch Foren zu wühlen und in Bibliotheken zu fahren. Würde es unserem Sohn gut gehen? Würden wir mit seinen Bedürfnissen umgehen können? Doch inmitten all dieser Ängste sah ich, wenn ich meinen Sohn anblickte, nur Vollkommenheit. Andere mochten ihm das Etikett »behindert«, »blind« oder »unvollkommen« anheften, aber wir haben ihn nie so behandelt.

Ich wurde sofort seine Fürsprecherin, und es war mir klar, dass er nur dann eingeschränkt sein würde, wenn wir ihn für eingeschränkt hielten. Solange wir ihn als eine vollkommene göttliche Schöpfung betrachteten, würde er alles tun können, was er wollte, um im Leben glücklich zu sein, das wusste ich.

Und so wächst er nicht nur zu einem Sportler in mehreren Disziplinen heran (sogar Eishockey!), er hat auch nie einen Gehstock gebraucht. Er ist Künstler und ein unglaublich talentierter Musiker. Er fährt ordentlich Rad, danke der Nachfrage – obwohl er beim Sehtest nur den ersten Buchstaben entziffern kann, das große *E* ganz oben. Er wird vielleicht niemals Auto fahren können, aber er ist beileibe kein behinderter Mensch. Seine Fähigkeiten stellen alle seine sogenannten Probleme in den Schatten.

Und ich habe den gleichen Erfolg bei meinem jüngeren Sohn gesehen, bei dem kurz nach der Geburt ebenfalls Okulärer Albinismus diagnostiziert wurde. Auch er kann viele Dinge tun, von denen man uns gesagt hatte, dass er sie niemals tun würde. Wir haben schon andere Kinder mit der gleichen Diagnose und Sehschärfe gesehen, die an Stöcken gehen und weder Rad fahren noch Sport treiben können.

Wie wir »Leiden«, »Krankheiten« und »psychische Verletzungen« betrachten, kann einen Riesenunterschied in Bezug auf die Frage ausmachen, wie sehr sie uns beeinträchtigen. Ich habe das aus erster Hand bei meinen Söhnen erlebt, und sie waren großartige Lehrer für mich, als es darum ging, mit meinen eigenen physischen und psychischen Verletzungen umzugehen. Ihre Diagnose ist echt. Dass sie nicht so gut sehen wie Menschen mit normaler Sehkraft, kann man nicht abstreiten. Aber ihre Reaktion auf ihre Diagnose macht sie so bemerkenswert. Welche körperlichen Einschränkungen sie auch haben mögen, sie verschlimmern sie nicht noch durch eine negative Einstellung. Sie gehen jeden Tag an ihre Grenzen, und das führt sie zu persönlichen Höchstleistungen.

Meine Jungs haben mir gezeigt, dass wir alle vollständige Menschen sind, die mit Absicht so geschaffen wurden, wie sie sind – ganz unabhängig davon, was mit irgendjemandem von uns geschehen ist.

Den Sinn von Verletzungen entdecken

Wir sind nicht nur vollständige Menschen, die aus einem gewissen Sinn heraus so geschaffen wurden, sondern wir sind auch vollständige Menschen mit einem Sinn und einer Bestimmung, wie wir schon in Kapitel 7 besprochen haben. Wenn wir an den Sinn unseres Lebens denken, denken wir meistens daran, was wir mit unserem Leben *tun* sollen, und ja, es ist toll, wenn wir unsere Bestimmung auf irgendeine Weise in der Welt ausdrücken können – besonders, wenn daraus ein Beruf oder ein Mittel wird, anderen zu helfen. Doch die Suche nach dem Sinn unseres Lebens wirft alle möglichen Ängste auf. Wir werden von Gurus und Beratern – Menschen, die nur das Beste für uns wollen – dazu angehalten, immer weiter nach unserem Sinn zu »suchen«. Wo ist er? Ist er da drüben? Oder vielleicht in der anderen Richtung?

Nachdem ich an einer Podiumsdiskussion mit meiner Kollegin, der Autorin Alexandra Jamieson, teilgenommen hatte, sah ich die

Sache mit dem Sinn ganz anders. Sie sagte, dass wir uns von der Idee verabschieden müssen, unseren Lebenssinn zu »suchen«. Wenn wir die Worte *finden* oder *suchen* verwenden, suchen wir außerhalb von uns selbst. Doch unser Sinn liegt eigentlich schon in uns. Daher schlägt sie vor, die Worte *finden* und *suchen* durch *enthüllen* zu ersetzen. Als sie das sagte, ging mir buchstäblich ein Licht auf. Ich visualisierte ein helles Licht in meinem Herzzentrum, und ich sah das Bild, wie sich mein Brustkorb öffnete und sich einzelne Schichten abschälten, um die Wahrheit zu offenbaren, wer ich wirklich bin. Das veränderte völlig die Art und Weise, wie ich das Konzept von »Sinn« verstehe.

Wenn ich die Schichten der Angst und der Konditionierung abschäle, die sich auf den psychischen und physischen Verletzungen meines Lebens aufgebaut haben, kann ich den Sinn darunter finden. Wenn wir unter dem Konzept von Sinn mehr verstehen als nur das, was wir »tun« sollen, erkennen wir, dass alles einen Sinn hat – eine Chance, die, wenn man sie ergreift, Einsichten in den göttlichen Plan bietet.

Betrachte ich den Okulären Albinismus meiner Söhne aus dieser Perspektive und befreie ihn von dem Stigma, das in dem Wort *Behinderung* steckt, liegt dahinter ein wunderbarer Sinn. Wir können vielleicht nicht ganz genau sagen, was dieser Sinn ist, aber das spielt keine Rolle. Ich vertraue auf den göttlichen Plan hinter der Diagnose. Und das hilft mir, sie beide als vollständig und ganz und gar nicht behindert zu sehen.

Sie führen ein – ihr – sinnvolles Leben, und wie jeder andere haben auch sie mit bestimmten Herausforderungen zu kämpfen. Diese Herausforderungen bringen ihnen die Lektionen bei, die sie lernen sollen. Denk darüber nach: Wir alle können manche Dinge besser als andere. Manche von uns sind gut in Mathe, während andere von uns gut mit Worten umgehen können oder geschickt mit den Händen sind. Manche von uns können sehr gut zeichnen, andere können singen oder tanzen. Manche von uns haben blockierte Kniegelenke, Sichelfüße oder einen steifen Hals, was ihnen bei einigen Aktivitäten in die Quere kommt. Keiner von uns kann alles. Warum sollten wir überhaupt etwas als *Behinderung* bezeichnen? Wir haben nur ein Problem, wenn wir uns zu lange mit dem aufhalten, was wir nicht können. Wenn wir das nutzen, was wir haben, statt uns darauf zu konzentrieren, was wir nicht haben, bleiben wir mit unserer Ganzheit und unserem Sinn verbunden. Einstellung, Perspektive und Geisteshaltung machen den Unterschied aus. Nein, keiner meiner beiden Söhne läuft als unverbesserlicher Optimist herum und sagt: »Mann, es ist *echt* toll, dass ich nichts sehen kann!« Aber sie laufen auch nicht herum und sagen: »Weh mir! Alle können sehen, nur ich nicht.« Ebenso wenig sagen sie: »Wie kann ich trotzdem erfolgreich sein?« Ihre Einstellung ist eher praktisch als positiv. Sie sagen: »Wie kann ich *dadurch* erfolgreich sein?«

Denk daran: Selbst unser Schmerz, sowohl der körperliche wie auch der seelische, hält wichtige Lektionen für uns bereit, die wir uns zunutze machen können, wenn wir uns dafür entscheiden.

VERBREITE LIEBE

Heilung kommt, wenn ich verstehe,
dass mein Schmerz einen Sinn hat. #YH4M

Schmerz ist ein Geburtsvorgang

Eine der wichtigsten Lehren, die ich als Hebamme den Frauen während der Entbindung vermittle, ist, dass ihr Schmerz dazu da ist, ihnen zu dienen. Wenn wir Schmerz als etwas betrachten, das uns dient und das etwas Wertvolles enthüllt, entspannen wir uns, und der Schmerz lässt nach. Bei einer Entbindung kann man sehr leicht erkennen, wie der Schmerz uns dient, weil dadurch ein neues Baby enthüllt und uns »Erdenbürgern« geschenkt wird.

Wenn Frauen bei der Geburt den Widerstand gegen ihren Schmerz aufgeben und ihre Angst beschwichtigen, haben sie eine viel leichtere Entbindung. Das Gleiche gilt für jede Art von Schmerz, die wir empfinden, ob es Krankheit ist, »Behinderung«, Trauma oder Kummer. Wenn wir akzeptieren, dass der Schmerz einen Sinn hat und dass er uns auf irgendeine Weise dient – selbst wenn wir nicht wissen, wie –, ermöglichen wir, dass etwas Gutes geschieht. Wir bringen etwas Neues auf die Welt.

Schicksal versus göttlicher Plan

Wenn wir an Sinn denken, setzen wir ihn oft mit »Schicksal« gleich – etwas, was geschehen soll, was vorbestimmt ist. Mit meinem christlichen Hintergrund fiel es mir immer schwer, das Konzept von Schicksal zu verstehen. Kennt Gott wirklich unsere Zukunft? Heißt das, es gibt keinen freien Willen? Heißt das, wir können unseren Kurs nicht ändern? Diese Vorstellung hatte zur Folge, dass ich mich hilflos und machtlos fühlte. Daher ging ich im Laufe der Zeit zum Konzept des göttlichen Planes über, das ich akzeptieren konnte.

Beim göttlichen Plan haben wir aktiv an dem teil, was in unserem Leben passiert. Wir können uns weiterentwickeln, lernen und unsere Richtung ändern. Wenn ich mein eigenes Leben und das Leben der Menschen um mich herum betrachte, dann geschieht genau dies.

Meiner Erfahrung nach sind Beten und Meditieren die besten Wege, um mit dem göttlichen Plan in Verbindung zu bleiben – die besten Wege, um uns zurück zur Gnade zu führen. Wir bleiben stecken und kommen nicht voran, wenn wir vom göttlichen Plan abweichen oder uns nicht mehr mittels Meditation oder Gebet damit verbinden.

VERBREITE LIEBE
Ich bin ein Partner des Göttlichen,
um mich selbst zurück zur Gnade zu führen. #YH4M

In meiner privaten Yogagruppe auf Facebook gibt es eine Frau, die weiterhin schmerzliche Erfahrungen macht, obwohl sie sich die größte Mühe gibt. Sie hat alles getan, was man ihr empfohlen hat, und trotzdem hat sich ihr Leben noch nicht zum Besseren verändert. »Warum bin ich dauernd pleite?«, fragte sie mich. »Warum ziehe ich immer den Kürzeren?«

Immer wieder beschrieb sie die Herausforderungen, die sich ihr stellten, als »schlimm«, statt die Lektion, den Dienst, das Geschenk und den Sinn in jeder Erfahrung zu sehen. Sie war vom Göttlichen abgeschnitten, weil sie ihre Erlebnisse als Pech oder sogar als Strafe ansah. Sie fühlte sich verflucht.

Wenn sie die Schichten abschälen und den Sinn in jeder Erfahrung enthüllen könnte, dann könnte sie sich wieder mit dem Göttlichen verbinden. Oder wenn sie wenigstens akzeptieren könnte, dass ein göttlicher Plan am Werk ist, dann würde das einen

Riesenunterschied bei ihr bewirken. Die Energie würde sich verändern. Dann würde sich das Muster allmählich auflösen und ihr ermöglichen vorwärtszugehen. Um noch einmal die Analogie zur Geburt zu verwenden: Wenn wir die Verbindung zum Sinn in unseren Erfahrungen verlieren, ist es fast so, als würden wir die Geburt verweigern. Wir erlauben dem Neuen nicht, herauszukommen.

Manchmal halten wir am Schmerz fest. Wir denken, wir können den Schmerz aushalten, und das kann uns daran hindern, unsere Lektion zu lernen. Wir sagen: »Ich bin zäh«, und bauen Widerstand gegen den Schmerz auf. Aber dieser Widerstand gegen den Schmerz macht uns auch unempfindlich gegen das, was wir davon lernen könnten. Wenn wir uns abhärten, ignorieren wir die Lektion im Schmerz.

Akzeptieren wir dagegen, dass hinter dem, was wir erleben, ein göttlicher Sinn liegt, dann nimmt der Schmerz ab. Wir müssen uns nicht mehr so sehr dagegen abhärten. Vielleicht geht der Schmerz nicht ganz weg, aber er hat nicht mehr so viel Macht über uns.

Diese Vorstellung ist natürlich nicht neu. Es ist die uralte Idee vom Karma. Bis wir die Lektion gelernt haben, sind wir gezwungen, sie zu wiederholen. Verstehen löst das Muster auf und befreit uns. Wir können achten, was wir momentan durchmachen. Wir können das Stigma – »schlimm«, »Behinderung«, »Tragödie« – beseitigen, das wir daran geheftet haben. Wir können es neu bewerten und erkennen, dass in seinem Kern das Licht des Sinnvollen leuchtet.

Der Segen im Zerbrechen

In Kapitel 9 haben wir darüber gesprochen, dass Schmerz dich entweder verletzen oder verändern kann. Wir können den Schmerz akzeptieren, aber dann müssen wir entscheiden, wie er uns zum

Besseren verändern soll. Selbst wenn man einen Muskel trainiert, muss der Muskel ein kleines bisschen geschädigt werden, damit er wachsen kann. Ein Bodybuilder betrachtet den Muskelkater nach einem Training als Segen, weil er das beste Zeichen dafür ist, dass etwas Gutes passiert. Sportler wissen, dass es nach dem Muskelkater zum Wachstum kommt. Der Schmerz verändert sie zum Besseren. Wenn wir unsere körperlichen und seelischen Schmerzen als Wachstumsübung betrachten, lässt der Schmerz sofort nach, die Geburt setzt ein, und die Heilung beginnt.

Bischof T. D. James hat eine Predigt gehalten, die auf der Geschichte von der Speisung der Fünftausend mit einigen Brotlaiben und Fischen basiert. Er spricht darüber, dass die wahre Lektion in dieser biblischen Geschichte darin besteht, dass der *Segen im Zerbrechen* liegt. Als nicht genug Brot für alle da war und das Brot zerbrochen wurde, kam Gottes Segen.

Wenn du das Gefühl hast, als würde dir das Herz brechen, dann bricht es in Wirklichkeit auf und offenbart den Segen. Wir lassen nach dem Zerbrechen viel mehr zu!

Sieh es mal so: »Licht ist in der zerbrochenen Flasche und im Diamant.« Dieses Zitat von Mark Nepo zeigt uns, dass das, was zerbrochen und kaputt zu sein scheint, in Wahrheit ganz und kostbar ist – so wie meine Söhne.

Die Gesellschaft hält Diamanten für perfekt und wunderschön. Wir halten sie für selten, obwohl sie es gar nicht sind. Wir haben beschlossen, dass Diamanten die besten Steine sind, aus keinem anderen Grund, als weil wir es so beschlossen haben. Aber etwas so Gewöhnliches wie eine weggeworfene Glasscherbe, die man auf einer schmutzigen Straße finden kann, kann ebenso wie ein Diamant das Licht widerspiegeln und in allen Regenbogenfarben schillern.

Das ist eine perfekte Analogie für uns, wenn wir uns selbst als zerbrochen betrachten. Wenn du denkst, dass du nicht so gut wie andere dazu in der Lage bist, dich zu heilen, etwas in deinem Leben zu verändern oder dich mit dem Göttlichen zu verbinden, dann denk an das zerbrochene Glas. Was immer das Zerbrechen verursacht hat – es hat dazu beigetragen, die vielen Facetten deiner Persönlichkeit zu schaffen, und du funkelst nicht weniger als ein Diamant.

Manche Leute mögen meine Söhne für zerbrochene Flaschen halten, aber das spielt keine Rolle, weil sie genauso funkeln und Licht widerspiegeln können wie ein Diamant. Sie spiegeln das Licht genauso gut wider wie Menschen mit normaler Sehstärke.

Es ist unsere Entscheidung, ob wir uns selbst als zerbrochen oder ganz sehen. Sich selbst als zerbrochen zu betrachten ist für mich eine Lüge, die wir uns aus Angst erzählen. Das haben mich meine Söhne gelehrt. Für mich ist das Licht auf den Scherben einer zerbrochenen Flasche der Beweis, dass wir bereits ganz sind. Paradoxerweise hilft uns das Zerbrechen, diese Ganzheit zu erkennen und ans Licht zu bringen.

Auch wenn nicht zerbrochene Flaschen und ungeschliffene Diamanten ebenfalls bis zu einem gewissen Grad Licht widerspiegeln können, ermöglichen es erst die Brüche, das Licht im vollen Ausmaß zu reflektieren. Darum wird der Schliff beim Diamanten so geschätzt. Bei Menschen gilt das Gleiche. Wenn wir zerbrechen, fallen die Schichten der Konditionierung und der Ängste, die unseren Sinn verdecken, allmählich von uns ab. Das Zerbrechen zwingt uns, die Schichten abzuschälen, in uns hineinzusehen und die Schönheit dessen zu enthüllen, was wir wirklich sind. Das Zerbrechen knackt uns auf, sodass das Licht unseres wahren Selbst offenbart wird. Denk daran, dass auch Diamanten geschliffen, geformt und poliert werden müssen, damit sich ihre verborgene Schönheit zeigt.

Also kann das Zerbrechen tatsächlich willkommen sein – wenn wir es zulassen. Das Zerbrechen hilft uns, Zugang zu den Werkzeugen zu bekommen, die wir brauchen, und eine Grundfunktion dieser Werkzeuge ist, das Zerbrechen einfach als das zu sehen, was es ist. Dann fangen wir an, unsere Stärke zu entwickeln, unsere Weisheit nimmt zu, wir lernen, besser für uns zu sorgen, und wir erkennen, dass zu dieser Selbstfürsorge auch gehört, die Herausforderungen zu akzeptieren, die das Leben uns stellt. Wir entwickeln noch mehr Werkzeuge, sodass der nächste Bruch schon ein kleines bisschen leichter ist.

Meine Jungs haben erstaunliche Bewältigungsstrategien entwickelt. Sie haben immer eine Antwort parat, wenn jemand zu ihnen kommt und fragt: »Warum sehen deine Augen so komisch aus?«, oder: »Warum zucken deine Augen hin und her?« Sie haben sich mit einem Schutz in ihrem Herzen gewappnet, der ihnen sagt: »Dies ist meine Lektion und Teil von meinem Lebenssinn. Ich soll nicht nur das Licht in meinem Inneren finden, ich soll mein Licht auch leuchten lassen, damit andere etwas lernen können.« Anderen Menschen etwas beizubringen hilft ihnen, sich selbst mehr zu lieben und zu akzeptieren. Wenn sie anderen Leuten etwas über Okulären Albinismus erklären, sind die Worte, die sie verwenden, sehr wichtig. Sie erklären es in einfachen Worten, damit die anderen begreifen, dass es eigentlich keine große Sache ist. Manche Menschen sind groß, andere klein. Manche Menschen sehen, andere nicht. Meine Söhne lehren uns, uns so zu verstehen und zu akzeptieren, wie wir sind.

Ich will nicht so tun, als ob die Verletzungen, die wir erleben, leicht wären. Das liegt mir fern. Aber sie können *weniger schwierig* sein, wenn wir sie zulassen. Ich habe festgestellt, dass ich mich in meinem Leben immer wieder daran erinnern muss, dass der Segen im Zerbrechen liegt. Wenn es passiert, versuche ich mich zu öffnen und so viel Liebe wie möglich in mich hineinfließen zu lassen. Dann habe ich die Stärke, zu wachsen und die Schichten ganz abzuschälen, um den Sinn im Zerbrechen freizulegen. Falls der Sinn und die Lektion meinem Verstand dann immer noch unklar sind, erinnere ich mich daran, auf den göttlichen Plan zu vertrauen und mich darauf zu verlassen, dass es einen höheren Sinn *gibt* – eine Chance zu lernen –, ob ich sie nun erkenne oder nicht.

Wie Meditation hilft, unsere Verletzungen zu heilen
Ich habe längere Zeit unter Lyme-Borreliose gelitten, und es war ein schwieriger Heilungsprozess. Doch obwohl Rückfälle möglich sind, waren diese Verletzung und dieser Schmerz nicht von Dauer. Der Okuläre Albinismus meiner Söhne ist dauerhaft, es sei denn, dass zu ihren Lebzeiten ein Heilmittel entdeckt wird. Kummer, Scheidung und Verlust sind alles vorübergehende Verletzungen, aber sie hinterlassen dauerhafte Spuren in uns. Diese Spuren sind Teil des Zerbrechens. Wir können diese Spuren als entsetzlichen Schaden betrachten, mit dem wir leben müssen, oder wir können sie einfach als Facetten des zerbrochenen Glases sehen – Facetten unserer Ganzheit, die das Licht widerspiegeln.

Wenn wir befürchten, dass wir unseren Kummer oder unsere Krankheit noch einmal erleben müssen, oder wenn wir sie stigmatisieren – etwa durch Werturteile über eine Scheidung, »Behinderung« oder einen »Schaden« –, dann kämpfen wir gegen den Schmerz an. Dann stimmen wir nicht mehr mit dem göttlichen Plan überein, und die Facetten des Glases werden von Schatten verdunkelt.

Ich will nicht sagen, dass du übermenschlich sein musst und niemals Schmerz fühlen darfst. Es ist ganz natürlich, Schmerz zu erleben und das Gefühl zu haben, als sei man beschädigt oder zerbrochen. Doch genau darum ist es so wichtig, regelmäßig zu meditieren. Meditation hilft uns, unsere Ängste rund um den Schmerz zu beruhigen und uns immer wieder in Einklang mit dem göttlichen Plan und Sinn zu bringen. Für mich wurde sie zu einer Rettungsleine, an der ich mich während der vielen Momente des Zerbrechens in meinem Leben entlanghangelte.

Die Meditation ermöglicht uns auch, zum Beobachter zu werden und größeres Mitgefühl für uns selbst zu entwickeln. Es ist schwer, Werturteile loszulassen, wenn wir Schmerz verspüren. Manchmal haben wir das Gefühl, dass wir unsere Verletzungen selbst verschuldet haben, weil wir Fehler gemacht haben, die eine Strafe rechtfertigen. Wir glauben, dass wir verdient hätten, was uns passiert ist. Als Mutter fiel es mir leicht, meine Söhne als perfekte, vollständige Wesen zu sehen – selbst mit ihrer Diagnose. Wir wissen, dass andere nicht durch ihre Krankheiten und ihren Kummer definiert werden, aber es fällt uns viel schwerer zu sehen, dass auch wir nicht durch unsere Krankheiten und unseren Kummer definiert werden. Mir selbst konnte ich erst durch regelmäßige Meditation die gleiche Toleranz, Akzeptanz und Liebe entgegenbringen, die ich meinen Kindern entgegenbringe.

Vergiss nicht: Wir sind immer noch vollständig, ganz gleich, welche Fehler wir in unserem Leben gemacht haben oder was uns zugestoßen ist. Unsere Erfahrungen sind etwas, was wir gemacht haben, und nicht, was wir sind.

Die Meditation erinnert uns auch daran, dass die Person, die wir in diesem Moment sind, nichts mit der Person zu tun hat, die wir im nächsten Moment sind. Selbst eine Krankheit verändert sich ständig und entwickelt sich weiter. Sie ist eine energetische Einheit, die genauso wenig gleich bleibt wie wir. Also können wir beschließen, den Schmerz loszulassen – oder wenigstens die Art, wie wir über den Schmerz denken. Wir können entscheiden, ob wir uns selbst als zerbrochen oder ganz betrachten wollen. Jeder Augenblick ist eine Chance, neu anzufangen – ganz neu zu sein. Das ist jedes einzelne Mal ein Geschenk.

Ich verwende das Mantra »Ganz gleich, wo ich war, wer ich war oder was ich getan habe: Dieser Moment gehört mir, damit ich alles ganz neu machen kann. Ich werde nicht durch meine Vergangenheit definiert. Reue tut mir niemals gut. Ich werde energetisiert von dem Potenzial, das in jedem Moment steckt.« Nochmals: Wenn wir ein Mantra beim Meditieren wiederholen, beginnen wir daran zu glauben. Und dann fangen wir an, es zu leben.

Wir können ad acta legen, was früher passiert ist. Wir können die Schönheit im Zerbrechen sehen, Wachstum zulassen und jeden Augenblick einladen, uns vollkommen zu dienen.

Wie du bereits gelernt hast, kannst du dir selbst in der Meditation auch Fragen stellen und im Stillen nach Antworten horchen. Du kannst fragen: »Wie kann diese Krankheit, Behinderung oder Herausforderung mein Lehrer sein?« Denk dran, geduldig zu bleiben, falls die Antwort nicht sofort kommt. Frag weiter. Und noch einmal: Geh neugierig statt wertend an deinen Schmerz heran. Wenn du still wirst und dir selbst zuhörst, während du in einem Zustand der Ruhe und des Friedens bist, gibt dir das die Gelegenheit, Antworten zu bekommen, die dich heilen können.

Wir alle haben es verdient, uns gesund, glücklich und leicht zu fühlen. Krankheit, Kummer und all die Traumata, die in unserem Leben vorkommen, helfen uns dabei, aufgebrochen zu werden, sodass wir unsere wahre innere Schönheit zeigen können. Es ist unsere Aufgabe, die Bruchstücke zu beobachten – nur die Stücke aufzuleben, die uns guttun und Licht widerspiegeln, damit wir nutzen, was uns zur Verfügung steht, um uns zum Kern dessen zu entwickeln, was wir wirklich sind. Die Weiterentwicklung zu unserem wahren Selbst ist der Schlüssel zu einem glücklicheren Leben. Sie ermöglicht uns, unsere körperlichen und seelischen Verletzungen endgültig zu heilen.

 Meditation zum Sinnfinden im Schmerz
Vorbereitung/Über diese Meditation

Dies ist keine Meditation, um noch mehr Schmerz in dein Leben einzuladen. Ganz gleich, wie dankbar ich für die Lektionen bin, die mein Schmerz mich gelehrt hat, wirst du nie erleben, dass ich um noch Schmerz bete. Vielen Dank, lieber Gott – mir reicht, was ich hatte!

Diese Meditation *wird* dir jedoch helfen, den Schmerz, den du bereits erlebt hast oder den du gerade erlebst, als wertvollen Lehrer in deinem Leben zu akzeptieren. Sie kann dir auch dabei helfen, deine Angst vor Schmerzen zu mindern, die noch nicht gekommen sind – sowohl vorhersehbaren als auch unvorhersehbaren. Schmerz durch eine plötzliche Trennung, eine Verletzung oder einen Todesfall kann ohne Vorwarnung eintreten. Um diese Art von Schmerz kümmern wir uns, wenn er da ist. Wir können uns aber auf Schmerz vorbereiten, der mit vorhersehbaren Ereignissen zusammenhängt, beispielsweise bei einer Entbindung oder dem Verlust eines Menschen nach einer tödlichen Krankheit oder einer Scheidung.

Schmerz kann uns zerbrechen, aber er vernichtet uns nicht. Selbst eine zerbrochene Flasche ist immer noch eine Flasche. Sie sieht nur anders aus. Das Zerbrechen verändert uns. Das ist der schöne Sinn des Schmerzes. Die Veränderungsphase ist gekommen, wenn wir aus dem Zerbrechen etwas lernen können, wenn wir daran wachsen und das Zerbrechen seinen Segen offenbart.

Ich habe bereits zugegeben, dass ich Fan von Reality-TV-Sendungen bin. Ich habe auch Caitlyn Jenners Bericht gesehen, wie sie ihren Kindern erklärt hat, was es bedeutet, transsexuell zu sein. Sie sagte, dass sie anders sei, aber nicht kaputt. Gott hat keinen Fehler gemacht, indem er das Gehirn einer Frau in den Körper eines Mannes gesperrt hat. Gott macht keine Fehler – es gibt für alles einen guten göttlichen Plan. Caitlyn wurde mit außergewöhnlichen Fähigkeiten erschaffen, die es ihr ermöglicht haben, Olympiamedaillen zu gewinnen und erfolgreiche Unternehmen zu gründen. Ihr wurden auch andere Eigenschaften gegeben, die sie vor Herausforderungen stellten und ihr manchmal das Gefühl gaben, als würden sie sie zerbrechen. Das Universum gibt uns alles Nötige für unseren Erfolg, aber wir müssen unsere Herausforderungen – unseren Schmerz – als Chancen für unseren Erfolg sehen. Caitlyn war ein vollständiger Mensch – nach einem göttlichen Plan erschaffen –, selbst in den Phasen von Verwirrung, Schmerz, Kummer und Zerbrechen. Was nach ihrer Phase des Schmerzes offenbart wurde, erwies sich als großer Segen.

Wann? Du kannst diese Meditation zu jeder Tageszeit machen. Mach sie mitten in deinem Kummer oder nachdem dein schmerzliches Ereignis vorüber ist.

Wo? Wähl einen intimen Ort für deine Meditation oder meditier an deinem gewohnten Ort. Ich mache diese Meditation am liebsten dort, wo es vollkommen ruhig ist oder mich so wenige Geräusche wie möglich ablenken. Bei Naturgeräuschen kannst du eine Ausnahme machen, weil sie immer eine schöne Erinnerung an unseren Platz im Universum sind.

Haltung? Setz dich entspannt im Schneidersitz hin und lass die Hände in der Kelchmudra in deinem Schoß ruhen. Wie du dich vielleicht erinnerst, ist diese Mudra angezeigt, um die Energie in deinem Körper ins Gleichgewicht zu bringen. Ich fühle mich immer stärker unterstützt und auch mehr in Verbindung mit mir selbst, wenn ich diese Mudra verwende.

Es ist am besten, den größten Teil dieser Meditation mit geschlossenen Augen zu verbringen, falls es dir möglich ist. Öffne sie, um die Anleitung zu lesen, wenn du weitermachen willst.

**Du hast 4 Minuten,
um die Geschenke im Unglück zu entdecken.**

»Der Segen liegt im Zerbrechen, und es spiegelt sich Licht in der zerbrochenen Flasche.« Diese Kombination zweier meiner Lieblingszitate lässt mein Herz vor Freude jubeln. Das Zerbrechen, das dir zugestoßen ist, ist eine Chance, dein herrliches Potenzial zu zeigen. Und die zerschmetterten Stücke, die zurückbleiben, spiegeln das Licht von tausend funkelnden Diamanten wider.

1. Richte deine Aufmerksamkeit auf deine Atmung. Nimm dir einen Moment Zeit, um anzuerkennen, dass du hier bist und dass dein Atem ein Segen ist. Heiße jeden Atemzug mit einem stillen Danke willkommen. Lass beim Ausatmen die Luft ganz mühelos aus deinem Körper hinaus. Lass deine Atmung einfach fließen.
2. Schließ die Augen und verfolge dein natürliches Ein- und Ausatmen zehn volle Atemzyklen lang. Erlaub es jedem Atemzug,

dich ganz auszufüllen und wieder leer werden zu lassen. Ausfüllen und leer werden. Deine Atmung fließt gleichmäßig und ohne Anstrengung. Wenn du fertig bist, öffne die Augen, um den nächsten Schritt der Anleitung zu lesen.

Du bist bereit, deine Botschaft zu empfangen ...

3. Jetzt, wo du vollkommen ruhig und in deine Meditation vertieft bist, ist es Zeit, deine Botschaft zu empfangen. Lies die folgende Botschaft dreimal, entweder im Stillen oder laut. Nimm dir Zeit, sie langsam zu lesen, und achte dabei sorgfältig auf jedes Wort: »Wenn mir das Herz bricht, öffnet es sich für Liebe und neue Chancen. Die Scherben meiner zerbrochenen Seele sind Segnungen, und sie sind schön. Licht funkelt auf den Scherben meiner zerbrochenen Seele.«

4. Schließ die Augen und folge zehn weitere Atemzyklen lang deinen langen, mühelosen Atemzügen. Ermögliche es den Worten, die du gerade gelesen hast, sich in jeder Zelle deines Körpers festzusetzen. Mach nach dem zehnten Ein- und Ausatmen die Augen auf, um den letzten Schritt der Anleitung zu lesen.

Eine tiefere Liebe inspirieren ...

5. Schließ wieder die Augen und wiederhol dein Mantra entweder im Stillen oder laut am Ende von jedem Ausatmen, fünf Atemzyklen lang. Akzeptier diese Worte als wahr. Lass dich von ihnen zu einem tieferen Gefühl von Respekt und Liebe für dich selbst, so wie du gerade bist, inspirieren. Wenn du fertig bist, nimm einen letzten tiefen Atemzug, lächle breit und kehr in deinen Alltag zurück. »Der Segen liegt im Zerbrechen. Mein Licht wird offenbart.«

Meditation zur Heilung
Vorbereitung/Über diese Meditation

Der Heilungsprozess ist nicht mehr und nicht weniger als ein wundervolles, Ehrfurcht einflößendes Phänomen, das nicht geringschätzig abgetan werden darf. Ich halte regelmäßig begeistert Vorträge darüber, wie sich über Kratzer ein schützender Schorf bildet und wie der Körper bei der Entbindung natürliche Betäubungsmittel produziert. Unser Körper und die Seele, die ihn bewohnt, sind wundersame Schöpfungen, die sich selbst heilen können.

Werkzeuge wie die moderne und die uralte Medizin, die Meditation und das Gebet sind ein integraler Bestandteil des Heilungsprozesses. Wir können viel dafür tun, um Krankheiten und Verletzungen vorzubeugen und die Heilung zu fördern. Die Zeit, die du in der Meditation verbringst, kann dazu beitragen, Stress zu reduzieren und psychisches wie physisches Leid zu verringern. Natürlich solltest du immer einen Arzt zurate ziehen, bevor du eine ernsthafte Erkrankung behandelst.

Die Meditation zur Heilung gibt dir die Gelegenheit, mit Visualisierungen zu experimentieren, um seelischen wie körperlichen Schmerz zu lindern. Ich führe dich auch durch eine Körperübung, damit die Energie besser durch deinen Körper fließen kann. Keine Sorge! Ich spreche nicht von einem Work-out. Die ganze Meditation kann bequem in deiner Lieblingshaltung durchgeführt werden.

Wann? Jede Tageszeit ist für diese Meditation geeignet. Wenn du mit Schmerzen zu kämpfen hast, die es dir erschweren, deinen Alltagsaufgaben nachzukommen, ist der Morgen vielleicht am besten. Falls du Hilfe dabei brauchst, dich wohl genug zu fühlen, um einschlafen zu können, dann mach die Meditation am Abend direkt vor dem Schlafengehen. Ich habe schon erwähnt, dass ich häufig unter den langfristigen körperlichen Folgen der Lyme-Borreliose leide. Ich nutze die Techniken in dieser Meditation zur Schlafenszeit, um die Schmerzen in meinen Gelenken und Muskeln zu lindern.

Wo? Mach die Meditation zur Heilung an einem bequemen, ruhigen Ort. Diese Meditation hebt man sich am besten für zu Hause oder einen anderen Ort auf, wo man sich völlig entspannt fühlen und darauf einlassen kann.

Haltung? Der Schneidersitz und der halb liegende Schmetterling ergänzen diese Meditation beide gut. Vielleicht möchtest du auch die Totenstellung ausprobieren, die es dir erlaubt, dich ganz hinzulegen. Welche Haltung du auch wählst, achte darauf, dass es dir richtig bequem ist und du dich gut gestützt fühlst.

Falls du im Schneidersitz meditierst, leg die Hände mit nach oben gedrehten Handflächen auf den Knien oder Oberschenkeln ab. Im halb liegenden Schmetterling oder der Totenstellung leg die Arme seitlich ab. Gegen Ende der Meditation leite ich dich dazu an, mit deinen Händen heilende Energie durch deinen Körper zu bewegen. Nach dieser Übung kannst du deine Hände wieder in ihre Ausgangsposition legen.

Diese Meditation erfordert mehr Anleitung als die meisten anderen in diesem Buch, daher werden deine Augen während des größten Teils davon offen sein. Schließ die Augen während der Visualisierungsübung und wenn du dazu angeleitet wirst.

Du hast 4 Minuten,
um dich selbst zu heilen.

Du wirst gleich heilendes Licht in alle deine Körperteile senden, das dich wärmt und tröstet. Bereite dich darauf vor, zu regenerieren, während du die von dir gewählte Haltung einnimmst.

1. Atme entspannt ein und aus, während du dich in deiner stützenden Haltung niederlässt. Schließ die Augen und stell dir eine leuchtend weiße Lichtkugel vor, die über deinem Kopf schwebt. Dieses Licht dehnt sich bei jedem Ein- und Ausatmen aus und zieht sich wieder zusammen. Es hüpft fröhlich, wenn sich dein Körper beim Atmen ganz leicht hebt und senkt. Konzentrier dich zehn volle Atemzyklen lang auf dieses Licht direkt über deinem Kopf. Öffne dann die Augen, um den nächsten Schritt der Anleitung zu lesen.
2. Stell dir nun vor, wie die leuchtende Kugel an deinem Scheitel in deinen Körper eintritt. Sie bahnt sich langsam ihren Weg nach unten durch deinen Körper und füllt dich dabei mit weißem Licht. Licht strömt in jeden Teil deines Körpers hinein, und du leuchtest vor strahlender Energie.

Sende Licht in deinen Schmerz ...

3. Welches Unbehagen du in diesem Moment auch fühlst – ob körperlich oder seelisch –, es wird gleich die heilende Wärme des weißen Lichtes empfangen. Schließ die Augen und wiederhol das folgende Mantra entweder im Stillen oder laut immer beim Ausatmen, fünf Atemzyklen lang. Sieh, wie sich dein Licht wieder zu einer leuchtenden Kugel formt und direkt an die Stelle deines Schmerzes wandert. Falls du Kummer hast, sende das Licht in dein Herzzentrum.

Mantra 1
Ich sende heilendes Licht in meinen Schmerz.

4. Lass die Kugel wachsen und noch einmal deinen gesamten Körper ausfüllen. Schließ die Augen und wiederhol das zweite Mantra beim Ausatmen, weitere fünf Atemzyklen lang.

Mantra 2
Ich bin in Sicherheit und bei bester Gesundheit.

Licht ist in alle Teile deines Körpers geströmt. Es hat dich gewärmt und deinen Schmerz gelindert. Stell dir vor, dass dein Schmerz von deinem heilenden Licht verbrannt wird und nur noch Asche als Beweis dafür zurückbleibt, dass er einmal da war. Es wird Zeit, diese »Asche« mit ein paar sanften Streichbewegungen deiner Hände »wegzuwischen«.

5. Halte die Augen offen oder geschlossen. Streich mit der rechten Hand von der linken Schulter den linken Arm entlang bis zu den Fingerspitzen der linken Hand und sag: »Ich entlasse meinen Schmerz ins Universum.«
6. Streich jetzt mit der linken Hand von der rechten Schulter den rechten Arm entlang bis zu den Fingerspitzen der rechten Hand und sag noch einmal: »Ich entlasse meinen Schmerz ins Universum.«
7. Leg nun bitte beide Hände mit den Handflächen nach unten auf die Oberschenkel nahe der Hüftbeuge. Streich mit den Handflächen die Beine entlang bis über die Knie und wiederhole dabei den Satz »Ich entlasse meinen Schmerz ins Universum.«

8. Wähl eine Hand und leg sie dir auf das Herz. Streich mit dieser Hand zu deinem Gesicht, bis über dein Kinn, und sag noch einmal: »Ich entlasse meinen Schmerz ins Universum.«
9. Nimm die gleiche Hand und leg sie dir auf die Stirn. Streich mit dieser Hand in Richtung Himmel und wiederhol: »Ich entlasse meinen Schmerz ins Universum.«

Alle Reste deines Schmerzes wurden nun weggewischt und ins Universum entlassen. Deine Bürde ist jetzt geringer, weil das Universum zugestimmt hat, deinen Heilungsprozess zu unterstützen.

10. Nimm dir ein paar Augenblicke Zeit, um die Augen zu schließen und dich auszuruhen. Lass deine Aufmerksamkeit wieder zu deiner Atmung wandern. Sieh, wie dein Körper durch das heilende weiße Licht leuchtet. Genieß diese Zeit der Linderung, solange es sich gut anfühlt. Wenn du dich bereit dazu fühlst, öffne die Augen und kehr in die Außenwelt zurück.

Meditation für Stärke
Vorbereitung/Über diese Meditation

Warum bezeichnen wir uns als »kaputt«, wenn wir ein Trauma überlebt haben? Wir sind am Leben und kommen irgendwie durch den Tag, wenn auch manchmal unter Schwierigkeiten, aber letztendlich schaffen wir es von Sonnenaufgang bis Sonnenuntergang. Dennoch laufen wir herum und sagen uns selbst und anderen, dass wir nicht gut genug seien. Falls du das auch tust, hör damit auf. Hör sofort damit auf und mach dich bereit, die Wahrheit zu hören.

Das, was dir passiert ist, hat dich nicht *kaputt* gemacht. Es hat dich *stärker* gemacht. In jedem Augenblick, mit jedem Atemzug macht dich das Universum stärker für deinen Weg. Du bist bereit für alles, was da kommen mag, weil du den Kampf überlebt hast. Du bist eine Kriegerin oder ein Krieger.

So wie du habe auch ich einiges durchgemacht. Und obwohl es nicht das Gleiche ist, was du durchgemacht hast, wissen wir alle, wie es ist, etwas durchzumachen. Das, was wir durchgemacht haben, muss keine Last sein, die uns niederdrückt. Es kann zu einer glänzenden Rüstung werden, die unser Herz schützt und so hell strahlt, dass alle sie sehen können. Unsere Rüstung sagt der Welt: »Seht mich an! Ich bin ein mächtiger Krieger für die Liebe, und ich kann euch beibringen, ebenfalls einer zu werden. Ich bin nicht kaputt. Ich bin eine göttliche Schöpfung und all das Gute wert, das das Universum zu bieten hat!«

Genau wie Liebe nicht in der völligen Abwesenheit von Angst existiert, existiert Stärke nicht in der völligen Abwesenheit von Schwäche, Unsicherheit oder Selbstzweifeln. Wir können uns müde oder ängstlich *und* stark zugleich fühlen. Es gab kummervolle Tage, an denen es sich für mich wie eine gewaltige Aufgabe anfühlte, auch nur aus dem Bett aufzustehen und mir die Zähne zu putzen. Aber ich wusste, dass ich die Kraft bekommen hatte, es zu tun. An solchen Tagen sagte ich mir selbst: »Du bist stark genug für einen Schritt. Und jetzt noch einen. Und noch einen. Dieser Moment ist dir aus einem bestimmten Grund geschenkt worden. Mach weiter. Was getan ist, ist getan. Du kannst dich in diesem Moment entscheiden, am Leben zu sein.«

Wann? Ich mache diese Meditation gern am Morgen. Sie bereitet mich auf den Tag vor und inspiriert mich dazu, jeden Kampf – ob klein oder groß – mit der Einstellung eine friedlichen Kriegerin aufzunehmen.

Wo? Meditier an deinem Lieblingsmeditationsort; im Bus oder im Zug, während du morgens zur Arbeit pendelst; im Auto, bevor du ins Büro gehst; oder wo immer es sich gut anfühlt. Mittlerweile bist du eine Meisterin oder ein Meister der Meditation. Du kannst überall meditieren!

Haltung? Setz dich aufrecht im Schneidersitz hin. Du sollst dich in deiner Haltung stark fühlen und auch so aussehen. Zieh die Schultern beim Einatmen bis zu den Ohren hoch und roll die Schulterblätter ein paarmal entlang der Wirbelsäule nach unten zurück, sodass dein Brustkorb schön weit geöffnet ist.

Leg die Hände mit nach oben gedrehten Handflächen oder in der *Kubera Mudra* auf den Knien oder Oberschenkeln ab.

Schließ die Augen, während du etwas visualisierst oder deine Mantren sprichst, oder lass sie offen und richte den Blick auf einen einzigen Gegenstand.

Du hast 4 Minuten, um für deinen Schmerz die Verantwortung zu übernehmen.

Liebe Kriegerin, lieber Krieger, du bist bereit. Alles, was du getan hast, alles, was du gesehen hast, und alles, was dir zugestoßen ist, hat dich auf diesen Moment vorbereitet. Du hast überlebt, weil du stark bist.

Du wirst deinen Körper mit reinem Licht erleuchten, das aus dem Universum gechannelt wird. Du bist eine Naturgewalt.

1. Beginn deine Meditation mit fünf tiefen, reinigenden Atemzügen. Jeder Atemzug weckt deine Sinne auf, erfüllt dich mit Energie und löst alle Anspannungen aus deinem Körper. Atme tief ein und fühl, wie sich dein gesamter Körper mit

Luft füllt. Lass mit dem Ausatmen alles los. Mit jedem Atemzug nimmt deine Energie zu, und du löst jede Anspannung in dir. Atme ein; spür, wie sich dein ganzer Körper ausdehnt. Atme aus; lass los.
2. Richte deine Aufmerksamkeit jetzt auf dein Gesäß. Fühl, wie dein Körper mit der Fläche unter dir verbunden ist. Schließ ein paar Atemzüge lang die Augen, während du erst deine Verbindung zu der physischen Fläche unter dir untersuchst und dann die energetische Schwingung der Erde wahrnimmst. Stell dir vor, wie du durch den Fußboden, den Erdboden und die Schichten der Erde hindurch energetisch mit dem Erdkern verbunden bist. Eine Säule aus Energie reicht von deinem Scheitel durch deinen Körper bis hinunter zum Erdkern.

Vom Gesäß bis zum Scheitel werden deine Chakren durch alle Farben des Regenbogens repräsentiert: Rot, Orange, Gelb, Grün, Blau, Indigo und Violett. Du wirst nun deine Chakren aufwecken und dadurch eine freie Bahn schaffen, durch die die Energie fließen kann. Die Energiesäule, von der ich gerade gesprochen habe, strömt ungehindert durch deinen Körper und verbindet dich sowohl mit dem Licht des Universums als auch mit der feurigen Kraft des Erdkerns. Dieser Energiefluss versorgt dich mit unglaublicher Stärke – sowohl körperlicher als auch spiritueller Stärke.

Bevor du die Augen schließt, lies die folgenden Beschreibungen für jeden der sieben Chakrapunkte in deinem Körper durch. Dann verfolge mit geschlossenen Augen den Pfad zwischen deinen Chakren von deinem Gesäß bis zu deinem Scheitel. Du wirst dich jeweils drei Atemzyklen lang auf jedes Chakra konzentrieren. Wenn du allen Chakren einen

Besuch abgestattet hast, mach die Augen auf, um den nächsten Schritt der Anleitung zu lesen.

3. Du fängst mit dem Wurzelchakra an (an deiner Basis oder deinem Beckenboden). Stell dir ein rotes Licht vor, das sich bei jedem Ein- und Ausatmen ausdehnt und zusammenzieht. Nach drei Atemzügen gehst du zum Sakralchakra (am Unterleib) über, das orangefarben leuchtet. Besuch dann dein Solarplexuschakra (in deiner Magengegend), das hellgelb ist wie die Sonne. Als Nächstes ist dein Herzchakra dran, das in einem lebhaften Smaragdgrün leuchtet. Dein hellblaues Halschakra pulsiert vor Leben und ermöglicht deiner wahren Stimme, sich zu befreien. Du kommst an deinem indigofarbenen Stirnchakra, deinem Dritten Auge, an und fühlst Weisheit und liebevolle Gedanken hindurchströmen. Wenn du zum Abschluss an dein Kronenchakra gelangst, das in einem leuchtend violetten Farbton über deinem Kopf schwebt, spürst du einen mächtigen Kanal von spirituellem Wissen, Erkenntnis und Liebe, der dich mit dem ganzen Universum verbindet.

Gereinigt, erneuert und kraftvoll ...

4. Lies die folgende Botschaft zweimal laut vor: »Ganz gleich, wo ich gewesen bin, wer ich gewesen bin oder was ich getan habe, dieser Moment gibt mir die Gelegenheit, alles ganz neu zu machen. Ganz gleich, was mir passiert ist, es definiert nicht, wer ich bin. Ich wurde vollständig erschaffen, und ich bin ein vollständiger Mensch, ganz gleich, was geschieht. Ich bin ein Partner des Göttlichen, um mich selbst zurück zur Gnade zu bringen.«

5. Schließ die Augen und atme weiter tief ein und aus. Vielleicht stellst du fest, dass deine Atemzüge jetzt länger, tiefer

und freier sind. Du fühlst dich energetisiert und lebendig. Beobachte dein Ein- und Ausatmen und erlebe, wie du dich mit jedem Atemzyklus immer kraftvoller fühlst. Wenn du bereit bist, öffne die Augen und geh hin, um dir den Tag zu erobern!

Kapitel 11

4 Minuten, um Dankbarkeit, Fülle und Nächstenliebe zu kultivieren

Ich habe in meinem Leben festgestellt, dass Dankbarkeit, Fülle und Nächstenliebe einen Kreislauf bilden, der mich wunderbar mit meinem Lebenssinn im Einklang hält. Es funktioniert so: Ich strenge mich bewusst an, für alles dankbar zu sein, was ich habe, und diese Dankbarkeit öffnet mich dafür, mehr Fülle zu empfangen. Da ich mehr Fülle empfange, will ich meine Reichtümer teilen und anderen zu Diensten sein. Die Freude, etwas für andere zu tun, entfacht noch mehr Dankbarkeit in mir, was mich für noch mehr Fülle öffnet. Dadurch bieten sich mir noch mehr Möglichkeiten und Impulse, anderen zu dienen. Und so geht der Kreislauf immer weiter.

Die Nächstenliebe, die wir anderen zeigen, entfacht wiederum Dankbarkeit in anderen, was ihnen dabei hilft, sich dafür zu öffnen, Fülle zu empfangen und auch etwas für andere tun zu wollen. Es erinnert stark an den Trend, eine gute Tat an einen anderen weiterzugeben oder Fremden anonym etwas Gutes zu tun. Siehst du die Schönheit in diesem Kreislauf? Jeder der drei Aspekte des Kreislaufes nährt die anderen.

Mit Fülle meine ich übrigens nicht nur Geld. Ich spreche auch von strotzender Gesundheit, zahlreichen Freunden, überfließendem Glück, unendlichem Frieden – eben allen guten Dingen im Leben.

Sprechen wir darüber, wie du jeden dieser drei Aspekte des Kreislaufes in deinem Leben willkommen heißen kannst. Dann wirst du über jeden einzelnen meditieren und in diesen wunderschönen Kreislauf unendlicher Segnungen eintreten.

Dankbarkeit
Dankbarkeit zu kultivieren ist etwas, was man bewusst tun muss. Es ist ein nicht verhandelbarer Teil meines Lebens, weil ich wirklich daran glaube, dass man keine Freude erleben kann, ohne dankbar zu sein.

Wenn ich für das, was ich habe, nicht dankbar bin, kann ich nicht mehr davon in mein Leben einladen. Manche Lehrer werden dir sagen, dass wir uns gar nicht mehr wünschen sollten. Aber ich rede nicht von Gier. Ich rede von dem natürlichen menschlichen Wunsch nach mehr von dem, was unser Glück fördert. Wir blicken nicht in den klaren, blauen Himmel und sagen: »Okay, jetzt haben wir genug davon gesehen!« Wir wollen mehr davon, und niemand würde dir einen Vorwurf machen, wenn du sagst: »Ich will mehr blauen Himmel sehen.« Also, warum sollten wir die Fülle in unserem Leben begrenzen? Fühl dich nicht schuldig, weil du mehr willst oder mehr hast. Wenn du mehr hast, kannst du mehr mit anderen teilen. Jeder von uns hat ein Leben, das es verdient, noch heller zu strahlen.

VERBREITE LIEBE
Mein Leben verdient es, noch heller zu strahlen.
Wenn ich mir erlaube, mehr zu haben,
kann ich mehr mit anderen teilen.
#YH4M

Im Lukasevangelium im Neuen Testament gibt es einen Vers, der lautet: »Wer im Geringsten treu ist, der ist auch im Großen treu.« Meine Freundin, die Motivationsrednerin Danny-J., zeigte mir dieses Zitat und sagte mir, ich solle »treu in den kleinen Dingen sein«. Diesen Rat hatte ihr einer ihrer Mentoren gegeben. Er bedeutet, dass man unbedingt die Dinge wertschätzen muss, die wir normalerweise für selbstverständlich halten – selbst so kleine Dinge wie fließendes Wasser. Denk daran, dass viele Menschen in der Welt so etwas nicht haben. Wenn wir sehen und schätzen, was wir haben, statt uns auf das zu konzentrieren, was wir nicht haben, öffnen wir die Tür, durch die mehr zu uns kommen kann.

Sagen wir, ich habe gerade genug Geld, um meine Rechnungen bezahlen zu können. Ein guter Anfang ist zu sagen: »Ich bin dankbar.« Aber ich kann noch einen Schritt weiter gehen und sagen: »Ich habe alles, was ich brauche, um zurzeit meinen Lebensunterhalt zu bestreiten, und dafür bin ich dankbar.« Selbst als ich Lebensmittel, Fahrtkosten und Kleidung mit meiner Kreditkarte bezahlen musste, achtete ich darauf, meine Dankbarkeit zu zeigen: »Ich habe Kredit, um meine Güter des täglichen Bedarfs zu kaufen, und dafür bin ich dankbar.«

Vielleicht hast du gerade genug zu essen, um dich momentan versorgen zu können, doch wenn du sagst: »Ich habe alles, was ich brauche, und bin dankbar dafür«, dann sagst du die Wahrheit, denn du bist ja am Leben. Dieser Ausdruck von aufrichtiger Dankbarkeit gibt dem Universum den Hinweis, dass du verantwortungsbewusst und treu bist. Du achtest, was du hast, und das bringt dir größere Chancen auf einen Glücksfall. In meinem Leben war das mit Sicherheit so.

VERBREITE LIEBE
*Indem ich dankbar bin,
heiße ich die Fülle willkommen.*
#YH4M

Ich sehe dieses Phänomen jetzt überall in meinem Leben. Als ich mit meinen Finanzen zu kämpfen hatte und meine Rechnungen nicht bezahlen konnte, war praktisch nichts anders an meinen Umständen als heute. Ich hatte Zugang zu allem, zu dem ich heute Zugang habe. Die erforderliche Veränderung war, wie man sagt, eine Aufgabe, die »in mir drin« erledigt werden musste. Ich musste meine Ängste und meine Selbstwertprobleme überwinden. An meiner Außenwelt musste ich gar nicht so viele Veränderungen vornehmen. Du hast sicher bemerkt, dass ich dir in diesem Buch nicht gezeigt habe, wie du einen Lebenslauf schreibst, um deinen Traumjob zu bekommen, oder wie du ein Online-Dating-Profil erstellst, um die Liebe deines Lebens zu finden.

Denn wo immer du jetzt gerade bist, du hast wahrscheinlich alles, was du brauchst, um viele Glücksmomente zu erleben und Erfolg zu haben. Ich weiß durchaus, dass es vielleicht echte Probleme in deinem Leben gibt. Vielleicht führst du eine Beziehung mit jemandem, der dich nicht unterstützt, oder du arbeitest in einem Beruf, den du hasst. Obwohl dies äußere Situationen sind, für die du eventuell einen Ausweg finden musst, beginnt das Handeln von innen. Die Mantren und Meditationen geben dir den Mut, dich zu verändern, und das Gefühl, dass du ein besseres Leben verdient hast. Sie helfen dir zu erkennen, dass mehr für dich möglich ist. Und sie geben dir die innere Kraft, um dich aus deinen aktuellen Umständen herauszubegeben, ohne ein falsches Gefühl der Reue zu verspüren.

Und eine weitere Sache stimmt ebenfalls: Je treuer du in den kleinen Dingen bleibst – dem, was du jetzt gerade hast –, desto schneller wirst du diese Veränderung erleben.

Dankbarkeits-Tagebuch

Ich führe jeden einzelnen Tag mein Dankbarkeits-Tagebuch, bevor ich meditiere. Wenn ich morgens aufwache, suche ich drei Dinge, für die ich Danke sagen kann. Als ich angefangen habe, habe ich diese drei Dinge einfach laut gesagt. Dann ging ich dazu über, sie aufzuschreiben. Ich habe festgestellt, dass das Aufschreiben die Dankbarkeit für den bevorstehenden Tag in mein Bewusstsein einprägt. Und anschließend meditiere ich. Manchmal denke ich in der Meditation nur über meine Dankbarkeit nach. Manchmal nehme ich eines der Mantren aus diesem Buch hinzu. Doch welches Mantra ich auch nehme, meine Meditation fängt immer mit der Dankbarkeitsübung an.

Ich möchte dich ermuntern, dein Dankbarkeits-Tagebuch gleich nach dem Aufwachen zu führen – wenn möglich, noch bevor du aufstehst oder dir die Zähne putzt. Du kannst in einem Notizbuch, auf deinem Handy oder auf deinem Tablet festhalten, wofür du dankbar bist – wo immer du willst. Aber halte dein Tagebuch stets in Reichweite auf deinem Nachttisch.

Ja, an manchen Tagen ist es mühsam, drei Dinge zu finden, für die man dankbar ist, besonders, wenn wir gerade etwas Schweres durchmachen. Aber auch dann dient die Dankbarkeit als eine Art »Ausgleich«. Es geht noch nicht einmal darum, für die offensichtlichsten Dinge dankbar zu sein, wie das Dach über deinem Kopf oder deine Familie. Such nach den allerkleinsten Dingen, die man leicht übersieht.

Ich übe mich darin, die unbedeutendste Sache zu finden, für die ich den ganzen Tag über dankbar sein kann – treu in den kleinen Dingen. Vielleicht ist es der Postmann, der mich am Tag zuvor gefragt hat, wie es meinen Kindern geht. Vielleicht ist es die Polizistin, die mich im Verkehr weitergewinkt hat, damit ich nicht warten muss, bis eine lange Reihe von Autos vorbeigefahren ist. Vielleicht ist es, dass ich meine Lieblingspistazien im Sonderangebot gefunden habe. Wir übersehen diese Dinge normalerweise wegen der sehr realen Probleme, die wir Tag für Tag bewältigen müssen. Aber diese kleinen Momente machen unser Leben wirklich besser – und glücklicher.

Meine Dankbarkeitsübung bringt mein Leben ins Gleichgewicht und eröffnet mir eine neue Perspektive. Wir sehnen uns nach Ausgleich, das heißt, dass das eine genauso groß ist wie das andere. Eigentlich geht es dabei jedoch nur darum zu erkennen, dass nicht alles schlecht ist – selbst wenn sich im Moment alles schlecht anfühlt. Wir können die Wirklichkeit gegen unsere Wahrnehmung abwägen, und das tun wir, indem wir das Glück dort finden, wo es wirklich existiert – in uns selbst und in den kleinen, gewöhnlichen Augenblicken des Lebens.

Fülle

Eines der interessanten »Gesetze« der Fülle besagt, dass sie sich selbst erzeugt. Je mehr ich empfange, desto wohler fühle ich mich mit dem Gedanken, es verdient zu haben. Und dann legt man die Latte immer höher.

Dr. Wayne W. Dyer hat einmal über die Schecks gesprochen, die er regelmäßig in seinem Briefkasten vorfand. Er wusste noch nicht einmal, woher sie stammten. Zuerst dachte ich: »Das klingt ja schrecklich! Ich würde mich überhaupt nicht wohl dabei fühlen, solche Schecks zu bekommen. Ich hätte gar nicht das Gefühl, dass ich dafür gearbeitet habe.« Das soll bloß zeigen, wie sehr ich an dem Gefühl arbeiten musste, es verdient zu haben! Wer rümpft schon die Nase über leicht verdientes Geld? Ich jedenfalls nicht – nicht mehr. Jetzt bekomme ich ebenso wie Wayne meine Tantiemenschecks. Sie spiegeln den Lohn meiner Arbeit nicht so direkt wider wie ein Gehalt, das besagt: »Arbeite so und so viele Stunden, und du bekommst so und so viel Geld.« Aber sie sind mit Sicherheit ein Ergebnis der Arbeit, die ich geleistet habe. Sie sind das, was man als »passives Einkommen« bezeichnet. Weil ich mein Gefühl verbessert habe, es verdient zu haben, begrüße ich diese Schecks als Belohnung für die ganze Zeit, in der ich treu an mich geglaubt habe, als ich nur sehr wenig Geld hatte.

Neben finanzieller Fülle hat das regelmäßige Meditieren mir auch zu mehr Fülle in meinen Beziehungen verholfen. Ich habe schon von den wunderbaren Freundinnen und Mentorinnen gesprochen, die in mein Leben getreten sind. Meine Ehe ist ebenfalls ein riesengroßer Beweis für mich, dass ich mich für die Liebe, die ich in diesem Leben verdiene, geöffnet habe.

Ich will damit nicht sagen, dass du nicht genug daran glaubst, wie viel du verdienst, wenn du zurzeit keine Liebesbeziehung hast. Es kann sein, dass die Arbeit an deinem Gefühl, es wert zu sein, dich dafür öffnet, einen Partner anzuziehen, aber wir alle folgen unserem eigenen Weg, wenn es um die Liebe geht. Ich weiß jedoch mit Sicherheit, dass du umso mehr Liebe erhältst, je mehr du an deinem Selbstwertgefühl arbeitest, ob nun romantische Liebe, Freundschaft oder Familienbande. Du wirst dir nie mehr Sorgen darüber machen müssen, genug Liebe zu bekommen, die du brauchst, um zu gedeihen.

Außerdem habe ich Folgendes entdeckt: Wenn ich meinen Körper so akzeptiere, wie er ist, bin ich gesünder. Als ich meinen Körper mit seinen Schwangerschaftsstreifen, schlaffen Stellen und Pölsterchen akzeptiert habe – dazu gehörte auch, mir einzugestehen, dass er stärker und gesünder sein könnte –, ist er stärker, gesünder und sogar attraktiver geworden. Selbst wenn du gesundheitliche Probleme hast, drück Dankbarkeit dafür aus, wie dein Körper heute ist. Dann akzeptier es und ermögliche Verbesserungen.

Es gibt Gelegenheiten zur Dankbarkeit in jedem Bereich deines Lebens, wenn du nur genau hinsiehst!

Nächstenliebe
Wie ich in Kapitel 7 gesagt habe, liegt unsere gemeinsame Bestimmung darin, zu lieben und geliebt zu werden, zu lernen und zu lehren. Lehren ist lieben – es ist alles miteinander verbunden. All diese Geschenke, die man uns gemacht hat, sind da, damit wir etwas für andere tun können, indem wir sie an unserem Wachstum und unserem Lernen teilhaben lassen.

Wie sieht Nächstenliebe aus? Sie kann auf viele verschiedene Arten ausgedrückt werden. Ich zeige sie, indem ich dieses Buch schreibe; meine Kinder die Lektionen lehre, die ich gelernt habe; einer Freundin emotional oder finanziell zur Seite stehe, weil ich die Zeit oder das Geld dafür habe; oder indem ich Zeit oder Geld für wohltätige Zwecke spende. Ich habe sie gezeigt, indem ich meiner Tochter das Buch *Sei jetzt hier* kaufte, als sie fünfzehn wurde – im gleichen Alter hatte ich dieses Buch aus dem Buchladen der Freundin meiner Mutter geklaut. So schloss sich ein Kreis, ich konnte das Vermächtnis des Lernens von mir zu ihr weitergeben und ihr helfen, sich für die Spiritualität zu öffnen. (Und ich will nicht versäumen, meine Dankbarkeit dafür auszudrücken, dass ich das Buch mit meinem wohlverdienten Geld *kaufen* konnte.)

Nächstenliebe kann sich auch in ganz kleinen Dingen zeigen: einen Fremden anlächeln, jemandem die Tür aufhalten oder jemandem »Danke« sagen, der normalerweise kein Danke zu hören bekommt – wie zum Beispiel dem Tankwart, dem Kundendienstmitarbeiter oder dem Busfahrer.

Der Kreislauf aus Dankbarkeit, Fülle und Nächstenliebe muss sich selbst erfüllen. Manche Menschen unterbrechen den Kreislauf, indem sie zwar Dankbarkeit kultivieren und Fülle willkommen heißen, aber nie etwas für andere tun. Wenn du den Teil mit der Nächstenliebe auslässt, bleibst du stecken. Der Fluss ist blockiert, und die Fülle fließt nicht zu dir zurück.

Um die Fülle am Fließen zu halten, musst du unbedingt Raum für mehr schaffen, und das tust du, indem du Freiraum schaffst. Du kannst nur freien Raum für mehr schaffen, wenn du etwas loslässt und weitergibst ... oder einem anderen im Voraus eine gute Tat erweist.

Vieles, worüber ich in diesem Buch geschrieben habe, ist damit verbunden, mehr Raum zu schaffen. Als ich die Angst als große, geheimnisvolle Kugel beschrieben habe, habe ich darüber gesprochen, wie du die Angst schrumpfen lassen und mehr Raum für Mut und Selbstvertrauen schaffen kannst, indem du Fragen über die Angst stellst. Wenn wir Gefühle der Anhaftung loslassen, schaffen wir Raum, in den die Liebe einziehen kann. Das ist mir so gegangen, als ich damit aufhören konnte, mich so sehr an meinen Ehemann zu klammern. Plötzlich war da mehr Raum, sowohl zwischen uns in unserer Beziehung als auch in mir in meiner Beziehung zu mir selbst. Dieser Raum ermöglichte es mir, mehr

Liebe von meinem Mann, meiner Familie und meinen Freunden zu empfangen.

Indem ich herausfinde, was für mich beim Meditieren funktioniert, und es anderen Menschen wie dir mitteile, vollende ich den Kreislauf aus Dankbarkeit, Fülle und Nächstenliebe. Dann bin ich dankbar dafür, dass ich dir etwas bringen konnte, das dir hoffentlich in deinem Leben helfen und dich dazu inspirieren wird, wiederum anderen zu helfen. Und so setzt sich der Kreislauf immer weiter fort.

Also: Während sich etwas in deinem Leben verändert, geh raus und verbreite dein Licht auf die Art und Weise, die sich für dich richtig anfühlt. Es kann eine Kleinigkeit sein, wie ein inspirierendes Zitat oder Buch mit jemandem auszutauschen, oder etwas Großes, wie eine Wohltätigkeitsorganisation zu gründen. Was immer es ist, mach es aus ganzem Herzen, nicht aus einem Pflichtgefühl heraus oder weil du dich an ein nützliches Ergebnis klammerst.

Meditation für Dankbarkeit
Vorbereitung/Über diese Meditation

»Die beste Möglichkeit zu bekommen, was man will, ist zu lieben, was man hat.« Ich habe keine Ahnung, von wem dieses Zitat stammt, aber es zählt zu meinen Lieblingszitaten über Dankbarkeit und Fülle. Ich habe es als Inspirationsmemo auf Instagram gefunden und auf meinem iPhone gespeichert. Es soll mich daran erinnern, immer dankbar für das zu sein, was ich habe – besonders wenn ich mir mehr wünsche.

Es hat lange gedauert, bis es okay für mich war, mehr zu wollen. Noch länger habe ich gebraucht, bis ich mich wohl damit gefühlt habe, es laut zu sagen. Ich hatte Angst, habgierig zu wirken, und es war eine konzentrierte Selbsterkundung – hauptsächlich in Form von Meditation – nötig, um mit meinem Wunsch nach mehr ins Reine zu kommen.

Mein derzeitiges Leben ist von Fülle geprägt. Ich habe alles, was ich brauche, und mehr als das – einen liebevollen Ehemann, gesunde Kinder, einen Beruf, den ich liebe, und einen tollen Stamm von Freundinnen, die mich unterstützen und inspirieren. Ich habe auch viel materiellen Komfort, den ich unglaublich genieße. Aber dennoch will ich mehr – noch mehr Liebe, noch mehr Erfahrungen, noch mehr interessante Leute kennenlernen ... und, ja, auch noch mehr Geld.

Hast du dich jemals schuldig gefühlt, weil du mehr verlangt hast? In ihrem Buch *Das Gesetz des göttlichen Ausgleichs* sagt Marianne Williamson uns, dass es von einem Glauben an den Mangel herrührt, wenn wir uns schuldig fühlen, weil wir uns mehr wünschen. Wir glauben, dass wir jemand anderem etwas wegnehmen müssten, damit wir selbst mehr haben können. Dabei könnte nichts weniger stimmen. Es gibt keinen Mangel im Universum – nur Fülle. Das Universum will, dass wir mehr haben, weil wir dann mehr geben können. Wenn wir teilen, was wir haben, profitiert jeder davon. Je mehr wir teilen, desto mehr Fülle wird ins Leben gerufen.

Das gilt bis auf den oben bereits erwähnten Vorbehalt. Fülle passiert nicht einfach so. Segnungen aus dem Universum kommen mit Leichtigkeit, aber du musst signalisieren, dass du dafür bereit bist. Du musst lieben, was du bereits hast, um mehr davon zu bekommen. Dankbarkeit auszudrücken signalisiert Fülle.

Also: Wie signalisieren wir, dass wir bereit für mehr sind? Ein tägliches Dankbarkeits-Tagebuch zu schreiben ist eine Möglichkeit, um dich selbst an deine vielen Segnungen zu erinnern, aber es ist auch wichtig, die Botschaft nach außen zu senden. Das kannst du während der Meditation tun.

Wann? Ich mache diese Dankbarkeitsmeditation am liebsten frühmorgens und nachts vor dem Schlafengehen. Wenn du deinen Tag in Dankbarkeit beginnst, fängst du gleich auf dem richtigen Fuß an. Wenn du deinen Tag in Dankbarkeit beendest, bereitet dich das auf einen erholsamen Nachtschlaf voll angenehmer Träume vor.

Wo? Meditier an deinem Lieblingsmeditationsort oder wo immer du dich am wohlsten fühlst. Dies ist eine leichte, fröhliche Meditation, daher kannst du sie fast überall machen und dich dabei sicher fühlen. Deine Meditation für Dankbarkeit kann auch als kleine Stärkung zur Mittagszeit dienen, wenn du einen Extrakick Energie brauchst, oder um tagsüber dein Selbstvertrauen aufzufrischen.

Haltung? Hier biete ich dir das erste Mal den Heldensitz an, der die feierliche Note dieser Meditation meiner Meinung nach perfekt ergänzt. Lies die genaue Anleitung dafür in Kapitel 2 nach. Du brauchst wahrscheinlich eine Nackenrolle, ein Kissen, eine Decke oder einen Hocker, um den Heldensitz beim ersten Mal bequem ausführen zu können. Falls dir der Heldensitz Unbehagen verursacht, kannst du stattdessen natürlich den Schneidersitz oder die sitzende Meditationshaltung auf einem Stuhl einnehmen.

Lass die Hände mit nach oben gedrehten Handflächen auf den Oberschenkeln nahe der Hüftbeuge oder auf den Knien ruhen.

Schließ die Augen, falls du dich wohl dabei fühlst, und lächle, während du deine Mantren wiederholst.

Du hast 4 Minuten, um DICH zu feiern.

Setz dich aufrecht im Heldensitz hin. Nimm die Schultern zurück und öffne den Brustkorb weit. Bereite dich darauf vor, 4 Minuten lang das Wunder zu feiern, das du bist. Gib dich selbst vollkommen der radikalen Selbstliebe hin. Du hast es verdient!

1. Fang an, dich auf deinen Atem zu konzentrieren. Folge deinen Atemzügen beim Ein- und Ausatmen, während sie deine Lungen füllen und leeren. Untersuch genau, wie der Atem in deinen Körper hinein- und wieder hinausgelangt. Nimm wahr, wie es sich anfühlt, wenn er in die Nase hinein-, durch die Nasenlöcher, die Kehle hinunter- und in den Brustkorb und Bauch strömt. Lass deinen Atem bis in dein Gesäß sinken. Spür, wie er auf die Sitzfläche unter dir trifft. Verfolge, wie dein Atem wieder hoch- und hinausgeht. Entspann deinen Unterkiefer, wenn dein Atem durch deine Lippen austritt.
2. Jetzt, wo du vertraut mit den Chakren in deinem Körper bist, visualisiere, wie jedes Chakra leuchtet, während dein Atem hindurchströmt. Stell dir das bunte Leuchten von jedem Chakra vor, während es sich ausdehnt und noch heller strahlt. Dein Atem – deine Lebenskraftenergie – ist wie ein energetischer Lichtschalter, der deine Chakren anknipst und einen freien Kanal schafft, durch den die Weisheit, das Wissen und die Liebe des Universums in dir fließen können. Dein Atem trägt deine Mantren in alle Teile deines Körpers, aber ganz besonders den Mittelkanal hinauf und hinunter, der mit den sieben Hauptchakren besetzt ist. Nimm die subtilen Energieveränderungen in deinem Körper wahr, während du deine Mantren sprichst. Du wirst bemerken, dass du

nach jedem Durchgang aufrechter sitzt und dich leichter fühlst.

Die folgenden Mantren sind am effektivsten, wenn sie laut ausgesprochen werden. Vergiss auch nicht zu lächeln! Sorgen wir dafür, dass das Universum die Einladung zu deiner Feier der Selbstliebe und Dankbarkeit nicht ausschlagen kann.

3. Schließ die Augen und wiederhol jedes der folgenden Mantren drei Atemzyklen lang jeweils beim Ausatmen. Mach nach jedem Mantra die Augen auf, um das nächste Mantra zu lesen. Denk dran zu lächeln, während du deine Mantren aufsagst. Das lädt jedes Mantra mit einer Extraprise Freude auf.

Mantra 1
Ich bin so glücklich, so gesund und so gesegnet.

Mantra 2
Ich bin treu in den kleinen Dingen.
Ich bin dankbar für das, was ist.

Mantra 3
Ich habe alles, was ich brauche, um erfolgreich zu sein.
Ich bin bereit, es mit der Welt aufzunehmen.

Drück Dankbarkeit für deine Übungspraxis aus ...

4. Beende deine Meditation, indem du drei tiefe Atemzüge nimmst. Halt deine Hände dabei in der *Anjali Mudra* (Gebetshaltung) und leg sie sanft auf dem Brustbein über deinem Herzzentrum ab. Füll bei jedem Einatmen deinen

ganzen Körper aus; lass bei jedem Ausatmen ein großes, hörbares »Ah« heraus.
5. Du bist nun energetisch mit Gefühlen der Dankbarkeit aufgeladen. Du bist gesegnet und bereit, sogar noch mehr üppige Segnungen zu empfangen. Atme ein letztes Mal tief ein. Atme dann aus und sag: »Danke, danke, danke«, um deine Übung zu versiegeln.

 Meditation für Fülle
Vorbereitung/Über diese Meditation

Sprechen wir nun über Fülle und darüber, wieso ein Leben im Überfluss dich dabei unterstützt, auf dieser Welt Gutes zu tun. Wenn du selbst nicht genug zu essen hast, wie kannst du dann jemand anderem etwas zu essen geben? Wenn deine eigenen Rechnungen nicht bezahlt sind, welche Gelegenheit hast du, wohltätig zu sein? Wenn dich Sorgen niederdrücken, was kannst du einem stressgeplagten Freund noch anbieten? Wenn du nicht mehr hast, als du selbst brauchst – Geld, Zeit und Energie –, wie könntest du dann das, was du hast, mit anderen teilen? Fülle ist ein elementarer Bestandteil der Nächstenliebe. Wir müssen mehr *haben*, damit wir mehr *geben* können.

Noch einmal: Es ist wichtig, Schuldgefühle und die Meinung loszulassen, dass es beim Wunsch nach mehr um Habgier geht. Das *Gegenteil* von Habgier zieht Fülle an. Das Universum wird es immer als edlen Wunsch betrachten, *mehr zu wollen*, um *mehr zu tun* und *mehr zu geben*. Wenn unsere gemeinsame Bestimmung in diesem Leben darin besteht, zu lieben und geliebt zu werden, zu lernen und zu lehren, wird das Universum immer da sein, um all unsere Anstrengungen zu unterstützen, die diesen Sinn erfüllen. Das Universum möchte dich mit Fülle segnen, weil Fülle zur

Nächstenliebe führt. Und Nächstenliebe ist die Art, in der wir die Liebe Gottes zeigen.

Ich habe dich bereits in Dankbarkeit gehüllt. Du hast erkannt, dass du viele Gründe dafür hast, dankbar zu sein. Das Universum sieht, dass du treu in allen Dingen bist – den großen wie den kleinen –, und möchte dir die Verantwortung für mehr geben. Das Universum weiß, dass du bereit bist; ich weiß, dass du bereit bist; und jetzt wird es Zeit, dass du dies laut verkündest.

Wann? Jeder Zeitpunkt ist der richtige Zeitpunkt, um Fülle einzuladen. Beginn deinen Tag mit der Meditation für Fülle und erlaub es dem Universum, dich von früh bis spät mit Segnungen zu überschütten. Mach diese Meditation am Anfang eines neuen Projekts, um dein Vorhaben in die kuschelige, liebevolle Güte eines freigebigen Universums zu hüllen. Meditiere abends, um deine Träume mit göttlicher Inspiration zu spicken.

Wo? Ich mache Meditationen und Gebete für Fülle gern an offenen Plätzen. Ein leerer oder aufgeräumter Raum ermöglicht Platz für Neues – sowohl in energetischer als auch in physischer Hinsicht. Wenn du draußen auf einem weiten Rasen oder einem Feld meditierst, bringst du die Vorstellung einer offenen Fläche auf die nächste Stufe und verbindest dich gleichzeitig mit den Schwingungen der Erde.

Haltung? Du nimmst am besten wieder den Heldensitz ein. Unterstütz deine Haltung mit geeigneten Hilfsmitteln oder setz dich direkt auf den Boden oder die Erde, wenn das bequem für dich ist. Ich empfehle, den Heldensitz auf einem festen Untergrund zu machen, ob du nun Hilfsmittel verwendest oder nicht.

Leg die Hände mit nach oben gedrehten Handflächen in der *Kubera Mudra* auf den Oberschenkeln nahe der Hüftbeuge oder auf den Knien ab.

Mach die Augen auf, um die Anleitung zu lesen, und schließ sie gemäß der Anleitung, falls es dir möglich ist.

**Du hast 4 Minuten,
um Geschenke willkommen zu heißen.**

Du bist dankbar für das, was du hast, und möchtest noch mehr empfangen. Das Universum möchte dich mit Freigebigkeit beschenken, weil du eine freundliche und großzügige Seele bist. Setz dich aufrecht im Heldensitz hin und bereite dich darauf vor, die göttlichen Segnungen willkommen zu heißen.

1. Richte deine Aufmerksamkeit auf deine Atmung, so wie sie gerade ist. Versuch nicht, sie zu ändern. Erkenn einfach an, was für ein Geschenk es ist, jetzt gerade hier zu sein, gesegnet mit Gesundheit und Vitalität. Erkenn an, wie gesegnet du bist, in diesem Moment unbeschwert atmen zu können.
2. Schließ ein paar Atemzyklen lang die Augen und verfolge den Weg, den dein Atem durch deinen Körper nimmt. Stell dir vor, wie dein Atem Platz in deinem Körper schafft und Anspannungen wegfegt, auch unwichtige Gedanken und energetischen Müll, der dir momentan nicht guttut.
3. Stell dir das sanfte Leuchten deines Herzchakras und deines Solarplexuschakras vor. Mal dir aus, wie sein leuchtendes Grün und sein helles Gelb sich mit deinem Ein- und Ausatmen ausdehnen und zusammenziehen. Stell dir vor, wie sich das Licht bis über deinen Körper hinaus ausdehnt, bis in den

Raum, der dich umgibt. Das grüne und gelbe Licht machen das Universums auf dich aufmerksam und helfen dir, Fülle herbeizurufen.

Gib dem Universum ein Signal mit deinem Licht ...
Die leuchtenden Lichter deiner Chakren ziehen die Aufmerksamkeit des Universums auf sich. Sie senden ein Signal, das Fülle zu dir zieht. Du spürst, wie Energie durch dein Herzzentrum fließt, deinen Brustkorb ausfüllt und in deinem Bauch herumwirbelt. Sanfte Wärme strahlt von deiner Körpermitte nach draußen, und dein ganzer Körper fühlt sich gewärmt, während er sich mit Energie auflädt.

4. Stell dir vor, dass die folgende Botschaft wie ein elektrischer Strom die Lichter deiner Chakren voll aufdreht. Je heller das Licht, desto stärker ist das Signal ans Universum. Lies die folgende Botschaft zweimal, entweder im Stillen oder laut, während du dir weiter dein leuchtend grünes und gelbes Licht vorstellst: »Wenn ich Gedanken der Fülle denke und Worte der Fülle spreche, versorgt mich das Universum mit allem, was ich brauche, und mehr. Ich glaube, dass ich bereits alles habe, was ich für meinen Erfolg brauche, und diese Überzeugung zieht freundliche und großzügige Unterstützung an. Ich weiß, dass ich alles habe, was ich brauche, um hier und jetzt in Frieden und Wohlstand zu leben, und werde dafür mit Unterstützung bei meinem Streben nach mehr belohnt.«
5. Schließ die Augen und sieh, wie du üppige Segnungen vom Universum empfängst. Sieh, wie deine Lichter wieder an ihren sicheren Platz im Inneren deines Körpers zurückkehren, wo sie weiterhin ein Behälter für deine Segnungen sind, noch

lange nachdem deine Zeit in dieser Meditation vorüber ist. Sobald deine Lichter sicher in dir drin sind, öffne die Augen für den letzten Schritt.

Jetzt hast du die Möglichkeit, üppige Segnungen herbeizurufen, wann immer du willst. Knips einfach deine Lichter an und gib deine Wünsche bekannt.

6. Richte die Aufmerksamkeit wieder auf dein natürliches Ein- und Ausatmen. Schließ die Augen und atme schweigend weiter, solange es sich gut anfühlt. Wenn du bereit bist, mach die Augen auf und beende deine Meditation.

Meditation für Nächstenliebe
Vorbereitung/Über diese Meditation

Sei treu in den kleinen Dingen. Warte auf Fülle. Wenn dein Kelch überfließt – und das wird er –, sag »Danke« und lass andere daran teilhaben. Dieses Teilhabenlassen (die Nächstenliebe) ist die letzte Zutat in deinem magischen Rezept zur Manifestation von Wohlstand.

Zum Zwecke dieser Übung bedeutet »Wohlstand« alles, was deinem Leben mehr Qualität gibt. Bessere Beziehungen, mehr Geld und ein gesünderes Selbstwertgefühl sind Beispiele für Wohlstand, die leicht durch Dankbarkeit, Fülle und Nächstenliebe manifestiert werden können. Die Formel ist simpel: Dankbarkeit lädt Fülle ein, und Fülle regt zur Nächstenliebe an.

Der Teil mit der Nächstenliebe ist besonders speziell, weil er durch Handeln gekennzeichnet ist. Taten der Nächstenliebe, die anderen und dem größeren Ganzen zugutekommen, sind wohl der schnellste Weg, um eine große Veränderung in der Welt zu bewirken. Stell dir die Wirkung vor, wenn du jemandem aus der Armut heraushilfst, einem Hungernden zu essen gibst oder jemandem, der sich ungeliebt fühlt, ein paar freundliche Worte sagst. Durch die Tat der Nächstenliebe trägst du deine Übungspraxis von deinem Meditationskissen hinaus in die Welt.

Und sobald sie da draußen ist, passiert etwas *Supercooles*. Anderen etwas Gutes zu tun fühlt sich so gut an, dass deine Liste von Gründen, dankbar zu sein, noch länger wird. Die Segnungen fließen noch üppiger, und dir stehen noch mehr Ressourcen zur Verfügung, mit denen du Gutes tun kannst. Je mehr du diese Formel praktisch anwendest, desto mehr Wohlstand manifestiert sich. Eine einfache Routine wird etabliert, die garantiert überproportional gute Resultate erzielt. Und um sie beizubehalten, musst du nur danken, Segnungen zulassen und die Segnungen weitergeben. Falls das für dich noch nicht Motivation genug ist, in die Welt hinauszugehen und andere an den Segnungen, die du genießt, teilhaben zu lassen, biete ich dir diese Meditation als weitere Inspiration.

Wann? Diese Meditation machst du am besten als Erstes am Morgen, bevor du in die Welt hinausziehst. Wenn du deinen Tag im Geiste der Nächstenliebe beginnst, schafft das die Grundlage dafür, Liebe zu verbreiten. Schon dein Wunsch, anderen Gutes zu tun, wird positive Energie von vertrauten wie fremden Menschen anziehen, und deine Großzügigkeit ist ein Magnet für das Gleiche.

Wo? Mach deine Meditation für Nächstenliebe an deinem persönlichen Meditationsort. Diese Meditation sollte als heiliger Ausdruck der Liebe betrachtet werden, also heb sie dir für deinen ganz besonderen Platz auf.

Haltung? Setz dich im Schneidersitz hin und leg die Hände mit nach oben gedrehten Handflächen auf den Knien oder Oberschenkeln ab. Bei dieser Meditation repräsentieren deine geöffneten Hände die Geste des Gebens oder Anbietens. Öffne und schließ die Augen gemäß Anleitung.

**Du hast 4 Minuten,
um Liebe zu verbreiten.**

Dies ist dein Geschenk an deine Brüder und Schwestern auf diesem Planeten. Es kann auch ein Geschenk an alle Lebewesen und die Erde selbst sein. Dein Geschenk der Nächstenliebe kann sich auf alles erstrecken, was Liebe und Aufmerksamkeit braucht, um zu gedeihen.

Nächstenliebe kann sich in Form eines Lächelns zeigen, einer guten Tat oder eines handfesten Geschenks. Die Möglichkeiten, Gutes zu tun, sind grenzenlos.

1. Setz dich aufrecht im Schneidersitz hin. Lass dein natürliches Ein- und Ausatmen frei in deinen Körper hinein- und herausströmen, ohne dass du versuchst, deine Atmung zu beeinflussen. Du fühlst dich körperlich und energetisch leicht und freust dich auf deinen Tag.
2. Schließ die Augen und nimm wahr, wie dein Ein- und Ausatmen mit jedem Atemzyklus gleichmäßiger wird. Konzentrier dich zehn volle Atemzyklen lang ganz auf deine Atmung. Öffne dann die Augen, um deine Botschaft zu lesen.
3. Lies deine Botschaft laut, langsam und ruhig vor. Hol am Ende jedes Satzes tief Luft. Dann lies beim Ausatmen den nächsten Satz. »Heute bin ich ein Kanal für Energie, Freude, Erkenntnis und Wunder. Ich bin bereit, meine Gaben zu

teilen. Es ist genug für alle da. Daher teile ich bereitwillig und mit überfließender Liebe.«
4. Schließ drei volle Atemzyklen lang die Augen. Mach sie dann wieder auf, um mit der gleichen sanften Stimme deine letzte Botschaft vorzulesen: »Ich bin ein Kanal für Energie, Freude, Erkenntnis und Wunder. Ich teile meine Gaben freigebig und mit überfließender Liebe.«

Du bist ein Gefäß, durch das gute Taten fließen ...
Alle Ereignisse in deinem Leben haben dich gestärkt. Du bist eine göttliche Schöpfung, die zu großen Dingen fähig ist. Du wurdest mit reichen Gaben gesegnet, an denen du die Welt teilhaben lassen sollst. Wenn du deine Gaben teilst, setzt du den magischen, unendlichen Kreislauf von Dankbarkeit, Fülle und Nächstenliebe fort, der dir unermesslichen Wohlstand und Glück bringen wird. Deine Bestimmung ist klar. Geh hin und verbreite dein Licht!

Kapitel 12

Meditation gehört dir

Damit sind wir am Ende unserer gemeinsamen Reise angekommen. Du hast es durch alle zwölf Kapitel geschafft, viele Geschichten über mein Leben gelesen und siebenundzwanzig Meditationen gemacht (oder die meisten davon). Du hast mit offenem Herzen zugehört, dich bemüht, nicht zu werten (selbst wenn das, was du gehört hast, etwas seltsam/albern/verrückt geklungen hat), und dich tatsächlich an die Arbeit gemacht, dich hinzusetzen und still zu werden.

Ich habe dir am Anfang dieses Buches versprochen, dass du am Ende jemand sein würdest, der meditiert. Du würdest keine Trennung mehr zwischen dir und all diesen anscheinend friedvollen, gelassenen und spirituellen Menschen spüren, die du von Weitem bewundert hast – und mit denen du dich nicht im Geringsten identifizieren konntest.

Ich bin davon überzeugt, dass du dir sogar sicher warst, dass sich selbst der Titel dieses Buches als falsches Versprechen erweisen würde. Tatsächlich denkst du vielleicht gerade: »Hm, es sieht nicht so aus, als ob mein Leben sich verändert hätte, und dabei sind viel mehr als 4 Minuten vergangen.« Das denkst du dir nicht aus, aber du irrst dich trotzdem.

Ich sage es dir geradeheraus: Ich habe alle meine Versprechen gehalten und *mehr*. Ich habe dir nicht nur bewiesen, dass du wirklich 4 Minuten Zeit hast, um dein Leben zu verändern; du *hast* dein Leben tatsächlich verändert. Wenn du dieses Buch gelesen und nur ein paar Kleinigkeiten davon umgesetzt hast, dann hast du das bereits getan. Du bist mit einem aufgeschlossenen Geist und einem empfänglichen Herzen gekommen, mit Leib und Seele gewillt, etwas Neues zu lernen. So hast du die ersten Schritte gemacht, um etwas Wunderbares zu schaffen – eine regelmäßige Meditationsübungspraxis, die du für den Rest deines Lebens beibehalten kannst. Das hast du einfach dadurch geschafft, indem du ein paar Minuten dafür reserviert hast, um deinem inneren Selbst Hallo zu sagen und dir selbst etwas Liebe zu zeigen. Das ist großartig!

Du hast jetzt eine Grundlage, auf der du deine Übungspraxis aufbauen kannst, und vertrau mir – das wird wirklich dein ganzes Leben verändern!

VERBREITE LIEBE

Selbst in der Ruhe bin ich kraftvolle Bewegung,
pulsierende Energie und göttlicher Plan.
Und ich bin ein Magnet für das Gleiche.
#YH4M

Halt das Rad in Schwung!

Üben heißt nicht perfekt sein. Du siehst dich um und denkst: »Aber alles sieht *ziemlich* gleich aus.« Vielleicht hast du etwas Größeres ausgepackt (deine Leichen im Keller ausgegraben), und es sieht sogar schlimmer aus als zuvor!

Falls das so ist, ist das in Ordnung. Es wird alles gut. Wirklich!

Ich verstehe dich aber. Sich spirituell weiterzuentwickeln ist schwer – *richtig, richtig schwer*. Wie viele Bücher musst du lesen? Wie viele Vorträge musst du dir anhören? An wie vielen Retreats musst du teilnehmen, für die du richtig viel Geld hinlegst? Wann bist du endlich erleuchtet ... oder überstehst wenigstens endlich den Tag, ohne das Gefühl zu haben, dass du zwölf Runden im Boxring mit Floyd Mayweather hinter dir hast?

Du willst ein großes Zeichen, dass sich alles nach einem perfekten Plan entwickelt, weil du dir schließlich ziemlich viel Mühe gegeben hast. Aber dieses große Zeichen kommt vielleicht nie. Wenn du Beweise dafür willst, dass alles zu deinen Gunsten läuft, musst du regelmäßig etwas dafür tun, deine Übungspraxis achten und weiterhin diszipliniert gute Arbeit leisten. Lös dich von den Ergebnissen, während du deine Arbeit tust, und die Ergebnisse werden sich zeigen, wie du es nie erwartet hättest – üppig, überfließend und freudig.

Sei treu in den kleinen Dingen und zeig Dankbarkeit für die winzigen, aber gleichermaßen schönen Veränderungen, mit denen du für deine Bemühungen gesegnet wirst.

VERBREITE LIEBE

Meine Bedürfnisse sind angemessen.
Meine Stimme ist wertvoll.
Übung schafft den Beweis.
#YH4M

Aber Übung ist entscheidend! Wenn du ein Ziel hast, dann geh ihm beständig und hingebungsvoll entgegen. Es spielt keine Rolle, ob du kurze oder lange, große oder kleine Schritte nach vorn machst. Es geht darum, mit Vertrauen – manchmal sogar mit Angst – voranzugehen und dabei immer sein Bestes zu tun, um die Anhaftung an das Ergebnis loszulassen. Das sind die Merkmale einer guten Übungspraxis.

Das traditionelle Ziel der Meditation war die Erleuchtung. Flipp jetzt nicht aus! Wir alle kommen dorthin ... irgendwann. Doch schon die Übung der Meditation bringt uns täglich Frieden, Ruhe, Zufriedenheit, Perspektive ... und, ja, sogar Freude.

Die Meditation hat mich aus Drogen, Ängsten, Depressionen, Selbstmisshandlung und Hoffnungslosigkeit gerettet. Ich meditiere (und bete) täglich, und ich muss sagen, dass mein Leben ziemlich toll ist. Ich bin von allen Drogen weg (selbst von Koffein), meine Ängste lassen sich leicht bewältigen, und ich bin nicht mehr depressiv. Ich habe enormes Selbstvertrauen, großen Selbstrespekt und freue mich jeden Tag mehr auf meine Zukunft. Ich liebe mich selbst jetzt so sehr!

Ja, das hat alles die Meditation geschafft. Noch einmal, ich habe nichts Besonderes an mir, sodass es womöglich für mich funktioniert und für dich nicht. Jeder Atemzug, den du beim Meditieren machst, bekräftigt, dass du am Leben bist. Er verspricht einen Neuanfang. Er ist der Beweis, dass du jeden Kampf bis zu diesem Augenblick überlebt hast.

VERBREITE LIEBE

Ich werde bei meinen Bemühungen voll und ganz unterstützt.
Es steht mir frei, meine Wahrheit im
und zum Universum zu sagen.
#YH4M

Was wir in der stillen Zeit mit uns selbst lernen – wenn wir unserer inneren göttlichen Weisheit zuhören –, formt unsere Gedanken, Worte und Taten in allen Stunden unserer Tage und folgt uns für den Rest unseres Lebens. Beim Meditieren sind wir Schüler und Lehrer zugleich. Die Meditation öffnet uns für die Weisheit und ein Ausmaß von Selbstliebe, das wir nie für möglich gehalten hätten. Sie ist eine Übung der tiefen Verbundenheit, des ständigen Lernens, der angeregten Neugier und des zuversichtlichen Antwortens.

Um als Menschen zu gedeihen, müssen wir wissen, dass es jemanden da draußen gibt, der so ist wie wir. Wir sind nicht allein. Wir werden voll und ganz unterstützt, ganz gleich, was geschieht. Auch wenn Meditation allein praktiziert wird, ermöglicht sie die göttliche Verbindung zur Quelle, zu Gott, dem Universum, der einen reinen Energie, mit der wir alle verbunden sind. Sie erlaubt uns, das höhere Bewusstsein anzuzapfen, das unser Herz schlagen lässt und Träume und Sehnsüchte in unserer Seele entfacht. Die Zeit, die wir mit uns selbst auf unserem Meditationskissen verbringen, erlaubt uns auch, in Einheit miteinander zu sein. Meditation beseitigt den Mythos des Getrenntseins und bringt uns zum Ganzen zurück.

Und jetzt gehört die Meditation dir.

DANK

Worte reichen nicht aus, um allen Menschen gegenüber meine Dankbarkeit zum Ausdruck zu bringen, die mir auf meiner Reise Ermutigung, Unterstützung und Halt gegeben haben. Dieser Reise, auf der ich mein Werk aus meinem Herzen in die Welt hinausgebracht habe. Ich fühle mich über alle Maßen gesegnet udn beschenkt durch die Freunde, Mitarbeiter und Lehrer, die Gott mir gesandt hat.

Für eure liebevolle Unterstützung und Inspiration gilt mein Dank Kris Carr, Ram Dass, Rachel De Alto, Elizabeth Di Alto, Danielle Diamond, Sarah Dussault, Dr. Wayne W. Dyer, Molly Hahn, Alexandra Jamieson, Danny-J Johnson, Jessica Ortner, Michael Perrine, Yulady Saluti, Grace Smith, Tara Stiles, Erin Stutland, Quentin Vennie und Heather Waxman.

Dieses Buch begann als etwas ganz anderes, und ich bin angenehm überrascht, wozu es sich entwickelt hat. Diese Entwicklung wäre nicht möglich gewesen ohne die Hilfe meiner klugen und fürsorglichen Literaturagentin Wendy Sherman; meiner sehr geduldigen und talentierten Lektorin Melanie Votaw; und meiner gesamten Hay-House-Familie, einschließlich Patty Gift, die mir überhaupt erst die Chance gab, mir diesen großen Traum zu erfüllen. Ich danke euch allen, dass ihr mir geholfen habt, meine Gedanken in etwas Handfestes zu verwandeln.

Geliebt zu werden ist eine erfüllte Bestimmung. Danke, dass ihr mich so liebt, wie ich bin, Mom und Dad, Dani, Leah und Tante Kathy.

Und dafür, dass ihr meine Sonne, mein Mond, mein Leben, mein Atem … mein Ein und Alles seid, danke ich euch, Justin, Winona, Calvin, Jack, Summer und Annabel.

Janesh Vaidya

Der umfassende Leitfaden für ein gesundes Leben

Ayurveda ist mehr als Wellness und Ernährung:
Der erfahrene Ayurveda-Heiler Janesh Vaidya zeigt, welches ungeahnte Potenzial in der geistigen Dimension der indischen Heilkunst verborgen liegt. Leicht verständlich erklärt er das Zusammenspiel von Geist und Gesundheit.
Viele Übungen und einfache Meditationen eröffnen einen ganz individuellen Zugang zu den eigenen Heil- und Lebenskräften.

978-3-7787-8263-7

Leseprobe unter www.ansata-integral-lotos.de

Lotos